本书的出版得到
杭州电子科技大学马克思主义学院资助

"国家—社会"视域下的
流动人口自我管理研究

A Study of Migrant Workforce's
Self-Management from the Viewpoint
of "State – Society"

陈菊红 / 著

ZHEJIANG UNIVERSITY PRESS
浙江大学出版社

前　言

　　流动人口的自我管理是解决流动人口问题的一种极富价值的探索,这种探索既为流动人口提供了刃合需求的服务,又帮助政府节省了流动人口管理工作的大量成本,为新时期流动人口管理的创新提供了新的视角。然而,在过去的管理和今天的现实中,对流动人口的管理主要采取的是以政府为绝对主导的单一式管理,包括自我管理在内的其他管理力量和治理方式并没有充分发挥作用。在学界,对流动人口问题的研究,人们更关注的是政府对流动人口的管理,而对凝聚社会力量的流动人口自我管理重视不够。因此,很有必要深入研究并积极推动流动人口的自我管理,使之成为流动人口管理体系中一支十分重要的力量。

　　本研究在对北京市五个流动人口自组织深入调查的基础上,对流动人口的自我管理进行了系统的研究。研究以"国家—社会"关系为框架,总体围绕"流动人口何以进行自我管理——流动人口怎么开展自我管理——如何促进流动人口自我管理"的思路展开分析,既从理论上探讨了流动人口开展自我管理的必要性和可能性,又从实践中归纳揭示了流动人口实施自我管理的组织机制、动员机制和资源整合机制,并针对自我管理的发展困境,从政府流动人口管理和流动人口自组织工作改进的角度提出了具操作性的建议。其中,笔者还特别关注流动人口的主体意识、流动女性在自我管理中的参与和成长,以及流动人口自组织社会企业化运作等内容,且对它们进行了较为详尽的分析。研究表明:流动人口的自我管理是一项重大的社会管理创新。目前,流动人口的自我管理已具备一定的发展基础,流动人口也已具备开展自我管理的能力,但由于自我管理受到政府政策、流动人口自组织运作和流动人口自身特性等多种因素的综合影响,它的进一步发展还需要政府和流动人口的共同努力。

　　本研究分为五大部分:

　　第一部分即导论部分。在阐明研究的背景和意义后,对本研究涉及的核心概念予以界定,并通过对相关文献资料的梳理指出已有研究的不足,进一步明确了本研究的研究内容和价值。此外,该部分还论述了本研究的分析框架和理论基础,并对研究方法、调查对象和创新点做了说明。

第二部分即第一章,着重回答了在国家与社会关系发生变化的背景下,"流动人口何以进行自我管理"的问题。本章首先分析了流动人口自我管理的必要性,并对其发展历程和现状进行了梳理概括,继而论述了流动人口自我管理的社会基础和内在动力。"后总体性社会"的形成为流动人口的自我管理提供了发展的土壤,与此同时,流动人口的多元需求难以得到满足,而他们的主体意识又不断增强,这些共同构成了流动人口开展自我管理的内在动力。

第三部分包括第二、三、四章,主要以北京市五个发展比较成熟的流动人口自组织为案例,从社会视角回答"流动人口怎么开展自我管理"的问题,重点对流动人口自我管理的三个实施机制进行了论述。第二章分析组织机制。完整阐释了流动人口自组织的含义、类型、功能和组织结构的特点,揭示了流动人口自组织争取合法性的策略,并对流动女性在流动人口自组织中的地位进行了研究。第三章探讨动员机制。社会化动员是流动人口自我管理动员的主要模式,在这一模式下,流动精英是动员的主导力量,他们采取一系列动员策略,灵活运用不同的动员方法,较好地实现了对流动人口和社会力量的动员。在这个过程中,流动女性也成为自我动员的一支不可或缺的力量。第四章考察资源整合机制。流动人口自组织构建的多元主体共同参与的社会支持网络,以及社会企业化的资源整合方式都较好地促进了其对社会资源的整合,流动女性也在自我管理和资源整合中实现了自身的成长。

第四部分包括第五章和第六章,从国家与社会互动的视角回答了"如何促进流动人口自我管理"的问题。第五章从政府、流动人口自组织和流动人口角度探讨了流动人口自我管理的发展困境。第六章则在借鉴国外经验的同时,从政府和流动人口自组织层面提出了促进流动人口自我管理发展的对策。

第五部分即结论与前景。该部分梳理和总结前文的主要观点,并对流动人口自我管理的未来图景做一些前瞻性的讨论与分析。

目　录

I

↘导　论

第一节　研究背景与研究意义

一、研究背景

改革开放以来,我国从传统社会向现代社会急剧转型,国家与社会之间的关系发生了深刻的变动。随着市场经济体制的建立和发展,社会变得更加开放,社会资源的流动性日益增强。农村公社制的解体和城市国有企事业单位功能的弱化,使国家失去了对社会实行全面掌控的媒介,在人们由"单位人"向"社会人"转变的同时,政府原有的"全能型"职能开始失效,社会的力量逐渐成长起来。不仅独立的企业组织成为市场的主体,而且新的社会阶层和利益群体不断涌现出来,人们的利益需求也日益多元化,平等、自主和权利意识也日益增强。此时,政府已无力承担社会生活所有领域的管理和服务,各种社会组织如雨后春笋般兴起,承担了大量政府做不了而市场又不愿意做的公共事务,成为政府管理和市场调节之外的又一重要力量。这些新变化给我国的社会管理带来了严峻的挑战。2004 年,党的十六届四中全会首次提出要建立"党委领导、政府负责、社会协同、公众参与"的社会管理新格局,倡导"政府主导加上社会自治的管理模式"①。2013 年 11 月,党的十八届三中全会又决定在党的文件中首次提出"社会治理"一词,促进社会事务由政府主管转向多元主体的共同治理,由此,社会治理方式的改革创新逐渐成为全面深化改革的重点。

---

① 向春玲,等.加强和创新社会管理 18 个经典案例[M].北京:中共中央党校出版社,2011:2.

　　流动人口的管理服务是创新社会治理的重要内容之一，也是长期以来持续困扰政府工作的一大难点。20 世纪 80 年代以来，我国进入了人口流动迁移最为活跃的阶段。据第六次全国人口普查公报，2010 年全国离开户籍所在地、跨乡(镇、街道)居住半年以上的流动人口为 2.21 亿[①]，约占全国总人口的 17%，以此推算，近似于每六个人就有一个人在流动。近年来，虽然国家出台了一系列关于流动人口管理服务的重大举措，极大地推动了地方政府关于流动人口的各项具体工作，加强了对流动人口权益的维护和保障，但流动人口问题依然突出。流动人口的"半城市化""浅层城市化"现象普遍存在；流动人口的就业和劳动权益、子女教育、住房保障、社会保障等方面的问题依然存在；"待不住、留不下的城市""回不去的农村"真实描绘出流动人口，尤其是青年流动人口对生活的迷茫；城市"新二元结构"[②]的形成严重影响社会的和谐稳定……如果按照城镇化率每年提高 1 个百分比的速度，要达到城镇化率 70% 左右的峰值[③]水平，我国至少还需 20 年左右的时间，这就意味着在未来相当长的一段时期内，我国以农民工为主的流动人口群体仍将大规模存在，流动人口的管理创新将仍然是一项政府需要突破的重点工作。

　　值得欣喜的是，一些城市相继出现了流动人口自我管理和自我服务的现象，流动人口以自身实践为流动人口管理的创新找到了一条新的路径。流动人口的流动具有明显的组织化色彩，多数人最初都是通过同乡、亲属、朋友等初级社会关系从农村流动到城市，这种乡土社会网络是他们流动的主要支持力量。来到城市后，流动人口在就业、权益维护、角色转换等方面都容易出现适应问题，而流动人口个人的力量又很有限，"政府失灵"与"市场失灵"也导致无法解决所有的问题，制度和市场的双重缺位为流动人口发挥主体性、开展自我管理提供了契机。同时，政府部门对流动人口问题的高度重视以及社会各界的深切关注，又为流动人口主体性的增长创造了良好的外部环境。随着

---

　　① 此数据不包括市辖区内人户分离的流动人口约 0.4 亿。数据来源：国家统计局. 2010 年第六次全国人口普查主要数据公报[EB/OL]. http://www. gov. cntest2012-04/20/content_2118413. htm,2012-04-20.

　　② 城市"新二元结构"指城市流动人口与城市户籍人口之间的二元隔离现象，是相对农村和城市之间的二元结构而言的。

　　③ 《中国流动人口发展报告 2012》认为：如果一个国家或地区的城镇化率在一定时期内保持相对稳定，变化幅度很小，则该城镇化率水平可视为峰值。国家人口和计划生育委员会流动人口服务管理司. 中国流动人口发展报告 2012[M]. 北京：中国人口出版社,2012.

流动人口自身素质的提高，他们的主体意识不断增强，先后在城市组建了一些互助性的支持组织。这些组织广泛开展流动人口的就业推荐与培训服务、教育文化与生活服务、法律咨询与城市适应能力培训服务、公共倡导等方面的工作，与流动人口进行持续的良性互动，满足了流动人口的许多需求，拓展了他们在城市的生存空间，在方便流动人口生活、促进流动人口的城市融入中发挥了非常重要的作用。流动人口用自己的行动证明：以农民工为主体的流动人口不仅仅是"弱势"的、需要"同情"和"帮助"的群体，他们更是蕴藏着巨大能量的群体。只要给予一个宽松的环境，他们就有能力有序地解决自己的很多问题。

流动人口的自我管理不仅能帮助政府节省流动人口管理工作的大量成本，为新时期流动人口管理的创新提供新的视角，促进流动人口问题的解决；而且还是发展民主政治的重要方式，如果能够得到积极引导和扶持，也将有助于推动政府职能的转变，促进我国社会整合结构的优化。诚然，目前流动人口的自我管理还只是处于初始阶段，但已取得了很好的经验，有着重要的借鉴和推广价值，认真研究这一社会现象具有十分重要的意义。

二、研究意义

1.丰富了对流动人口自我管理的理论研究

本研究运用"国家—社会"关系的分析框架，对流动人口的自我管理进行较为全面的研究。首先，深入分析流动人口自我管理的必要性和可能性，阐明其现状，能为流动人口的自我管理提供理论支撑。继而，剖析自我管理的组织机制、动员机制和资源整合机制，这实际上是对流动人口自我管理的方式方法的总结提炼。最后，提出的对策更是政府开展流动人口管理工作和流动人口进行自我管理的重要参考。总之，对以上内容的系统深入分析，有助于建构流动人口问题多元主体共治的理论研究框架，弥补学界对流动人口自我管理研究的不足。

2.有助于客观全面地认识流动人口的主体性

说到流动人口，人们往往会很自然地想起农民工，而提起农民工，人们便会很容易将他们与"弱势群体"联系起来。对于流动人口，有部分人表示鄙夷；有部分人表示关心和同情；也有许多学者撰文分析他们是如何"弱"，大力呼吁政府和社会来帮助他们。然而，"弱势群体"这一说法究竟能否完全代表以农民工为主体的流动人口形象？我们到底应怎样认识流动人口？对流动人口的主体性和主体意识进行全面的分析将有助于回答这些问题。笔者通过研究发现：流动人口的主体性确实有待提高，但他们已是一个具有一定的主体意识、能开展自我管理和自我服务的群体。

3. 丰富了流动人口自组织社会企业化模式的研究

同众多的草根组织一样，流动人口自组织的生存也面临着资金制约的瓶颈。在中国现有的政策环境下，草根组织要获得体制内的资源不是一件易事，一般的组织更多只能依靠国外资金的资助，而这种外部支持往往不具有持久性和稳定性，且较易削弱草根组织本身的独立性。运用社会企业的方式来整合社会资源，能增强流动人口自组织的"造血"功能，有效减少组织对外界的依赖。但社会企业是一个新生事物，有关研究还比较缺乏。本研究通过流动人口自组织创办社会企业的案例，深入分析该组织是如何整合社会资源，又是如何进行管理来赢得社会公信力，从而拓展自我管理的发展空间的。这显然有助于丰富流动人口自组织社会企业化运作模式的研究，对该类组织的实践有重要的启发意义。

4. 关注流动女性在自我管理中的参与和发展

流动女性虽然属于流动人口的一部分，但流动对于男性和女性的意义却并不相同。流动的经历能增加女性的收入，改变女性对自我、家庭和社会的认识，影响女性的社会性别意识和角色扮演；同时，女性在流动中面临着与男性不同的工作机会和发展机遇，又有着不同于男性的需求。然而，大部分有关流动人口的研究并未关注流动女性这一群体，本研究对流动人口自我管理的研究，特别关注流动女性在自我管理中的参与和作用，关注自我管理对流动女性的影响，这无论是对流动人口自我管理的研究，还是对流动女性的研究，都是一种丰富和发展。

5. 是对政府流动人口管理创新路径的有益探索

流动人口管理的创新是当前推进社会治理创新的一项重要内容。两亿多人口在我国东西部之间、城乡之间大范围流动，如何保障这些人在流入地的合法权益，调动他们建设流入地的积极性，变流动为活力，消除不稳定与不和谐的因素，是社会治理工作面临的重大挑战。传统的流动人口管理重在以治安管理为目的的管制和控制，忽视了对流动人口的服务和人文关怀；重在对流动人口的防范与规范，忽视了对他们的接纳和包容；重在把流动人口当成被动的群体，忽视了他们的主体意识和参与作用。

流动人口自我管理的研究深切关注流动人口的主体能动性，将流动人口看成主动积极的群体，通过对现实案例的调查分析，论证流动人口自我管理的可能性和可行性，并对政府的流动人口管理工作提出具操作性的建议，是对政府流动人口管理创新的一种有益探索。

6. 为流动人口的自我管理提供了可借鉴的经验

流动人口的自我管理有利于满足流动人口的需求，增进社区的和谐与社会的稳定，促进流动人口的城市融入，但由于自我管理尚处于初始发展阶段，得到的关注不多，也缺乏对自我管理工作的经验总结。笔者从鲜活的实践中提炼出流动人口自我管理与实施机制，深入分析自我管理面临的困境，并提出相应的建议，对流动人口自我管理的进一步发展有着重要的指导意义。

第二节　概念界定与研究综述

一、概念界定

1. 流动人口

流动人口（recurrent population 或 floating population）是在我国特定户籍制度下产生、与本地户籍人口相对而言的一个概念。国际上并没有"流动人口"这一说法，类似的更为普遍的提法为"迁移人口（migrant population）"或"国内移民（internal migration）"。与"流动"相比，"迁移"是指永久变更居住地的空间位移，鉴于我国当前的实际，国际通用的"迁移人口""国内移民"的概念并不适用于本研究。

由于考察对象和研究视角的差异，国内学术界对于流动人口的定义并不一致。有的侧重空间的转移，认为流动人口"主要指那些离开户籍所在地，在另一地区滞留、居住、从事各种活动的人口，其中绝大多数是从农村转移出来进城务工的富余劳动力"[①]。有的强调时间和户籍的要素，认为"流动人口应

---

① 何增科.中国社会管理体制改革路线图[M].北京：国家行政学院出版社，2009:204.

当指某一时间范围内活动范围跨越一定地域界限,并且户口没有发生迁移的人口,即指那些临时性的流动人口"①。也有的将以上要素具体化,将时间规定为"半年以上",空间规定为"跨乡(镇、街道)"。流动人口指"离开户口所在地,跨乡(镇、街道)居住半年以上的人口,主要包括农村户籍流动人口和城镇户籍流动人口"②。而在我国城市管理的工作中,对流动人口的认定往往更注重空间和户籍的要素,淡化时间要素,不论流动时间长短,只要居住地改变(尽管户籍没有随之发生变化)的人口,一般都会被视作流动人口。除此之外,还有的根据流动目的做出限定,如在外出就业、旅游、上学、治病、探亲访友、流浪乞讨等诸项流动目的中,将流动人口重点限定为外出就业的人口。

综合以上分析,笔者对所研究的流动人口界定如下:在某一时间范围内(通常为半年以上),跨越一定地域在城市居住但户籍并未随之迁移、以流动就业为目的的中国国籍人口。本研究关注的重点是低收入的城市流动人口群体,主要包括以下三部分人群:一是外出农民工③,也包括随农民工进城的子女和配偶等家庭成员;二是在城市做小买卖的流动人口;三是高校毕业生打工群体。

2. 自我管理

自我管理自 20 世纪 50 年代以来逐渐被人们关注和重视,作为一种新兴的管理形式,自我管理是人的主体性发展的内在要求,是人自我实现的重要途径。

现有的自我管理概念多是从个体的角度来定义,不能等同于本研究的自我管理来理解。自我管理是现代管理学大师德鲁克晚年研究的主题,早在1954 年《管理的实践》一书中,他就提出了"目标管理"的方法,认为可将组织目标转化为个人目标,实现自我管理。1999 年他又在《21 世纪的管理挑战》

---

① 熊光清.中国流动人口中的政治排斥问题研究[M].北京:中国人民大学出版社,2009:51.

② "六普"对流动人口的统计口径,引自国家人口和计划生育委员会流动人口服务管理司.中国流动人口发展报告 2012[M].北京:中国人口出版社,2012:3.

③ 本研究的重点对象是农民工,却不以"农民工的自我管理"为题,主要有两个原因:一是这与目前国家关于这一群体是"新工人阶级"的一部分的定位不符,也与这一群体,尤其是年青一代对自身身份的认同不符。二是"农民工"这个概念略显狭隘,不能完全涵盖本研究的研究对象,尤其是涵盖不了进城做小买卖的农村流动人口群体和高校毕业生打工群体。

中,详细地论述了自我管理的意义和方法,但他所指的都是个体的自我管理。国内较早研究自我管理的著作《自我管理初探》是这样定义的:"自我管理,顾名思义,就是个人能动地对自己进行管理……是在适应所处的管理环境,建立起清晰的管理目标的前提下,通过不断的自我认识、自我教育、自我激励、自我控制的动态过程,逐步趋向自我完善,从而在管理系统中发挥尽可能大的作用,以便使整个管理系统取得最佳的管理效益。"①可见,这里强调的也是个体的自我管理。郭海龙对国内外自我管理的研究进行过系统的梳理,他也是从个体出发来定义自我管理的。他认为自我管理是个人在正确认识自己和所处环境的前提下,通过自我设计、学习、协调、控制等环节,以实现个人自由全面发展和推动社会发展为目标的活动。② 总之,学者们对个体意义上的自我管理取得了基本一致的认识,通常指个体对自己本身,对自己的目标、思想、心理和行为等进行的管理,自己管理自己的事务,自己约束自己,自己激励自己,最终实现自我奋斗目标的过程。

本研究则是从群体的角度来看自我管理的,从群体角度来理解自我管理具有以下依据:首先,从学术层面来看,也有学者从群体角度对自我管理进行过定义,如杨永杰认为自我管理"指个体或群体计划、组织、协调、控制自身的活动,以期望更好地实现自己的目标"③。"Uhl-Bien 等(1998)将自我管理分为个体自我管理和团队自我管理两个层面。"④第二,从法律层面来看,2010年 10 月新修订的《中华人民共和国村民委员会组织法》第一章第二条规定:"村民委员会是村民自我管理、自我教育、自我服务的基层群众性自治组织,实行民主选举、民主决策、民主管理、民主监督。"在这里,村民自我管理的意义类似于笔者所研究的流动人口自我管理,它不是指单个村民的自我管理,而是指村民这个群体的自我管理。不仅如此,群体的自我管理还必须依托于组织来实现,这里的村民委员会就是村民实现自我管理的组织载体。第三,从政策层面来看,2007 年,党的十七大已经把人民依法行使民主权利,实行自我管理写进了党代会报告;2011 年,国家"十二五"规划也提出要动员和组

①　马金海,谈焕兴,冯重庆,等.自我管理初探[M].北京:解放军出版社,1987:1-2
②　郭海龙.现代化与自我管理问题研究[M].北京:中国社会科学出版社,2007:41.
③　杨永杰.自我管理思想的演进[J].甘肃省经济管理干部学院学报,2006(2):44-46.
④　转引自杨廷钫,凌文辁,江虹.自我管理理论研究现状——基于组织行为学视角[J].科技管理研究,2009(6):560-563.

织群众依法有序参与社会管理,实现自我管理、自我服务和自我发展;2012年党的十八大再次强调,"实行群众自我管理、自我服务、自我教育、自我监督,是人民依法直接行使民主权利的重要方式"①。以上主体"人民""群众"的自我管理,均是指群体意义上的自我管理。

由此可见,自我管理既可以指个体的自我管理,也可以指群体的自我管理。参照上述定义,笔者认为自我管理指个体或群体对自己的目标、思想和行为等进行的管理,自己管理自己的事务,自己约束、激励、服务自己,以更好地实现个体或群体目标的过程。其中,组织是群体开展自我管理的形式和载体。

3. 流动人口自我管理

目前学术界已有不少关于流动人口自我管理、农民工自我管理的提法,但至今尚未对它们进行准确的界定。笔者参照自我管理的定义,并根据在实地调研中形成的认知,将流动人口自我管理界定如下:本研究的流动人口自我管理专指流动人口在群体意义上的自我管理,是流动人口以自组织为载体②,对自己的目标、思想和行为等进行的管理。具体地讲,就是流动人口自己管理自己的事务,自己约束、激励、服务自己,以更好地满足流动人口需求的过程。

从实践情况来看,流动人口的自我管理具有以下几个鲜明的特点:第一,以自组织为载体。对于流动人口来说,自组织是克服个人力量不足的重要方式,流动人口组织起来的目的是为流动人口群体服务,满足流动人口的需求,帮助流动人口更好地融入城市。第二,主客体统一的特殊性。一方面,流动人口的自我管理体现出主客体统一性的特点,流动人口既是目标、计划的设立者和执行者,又是管理行为的发出者和接受者。另一方面,流动人口自我管理主客体的统一是指群体意义上的统一,并不是个体的一一对应。管理的本质是服务,流动人口的自我服务面对的是流动人口群体,接受服务的人并不必然是提供服务的人,他们可能是流动人口自组织内的成员,还很有可能

---

① 胡锦涛.坚定不移沿着中国特色社会主义道路前进,为全面建成小康社会而奋斗——在中国共产党第十八次全国代表大会上的报告[N].人民日报,2012-11-08.
② 由于本研究关注的重点是低收入的流动人口群体,因此,笔者所研究的流动人口自组织也主要指由这部分流动人口所组成的自组织。

是自组织外的其他流动人口。第三,参与式的主动管理。流动人口的自我管理为组织内的每一位成员都提供参与的机会和渠道,同时也鼓励组织外流动人口的广泛参与。与被动式管理强调对他人的管制不同,这是一种主动的管理,它强调自律,要求流动人口把自己当作管理人员,运用内在的约束来增强责任意识。在参与式的主动管理中,流动人口的权利和责任是统一的,他们作为管理主体在决定自己行为的同时,也必须为行为的后果承担责任。第四,流动人口之间是一种内部互助的关系。在自我管理的过程中,流动人口运用和调动自己的社会资源,基于一定的信任关系或社会纽带,形成一种互帮互助的关系。

二、研究综述

1. 国外学者关于迁移人口自我管理的研究

组织化是流动人口开展自我管理的重要前提。早在帕森斯的眼中,组织化已成为现代社会的重要特征,"组织的发展已成为高度分化社会中的主要机制,通过这个机制,人们才有可能'完成'任务,达到对个人而言无法企及的目标"①。社会成员的自我组织和自我管理也是社会民主的重要体现,法国学者托克维尔曾指出,"在民主国家里,全体公民都是独立的,但又是软弱无力的。他们几乎不能单凭自己的力量去做一番事业,其中的任何人都不能强迫他人来帮助自己。因此,他们如不学会自动地互助,就将全都陷入无能为力的状态"②。

在国外,由于人口的流动不受户籍的限制,一个国家内部的人口不管流动到哪里,基本都能享受国民待遇,而且许多国家社会的组织化程度比较高,国内的迁移人口一般不是作为一个单独的群体组织起来,而是融入到了整个社会的自我组织和自我管理中。因而,国外纯粹的迁移人口自我管理更多体现在跨国移民身上,这方面也有一些研究成果。有的学者认为,移民在族群身份、文化身份等的认同和融入问题上存在困难,这和他们的主体构成和移

---

① Parsons,Talcott. Structure and Process in Modern Societies[M]. Glencoe,Illinois:Free Press,1960:42.

② [法]托克维尔.论美国的民主[M].董果良,译.北京:商务印书馆,1988:636-637.

入国的经济社会结构变迁有关，①而移民社团则在维护移民的合法权益中发挥了重要的作用。有学者对移居夏威夷的日籍冲绳人的自我管理进行了详细的研究。*Uchinanchu：A History of Okinawans in Hawaii* 是民间社团和公共机构共同完成的一部关于夏威夷冲绳移民社会的论文集，该论文集第五部分介绍了夏威夷的冲绳移民成立移民社团开展自我管理的情况。为了更快地适应新环境，初到夏威夷的族群通常会以祖籍地为纽带成立社团组织，20 世纪 30 至 40 年代是大多数冲绳社团组织成立的主要时期，这些组织促进了移民间的互相帮助，并增进了移民文化上的认同感。② 其中，夏威夷冲绳县人联合会是一个具有较强影响力的组织，该组织不仅为当地的冲绳人提供各种服务，如开展冲绳农场青年培训项目、举办体育活动、参与人道主义援助等，还积极参与美国政府的赞助活动，在加强夏威夷与冲绳的友好往来中扮演了重要的角色。③

还有一些学者对作为自我管理载体的组织的发展进行了研究。有的学者认为，法律、制度、人才和资金等方面的困难是社会组织面临的主要问题；④有的提出，劳工的文化素质偏低是他们难以形成社团意识的重要原因。⑤ "最高层的精英们更严格地控制了有组织的表达，但并没有禁止它。他们的态度是，在原则上支持有组织地表达群众的要求，然后对那些被认为是错误的或对抗的要求采取纠正措施。他们直言不讳地敌视那些看起

---

① Benjamin，H. Bailey. Language，Race and Negotiation of Identity：A Study of Dominican Americans[M]. New York：LFB Scholarly Publishing LLC，2002：13-14.

② Center for Oral History，University of Hawaii at Manoa，Hawaii United Okinawan Association. Uchinanchu：A History of Okinawans in Hawaii[C]. Honolulu：University of Hawaii Press，1982：561-576.

③ Center for Oral History，University of Hawaii at Manoa，Hawaii United Okinawan Association. Uchinanchu：A History of Okinawans in Hawaii[C]. Honolulu：University of Hawaii Press，1982：328.

④ Smith，D. H. Four sectors or five? Retaining the member-benefit sector[J]. Nonprofit and Voluntary Sector Quarterly，1991(2)：137-150.

⑤ Ma，John Z. Temporary labor migration and return transformation：A chained model [C]//Survey Research in Chinese Societies：Methods and Findings. Hong Kong：The Hong Kong University of Science and Technology Press，1999：27-28.

来是作为利益综合者来竞争权威合法性的群众组织。"①Spires 对中国的草根组织进行了研究,在他看来,中国草根非政府组织和政府之间的张力源于相互的不信任,草根组织往往采取透明化的策略来换取政府的信任。②

2. 国内学者关于流动人口自我管理的研究③

国内学者对流动人口自我管理的研究多集中在农民工这个群体上,从已有研究的侧重点来看,主要从非政府组织和自组织两个角度展开,内容涉及组织的基本情况、为流动人口提供的服务项目,以及自我管理的发展困境和对策等方面。

(1)非政府组织角度的研究

一部分学者把由流动人口自觉组建的、为流动人口服务的非政府组织看成流动人口自我管理的载体,从这个角度开展的研究大致有三种取向:一是综合研究,力图对流动人口自我管理的原因、类型、特征、作用、困境和对策等中的两个或两个以上内容进行比较全面的分析。二是重点研究,即专门就流动人口自我管理的某一方面内容进行细致深入的剖析。三是个案研究,即对典型个案做"解剖麻雀"式的研究,以形成有深度和分量的成果。

第一种取向:综合研究。欧阳兵运用冲突理论指出农民工面临刚性冲突、身份冲突、经济接纳和社会排斥的冲突、社会网络冲突,这些冲突具有现实性和非现实性的特点,应对冲突是农民工选择成立非政府组织的重要原因。他认为农民工与社会不存在根本利益的冲突,因而不应取缔农民工非政府组织,而应从国家、社会、农民工多层次去探寻农民工非政府组织的治理之道。④ 林凌辉从加强农民工社会保障的角度,界定了农民工公益组织的概念和特点,将之区分为慈善公益型和压力维权型组织两种类型,并分析了农民工公益组织的作用和制约因素,进而提出了相关的对策和建议。⑤ 余章宝等

---

① [美]汤森,沃马克.中国政治[M].顾速,董方,译.南京:江苏人民出版社,1994:236.

② Spires,Anthony. China's un-official civil society:The development of grassroots NGOs in an authoritarian state[D]. New Haven:Yale University,2007.

③ 国内研究综述部分已公开发表,参见陈菊红.我国流动人口自我管理研究综述[J].成都行政学院学报,2013(5):93-96.

④ 欧阳兵.论农民工非政府组织的缘起及应对[J].江西行政学院学报,2008(4):14-17.

⑤ 林凌辉.农民工公益组织浅析及建议[J].学会,2011(1):37-40.

通过对珠三角地区农民工非政府组织维权的现状和困境的探讨发现,农民工维权组织基本都是工商登记注册,主要为农民工提供维权方面的咨询和服务,还有的提供就业培训、工伤探访、法律政策宣传等服务。目前,这些组织面临身份合法性、经济资源和人才不足的问题。① 徐贵宏等通过分析农民工非政府组织建设的内外部制约因素,相应从打造内部条件、塑造外部环境等四个方面提出了促进农民工非政府组织发展的对策。② 李尚旗则主要从农民工利益表达的角度分析了农民工非政府组织在政府支持、合法性和组织资源方面面临的生存困境,并进一步对政府和组织自身提出了改进工作的具体路径。③

第二种取向:重点研究。刘冰等重点考察了农民工非政府组织与农民工就业之间的互动效应和改进路径。他们认为农民工非政府组织在促进农民工就业的同时,也提高了自身的社会认可度,降低了运行成本,促进了自身与政府和企业之间的互动。然而,这种互动双赢的局面仍然存在来自政策和自身的约束,需要通过就业信息共享、政策宣传引导、权益保障互助、就业培训互惠来增进互动。④ 罗观翠等对华南农民工非政府组织的组织环境进行了全面而翔实的剖析,阐述了农民工非政府组织与国家、社会和服务对象之间的关系,以及内部服务项目、组织行政运作等内容,揭示出此类组织存在组织行为趋同化、生存形态多样化的特点。⑤ 孙春苗从珠江三角洲地区农民工权益状况的背景入手,探讨了农民工民间维权组织在社会转型期的激励、实现、约束机制和发展空间。⑥ 陈旭峰的独到之处主要在于运用社会学的基本理

---

① 余章宝,杨淑娣.我国农民工维权 NGO 现状及困境——以珠三角地区为例[J].东南学术,2011(1):59-69.

② 徐贵宏,贾志永,王晓燕.从制约因素看农民工 NGO 的建设[J].开发研究,2008(2):90-93.

③ 李尚旗.农民工非政府组织的生存困境及其建设路径——以利益表达为研究视角[J].北京工业大学学报(社会科学版),2010(4):6-11.

④ 刘冰,谭界,符铁成.NGO 与农民工就业:互动效应及其改进路径[J].湖南农业大学学报(社会科学版),2011(5):44-48,60.

⑤ 罗观翠,顾江霞.华南农民工 NGO 的组织环境分析[J].青年研究,2008(10):1-11.

⑥ 孙春苗.论农民工民间维权 NGO 在社会转型期的发展空间[J].调研世界,2006(10):14-18.

论以及相关的访谈资料集中论述了农民工非政府组织的理论和现实可能性。①

第三种取向：个案研究。学者们也比较重视对流动人口自组织个案的考察。程蹼基于对海南外来工之家和北京打工妹之家的产生和发展情况的比较研究，归纳出创建农民工非政府组织需具备的条件以及发展所面临的困难，呼吁全社会的共同参与和帮助。② 和经纬等以珠三角农民工维权非政府组织为例，详细阐述了在面对资源和制度的双重制约时，这类组织是如何补充合法性资源以获得政府的默认、社会的支持以及知识精英的背书，进而求得自身生存来维护农民工权益的。③

（2）自组织角度的研究

另有一部分学者对流动人口自我管理的研究从自组织的角度展开，他们把流动人口自组织视为流动人口基于血缘、地缘和业缘关系成立的，结构比较松散的非正式群体，并对以自组织为载体的自我管理进行了研究，成果主要体现在以下方面：

关于自我管理的动因和意义。蔡昉认为，我国流动中的劳动力面临政策、法规、社会习俗等一系列迁移障碍，有着强烈的组织和制度需求，在政府没有为他们提供这种服务时，流动劳动力自组织作为一种替代应运而生，这种自我组织、自我服务主要表现在组织外出和外出后互相帮忙解决住房的问题上。④ 陈丰强调，流动人口自组织的自我管理、自我服务和自我教育有助于弥补政府管理的不足，在此基础上他还提出"流动人口参与式管理"的概念，主张以流动人口自组织为载体，充分发挥自我管理的功能来维护流动人口的合法权益。⑤ 王义等分析了流动人口成立自组织开展自我管理的根本原因和动因，他们认为流动人口自组织成立的根本原因在于正式组织的缺

① 陈旭峰.农民工 NGO 何以可能——基于理论思考与个案观察的分析[J].山西师大学报(社会科学版),2010(3):47-51.

② 程蹼.从典型个案看农民工 NGO 的建立——基于海南外来工之家、北京打工妹之家的实证对比分析[J].武汉科技大学学报(社会科学版),2005(2):17-20.

③ 和经纬,黄培茹,黄慧.在资源与制度之间:农民工草根 NGO 的生存策略——以珠三角农民工维权 NGO 为例[J].社会,2009(6):1-21.

④ 蔡昉.劳动力流动、择业与自组织过程中的经济理性[J].中国社会科学,1997(4):127-138.

⑤ 陈丰.城市化进程中的流动人口管理模式研究[J].求实,2008(12):43-45.

位,而流动人口情感和归属感得不到满足是其内在动因。同时他们还指出流动人口自组织具有四个方面的功能:交流情感,寻找归属;提供资源,扶危济困;正面推力和反面拉力;调节个体与社会的关系。① 张海东等关注城市中处于边缘化的街角劳力这一特殊群体,详细考察了街角劳力隐性组织的能量供给机制、整合机制和利益诉求机制,揭示了其采取成功的生存策略应对社会排斥的意义。② 傅宝第等对农民工自组织的经济、法律、文化、政治和社会功能做了比较全面的概括,在他们看来,农民工自组织的目标应是培育良好的农民工劳动力市场,承担从政府中分离出来的关于农民工服务管理方面的事务。③ 徐建丽的分析有其独到之处,她指出农民工自力维权组织的存在确实表明了农民工对"组织性力量"的需求,也是解决冲突的一种有效形式,但同时也要看到这类组织潜规则式的维权方式是潜在的不稳定因素,须谨防自组织的畸形化。④

关于自组织的类型。学者们按不同的标准将流动人口自组织划分为不同的类型。"农村劳动力流动的组织化特征"课题组依据组织形态的特点认为,流动就业者内部存在生产经营型、生活友谊型和秘密社会型组织三种主要形态,并详细分析了每种形态的表现、人员构成特点和内部结构与功能。⑤ 按组织的不同功能,蔡昉将流动中的劳动力自组织分为五种类型:利益保护型、信息服务型、生活服务型、谋求私利型和综合服务型。⑥ 王义等则从个体成员间人际关系的角度,将流动人口自组织分成亲缘群体自组织、地缘群体自组织、业缘群体自组织和情缘群体自组织四种类型。⑦

① 王义,许姗姗,郭开怡.流动人口自组织问题及政府管理对策探究[J].甘肃社会科学,2003(6):91-95.

② 张海东,赵雅轩.隐性组织化:街角劳力的边缘化生存逻辑[J].社会科学战线,2009(2):194-200.

③ 傅宝第,马骏,李军岩.寻找农民工自组织的维权途径[J].理论界,2005(6):36-37.

④ 徐建丽.农民工自力维权组织与工会引导[J].中国劳动关系学院学报,2011(5):43-46.

⑤ "农村劳动力流动的组织化特征"课题组.农村劳动力流动的组织化特征[J].社会学研究,1997(1):15-24.

⑥ 蔡昉.劳动力流动、择业与自组织过程中的经济理性[J].中国社会科学,1997(4):127-138.

⑦ 王义,许姗姗,郭开怡.流动人口自组织问题及政府管理对策探究[J].甘肃社会科学,2003(6):91-95.

关于自我管理的困境和对策。面对农村劳动力流动的组织化需求，"农村劳动力流动的组织化特征"课题组就如何调整政府的管理行为提出了务实而又操作性强的建议：把"有序化"当作一种目标要求，而非手段要求；树立以人为核心的管理理念，重视流动人口的社会性需求；重视发挥非正式组织的积极作用；实行"一个机构""一种证件""一种收费"的综合管理办法。① 王义等的思路也颇具代表性。他们认为，流动人口自组织是劳动力自由流动的必然产物，但是，流动人口自组织也存在不足：它们没有合法的地位；依靠情感的力量来发挥作用，具有先天的软弱性和妥协性；发展和演变方向也具有盲目性。因此，政府部门应该重视自组织，加强对自组织的管理，管理者要努力做到：转变对流动人口及其自组织的认识；加强对自组织的疏通和引导，使其良性发展；对不同类型的自组织采用不同的管理模式；挖掘流动人口自组织的潜力，充分发挥自组织服务自身、服务社会的作用。② 袁海平指出农民工自组织的建立面临制度困境，同时农民工自组织缺乏有效监督，促进农民工自我管理必须从强化政府公共服务职能、加强自组织建设这两方面着手。③ 陈丰创新性地提出了"政府管理结合参与式管理"的流动人口管理模式，具体包括：政府政策上积极推动流动人口参与式管理；合理界定流动人口自组织和政府的职能边界；政府指导与流动人口的自我管理有机结合；充分发挥党团组织的作用，形成流动人口管理网络体系。④

3.研究述评

学界已有的研究成果能为后续研究提供丰富的养分，是拓展流动人口自我管理研究的重要基础。但纵观现有研究，尚存在一些不足之处。

第一，关于流动人口自我管理的研究不多，尤其是可以直接借鉴的文献很少。在知网上输入关键词"流动人口"（或输入重点研究对象"农民工"）和"自我管理"，发现除了袁海平的《农民工自我管理的现状、障碍及对策》一文，

① "农村劳动力流动的组织化特征"课题组.农村劳动力流动的组织化特征[J].社会学研究,1997(1):15-24.
② 王义,许姗姗,郭开怡.流动人口自组织问题及政府管理对策探究[J].甘肃社会科学,2003(6):91-95.
③ 袁海平.农民工自我管理的现状、障碍及对策[J].农业经济,2009(12):71-73.
④ 陈丰.城市化进程中的流动人口管理模式研究[J].求实,2008(12):43-45.

很难再找到题目中同时包含这两个关键词的文章,也难以找到直接研究这一主题的硕博论文和专著,可以借鉴的资料大都散见于其他的相关文献中。

第二,基本概念尚需进一步理清。当前已有不少关于"流动人口自我管理"的提法,但查阅文献却难以找到它的准确定义,这显然不利于研究的深化。另外,学者们对流动人口自我管理的研究从非政府组织和自组织两个角度来展开,多把自组织等同于流动人口自发成立的非正式群体,对自组织的定义过窄,整体上缺乏对这两类组织与自我管理关系的清晰把握。

第三,对流动人口自我管理的研究不够系统深入。已有研究大都只侧重于自我管理的一个或几个方面,缺少对流动人口自我管理的定位与走向的通盘思考。很多文献只是把流动人口的自我管理当作一个补充性问题或是一项应对措施提出,分析不够深入,对自我管理困境和对策的研究也有待加强。总体上看,专门的深入研究,尤其是理论与实践密切结合的研究欠缺。

第四,目前的研究更多关注流动人口自我管理的载体本身,忽视了对自我管理的方式方法或机制的提炼。学者们从非政府组织和自组织两个角度对流动人口自我管理的研究,重在研究组织的基本情况、流动人口自我管理和自我服务的内容、自我管理的困境和对策等方面,基本忽视了流动人口如何实现自我管理的问题,缺少对流动人口自我管理的方式方法或机制的研究。

第五,在流动人口自我管理的研究中,忽略了对流动人口主体性的研究。主体性是流动人口得以开展自我管理的重要原因和体现,但现有的研究主要集中在对流动人口的需求、政府管理的缺位等的分析上,多强调制度结构的因素,忽视了流动人口的主体意识和能动性的作用。

基于以上分析,本研究拟对流动人口的自我管理进行系统深入的研究。总体围绕"流动人口何以进行自我管理——流动人口怎么开展自我管理——如何促进流动人口自我管理"的思路展开,探讨流动人口自我管理的必要性和可能性,揭示出流动人口发挥主体性、开展自我管理的策略和方法,其中特别关注流动女性在自我管理中的参与和成长,并针对自我管理的发展困境,提出具操作性的对策,既为流动人口自我管理的进一步发展服务,又为政府流动人口管理思路的调整提供合理的建议。

第三节　分析框架与理论基础

一、分析框架:"国家—社会"关系

分析框架是开展理论研究的思维方式和问题解释模型,也是进行科学研究的分析工具。"国家—社会"关系较好地契合了流动人口自我管理研究的理路和向度,是本研究主要的分析框架。

"国家—社会"是政治社会学研究的重要范畴,人们对国家与社会的关系的认识经历了两者同构、分离和对立、良性互动的演变过程。早在古希腊时期,以亚里士多德为代表的"城邦"概念形象表达了国家与社会的胶合状态,城邦既是一种政治体制,又是一种社会组织,此时,社会事务和公共事务相一致。而古罗马的实定法则暗含着法律与政治的分离、社会治理与国家的分野。进入中世纪后,基督教与国家的二元对立、教会的独立性削弱了国家对社会的控制,对国家与社会的关系的认识逐渐形成"国家中心论"与"社会中心论"的二元立场。前者以马基雅维利、博丹、霍布斯和黑格尔为代表,主张个体和社会应服从于国家,国家具有普遍利他性,应以实现国家利益为最高目的。后者以洛克、斯密、潘恩、孟德斯鸠和托克维尔为代表,认为社会先于国家,又外在于国家,应以社会制约权力,国家须减少对社会的限制和干预等。20世纪时,人们逐渐认识到过于强调其中某一方面的片面性,"将国家与公民社会互相对立即使是在西方自由民主情况下也失之于简单抽象化,因为这种论法忽略了在西方,国家与公民社会在深层次上的相互扶持和纠缠牵连"[①]。20世纪90年代以来,米格代尔、埃文斯等学者提出了"国家在社会中""国家与社会共治"等新型理论,重视国家与社会两者之间的互补和合作,这一派理论被称为"国家与社会互动论"。其中,"国家在社会中"理论认为国家与社会的互动打破了此消彼长的零和博弈,这种互动可能出现四种结果:一是国家对社会的全面控制;二是国家吸纳新的组织、资源等,与现存社会力量合作;三是社会力量改变国家,占主导地位;四是国家与社会的分裂。在现

---

① [美]查特奇.关于泰勒的"公民社会模式"理论的一些看法[G]//苏国勋,刘小枫.社会理论的政治分化.上海:上海三联书店,2005:611.

实生活中,国家与社会大都处于第二或第三种模式的形塑过程中。"国家与社会共治"理论则指出,国家与社会处于不断相互适应的过程中,可以通过制度设计让公众参与公共服务,加强国家力量;也可以将国家嵌入一套具体的社会纽带,实现国家与社会共治,正如埃文斯所言,既有嵌入性又有自主性的国家,才能成功实现经济转型。①

"国家—社会"框架强调两者关系的思路,对于分析社会现象,尤其是分析流动人口自我管理的问题很有启发。苏国勋曾指出,当代科学研究的对象正在"由物质实体向关系实在"转变。从社会学来讲,早期社会学家都注重对实体的研究,像孔德的社会物理学思想、斯宾塞的生物有机体论、迪尔凯姆的社会事实观等均是如此,但是今天的社会学主流已把重点转移到从不同视角,如建构论、功能论、制度论等出发,来研究不同主体的互动关系,如市场与民间组织、民间组织与国家、经济与社会等等。② "国家—社会"框架正好迎合了当代社会学注重关系研究的需要。改革开放以来,我国国家与社会的关系发生了很大变化,社会资源的流动性加强,社会结构的分化给社会自主力量的发展带来了广阔的空间。我们在看到社会自主性的同时,也应看到国家是一个具有自身行动目标的主体,正确认识国家与社会之间的互动关系。"在过去的观念中,有组织的独立的社会力量往往是对国家的威胁。这在国家全面控制社会生活的情况下也许确实如此,但在国家与社会相分离,国家与社会的关系需要重构的情况下,社会力量的无组织要比有组织更能威胁到国家与社会的正常关系。因为只有在社会力量组织化的前提下,才能形成双方的对话渠道和有规则的互动。即使双方的关系出现紧张,也可以用一种常规化的方法加以解决。"③ 流动人口自我管理的出现就是这样一种社会力量的组织化,"国家—社会"框架在很大程度上反映了流动人口自我管理的发展和演变趋势。在国家对流动人口长期控制、限制的管理模式中,国家力图通

---

① Evans,Peter B. Embedded Autonomy:States and Industrial Transformation[M]. Princeton,New Jersey:Princeton University Press,1995. 转引自李姿姿. 国家与社会互动理论研究述评[J]. 学术界,2008(1):270-277.

② 苏国勋. 社会学与文化自觉——学习费孝通"文化自觉"概念的一些体会[J]. 社会学研究,2006(2):1-12.

③ 孙立平. 转型与断裂——改革以来中国社会结构的变迁[M]. 北京:清华大学出版社,2004:169.

过公安机关将流动人口纳入其直接的控制体系内,防止游离于基层组织之外的个体对"国家—社会"同构关系的破坏。随着流动人口主体意识的增强,各种流动人口自组织不断涌现,从国家中独立出来的社会力量不断成长,原来的强制主义管理方式已不再适用。此时,重新探究流动人口管理形势变化下的国家与社会的关系,思考流动人口自我管理的意义和定位,并提出促进政府流动人口管理创新和流动人口自主性发展的对策与建议就显得尤为重要。

"国家—社会"框架虽然是一个产生于西方的分析视角,但"我们在研究过程中使用'国家—社会'这对范畴,并不是要接受西方的价值和参照西方的经验,去探讨建构一个独立于国家并与国家相对立的'社会',而是在尊重传统和坚持国家与社会统一的前提下,去探讨如何协调国家与社会的关系"①。本研究以流动人口作为论述中的行动主体,在国家与社会的关系发生变化的大背景下,提炼流动人口为了更好地实现自身权益而实施自我管理的机制,充分展现流动人口的主动性和能动性,以及流动人口在自我管理过程中因与国家的"碰撞"等原因而陷入的困境,并试图从国家和社会层面来寻求解决问题的办法。这种研究将国家与社会的视野投向实际生活中的案例,丰富了"国家—社会"关系的中国本土内容,其意义正如沈原所述,"在最现实的生活层面上,国家与社会相遇了"②。此外,在研究的过程中,本研究还力图打破"国家—社会"框架的静态对立,特别关注流动人口的能动作用,揭示他们虽然处于既定的社会结构与制度之下,但仍然努力采取各种策略性行动来维护流动人口自组织的运行,拓展其与社会力量和国家的合作空间。以此尽量将"国家—社会"置于一种动态的分析中,从而更接近转型期的中国社会之真实情况。

二、理论基础

1. "国家—社会"理论

通常而言,国家与社会的分化指的是国家、市场和社会三者的分化,"市

---

①　郑杭生.中国特色社会学理论的应用[M].北京:中国人民大学出版社,2005:510-512.

②　转引自何艳玲.西方话语与本土关怀——基层社会变迁过程中的"国家与社会"研究综述[J].江西行政学院学报,2004(1):58-62.

场属于社会领域私人谋利的范畴,属于广义的社会领域"[①];而在本研究中,"国家—社会"中的社会则是从狭义上来讲的,属于公民自治的范畴或社会组织发挥作用的领域。依据国家与社会关系的强弱,理论上可将两者之间的关系分为四种不同的模式:一是"强国家—强社会"模式,如墨西哥、埃及、印度、西方发达的市场经济国家等。二是"强国家—弱社会"模式,如韩国、新加坡、泰国等东亚国家。三是"弱国家—强社会"模式,如早期的一些西方国家。四是"弱国家—弱社会"模式,如索马里、阿富汗等处于无政府状态的国家。

新中国成立至 1978 年,我国实行高度集中的计划经济体制,"国家—社会"的关系是典型的"强国家—弱社会"模式。在这种体制下,政府集所有经济和社会管理职能于一身,对整个社会实行严密的控制,导致整体格局只见国家不见社会,社会完全失去自主性,有学者将这一时期的中国社会称为"总体性社会"[②]。孙立平教授对"总体性社会"的特征进行了概括:在这个社会里,国家直接控制和垄断绝大部分社会资源;社会政治经济和文化中心高度重合,纵式关系重于横式关系;国家直接面对民众并对民众进行参与式动员;社会组织不发达,自治能力差;行政性政治整合居于强有力的支配地位。[③]市场化改革以来,我国进入"后总体性社会"[④],原来极端的"强国家—弱社会"模式发生了巨大变化。伴随着计划经济体制的逐步解体,国家不再控制一切,政府的"全能型"职能开始收缩,向有限政府和服务型政府转型。之前被国家垄断的社会资源得以有序自由流动,社会释放出自主的活动空间,社会成员从单位和集体中解放出来后,又以一种不同于传统的方式联结起来,多样化的社会组织获得发展,在参与社会治理中发挥着越来越重要的作用。

---

① 任剑涛.社会的兴起:社会管理创新的核心问题[M].北京:新华出版社,2013:171.

② 这一概念由美国政治学家邹谠提出。Tsou, Tang. Revolution, reintegration, and crisis in communist China: A framework for analysis[G]//Ho, Ping-ti & Tsou, Tang (eds.). China in Crisis V. 1 Book 1. Chicago: University of Chicago Press, 1967:277-364.

③ 孙立平.改革前后中国大陆国家、民间统治精英及民众间互动关系的演变[J].中国社会科学季刊(香港),1994(1):37-53.

④ 此提法参见孙立平,等.动员与参与——第三部门募捐机制个案研究[M].杭州:浙江人民出版社,1999:12.该书认为:"后总体性社会"实质上是"总体性社会"向完全"市场化社会"的过渡阶段。这个时期的社会不同于国家垄断和控制一切资源、对社会全面侵入的"总体性社会",但也并未获得完全"市场化社会"那样的自主性,国家权力作为一种根本性权力,仍然在组织动员、资源配置中发挥重要作用。

按照马克思、恩格斯的预言,随着国家权力向社会的过渡和回归,国家终将会被"以生产者自由平等的联合体为基础的、按新方式来组织生产的社会"①所替代,而在社会发展和壮大的过程中,社会的建设和管理将具有根本性的意义。

在新的发展条件下,我国提出要对传统的社会治理体制和方式方法进行改革,实现社会治理的创新,这实质上是"国家—社会"关系在当代中国的重构。国际学术界从 20 世纪 90 年代中期起,就已经开始摒弃国家与社会之间两极对立的零和博弈观点,主张两者相互促进、协同发展的良性互动。我国有自己独特的国情和文化传统,在处理国家和社会的关系时当然不能照搬西方国家的经验,改革前我们走的是国家完全控制社会的道路,政府管理过多、过泛,导致社会活力尽失,社会发育和发展滞后。而社会管理创新集中体现了政府管理理念的重大转变,现代社会管理既包括国家对社会的管理,也包括社会的自我管理,因而既要提高政府对社会的管理能力,又要增强社会的自我管理能力。社会管理应是"国家和社会各自发挥自己的效用,并恪守各自行动的边界,寻求相互间的积极支持的复杂事物"②。现阶段,我国社会管理创新的格局既强调"党委领导、政府负责",即国家的主导作用和对社会组织的支持和规范功能,又强调"社会协同、公众参与",即社会管理并不是政府包打天下,还需要发挥好社会的协同、自治、自律作用,调动起公众参与的积极性、主动性和创造性,社会组织成为社会治理的主体和政府的合作伙伴,这是我们对国家与社会的关系重新认识的结果。

"国家—社会"关系的理论启示我们,在流动人口管理的问题上同样需要同时发挥政府与社会的作用。流动人口在流动的过程中,基于各种社会关系自愿组建了许多组织实行自我管理,这是流动人口主体意识增长而需求又难以得到满足的产物。作为社会治理的多元主体之一,流动人口自组织更贴近流动人口的生活,能够为流动人口提供便利的、切合实际需求的公共服务,且已经在服务流动人口方面发挥了重要的作用。在流动人口的自我管理有了一定发展的情况下,我国政府应顺势而为,改变过去防范式管制的思路,向流动人口自组织让渡部分管理和公共服务职能,将其看成社会治理体制的一部

---

① 马克思恩格斯选集(第三卷)[M].北京:人民出版社,1995:755.
② 任剑涛.社会的兴起:社会管理创新的核心问题[M].北京:新华出版社,2013:76.

分,积极促进流动人口自我管理的发展。

2.人的主体性理论

"人的主体性是人作为活动主体的质的规定性,是在与客体相互作用中得到发展的人的自觉、自主、能动和创造的特性。"①人的主体性是一个非常重要的哲学概念,在哲学发展史上,人的主体性理论经历了从古代的"实体主体性"到近代的"认知主体性"再到现代的"生命主体性"的认识过程。在古代社会,由于生产力和人们认知水平的局限,人类社会处于人对自然和人的高度依赖阶段,人的主体地位和对主体性的认识都不能得到充分的展现。哲学家亚里士多德虽然第一个使用主体范畴,但在他那里,主体是指包括人在内的任何实体,并不是我们现在意义上的主体概念。当代流行的主体性思想直到近代才出现,科学技术和工业的发展改变了人对自然的隶属关系,个体日益独立、自主,并被赋予主体的内涵,主体性理论的发展也由"实体主体性"向"认知主体性"转变,这个阶段不仅把人和主体统一了起来,而且确立了人对世界的能动作用。但在马克思辩证唯物主义哲学诞生之前,主客体的统一一直是认知主体哲学难以解决的问题。现代的生命主体哲学则是对人的主体性理论的认识的进一步深化。哲学家们用"生命主体性"来说明现代主体性理论的特征,指出人不仅是有意识的个体,还特别强调了人的信念、欲望、情感、自主地追求自己的目标等一系列内在价值,使创造、超越、责任、自由等品格成为人的主体性的重要组成部分。

马克思关于人的主体性的理论是我们正确认识主体性问题的主要依据。马克思超越了近现代传统哲学对主体性先验和体验的偏颇理解,科学揭示了人的主体性的本质,提出人的主体性最终要实现自由全面发展的目标。首先,他在强调人对自然的超越性的同时,指出了人对自然的依赖性。"主体是人,客体是自然"②,人能够主动、能动地认识并改造自然,但人又是对象性的存在物,这种认识和改造还受到自然的约束和限制。其次,马克思把人的主体性放在历史的过程中加以考察。人本身就是一种历史性存在,人的主体性也只有立足于"历史性",才能不断地自我否定和自我超越,不断地生成和发展。再次,马克思还指明了实践在人的主体性发展中的作用。"生产不仅为

---

① 郭湛.主体性哲学:人的存在及其意义[M].昆明:云南人民出版社,2002:30-31.
② 马克思恩格斯选集(第二卷)[M].北京:人民出版社,1995:3.

主体生产对象,而且也为对象生产主体"①,实践活动是主体性得以生成的基础,人的主体性随着实践活动的深化不断丰富,只有从实践活动出发,才能科学认识人的主体性。

根据马克思对主体性的论述,人的主体性主要体现在以下方面:一是能动性。人在外部世界面前并非无能为力,而是能够发挥能动性,克服各种障碍以获得生存和发展。二是价值性。人作为主体实践的目的是满足自身的物质和精神需要。当前,我国提出的"以人为本"的理念就是科学认识人的主体性价值的充分体现,是我国现代化建设的理论依据。三是自主性。人具有自由的意志,能独立自主地做出决断,同时也须自律,为自己的行为和决定负责。四是创造性。指人通过主体能动性的发挥,不断创造新的成果超越旧的自我,追求自由的实现。

人的主体性理论对于我们认识并促进流动人口的自我管理意义重大。流动人口并不是完全被动地等待城市政府的管理服务,他们在个体自我发展的过程中,通过各种社会网络资源进行群体成员的自我管理,开展内部互助,展现了流动人口一定的主体意识和主体性。深入分析流动人口主体意识发展的原因,认清流动人口主体性的现状和意义,要求政府和流动人口自组织在工作中尊重和培育流动人口的主体意识,从而激发流动人口的潜力,促进流动人口的自我管理。

3. 社会性别理论

社会性别理论是 20 世纪 60 年代在西方女权主义运动的基础上发展而来,又对女权运动有着重要指导意义的性别观念体系,现已形成一种应用性较强的社会性别分析框架,成为许多学术研究的一个重要分析范畴。

社会性别(gender)是相对于生理性别(sex)而言的,2001 年联合国开发署驻华代表处编的《社会性别与发展·培训手册》认为,社会性别是指由社会形成的男性或女性的群体特征、角色、活动和责任,是社会对两性及两性关系的期待、要求和评价。与生理性别与生俱来的特性不同,社会性别是后天形成的,是一个动态发展的概念,具有历史阶段性、社会性和共塑性等特征。② 社会性别观念和意识是社会发展建构的结果,由于社会文化对男女两性的规

---

① 马克思恩格斯选集(第二卷)[M].北京:人民出版社,1995:10.
② 何萍.性别理论与社会发展[J].探索,2001(6):73-75.

范、期待,以及资源和机会的分配不同,人们对两性特性和能力的认知评价不同,从而形成男女两性之间权力和地位的差异,这种不平等的两性关系又在教育、政策、文化等作用下被不断地强化。可见,社会性别是"基于可见的性别差异之上的社会关系的构成要素,是表示权力关系的一种基本方式"[①],社会性别既是一种制度体系,又是一种权力关系。

社会性别理论主要包括社会性别差异、社会性别角色和社会性别制度等内容。女性主义者发现,不同阶级、种族、文化或国家的女性对性别平等的追求目标并不一致,必须在具体的社会背景中去考察社会性别。[②] 社会性别角色分析重在比较男女两性在社会中充当的不同角色,重视他们的不同需求。而社会性别制度分析则是通过人与人、人与资源等之间的关系研究,来分析财产、权力、资源等方面存在的性别不平等。社会性别理论认为两性关系是社会关系的本质反映,它帮助我们重新认识男尊女卑的传统性别文化,进一步反思社会政策的性别盲点。社会性别理论作为一种重要的分析工具,深入揭示了两性关系不平等的经济、政治和文化根源,运用社会性别分析工具要求:用变化发展的眼光来看社会性别;女性与男性都处于平等的地位,是社会发展的主体;应将女性问题放在社会制度和结构中去分析,反对孤立地进行研究;注重政策或项目对男女两性不同影响的分析。[③] 目前,越来越多的国家开始意识到社会政策对社会性别的忽视,积极采取措施,努力将社会性别意识引入决策主流,在社会性别问题上已形成五种不同的政策取向:消极的差别对待政策、性别平等对待政策、积极的差别对待政策、性别中性政策、社会性别意识政策。[④] 其中,具社会性别意识的政策最利于改变传统社会性别秩序,促进性别平等。

社会性别理论为我们研究流动人口自我管理问题提供了新的视角,它启示我们应该更多地关注女性流动人口。在传统性别文化的影响下,人们一般从性别中立的立场来看待流动人口,女性流动人口的工作情况、生活状态、权

---

① 李银河.妇女:最漫长的革命[M].北京:生活·读书·新知三联书店,1997:168.

② 王政.国外学者对中国妇女和社会性别研究的现状[J].山西师大学报(社会科学版),1997(4):47-51.

③ 鲍静.应把社会性别理论纳入我国公共管理的研究与实践[J].中国行政管理,2006(8):33-39.

④ 李慧英.社会性别与公共政策[M].北京:当代中国出版社,2002:275-282.

益保障等问题很少有人特别留意。事实上,这个群体有着特殊的生存诉求,她们的主体性值得我们肯定,她们的发展也同样值得我们重视。若能将社会性别意识纳入我国流动人口的管理工作,无疑是推动社会性别意识主流化的一大进步。

第四节　研究方法、调查对象及创新之处

一、研究方法

本研究的研究路径与一般研究有所区别,一般研究是在确立主题和观点后再去找资料。与此相反,本研究总体上是一个从调查资料中提炼观点的过程。在第一次与调查对象接触时,笔者心中并没有研究的题目和结构,而是在调查的过程中,通过对已有资料的归纳整理,将调查的发现和问题提取出来,在搭建初步的框架后,进一步做跟踪调查,并不断地丰富和完善框架,最后才形成本研究的整体结构。具体来讲,主要采用了以下方法:

1. 个案研究法

个案研究法是社会科学的一种微观研究方法,指通过对一个或几个案例的连续调查和深度分析,来达到对某一类现象的认识。关于个案研究的价值,费孝通先生在回应人类学家利奇对江村研究的质疑时表示,江村固然不是中国农村的“典型”,但不失为许多中国农村所共有的“类型”或“模式”。① 通过对个案样本的研究,集中体现了某个类型的特征和属性,能够揭示有关某类现象的主要要素及关系。② 可见,个案研究有利于展现社会现象或事物的因素、机制和逻辑,形成理论上的类型学结论。

根据案例选择的典型性和可接近性原则,在本研究中,笔者选择了“二友之家文化发展中心”(简称“工友之家”)、“同心希望家园文化发展中心”(简称“同心希望家园”)、“小小鸟打工互助热线”(简称“小小鸟”)、“打工妹之家”

---

① 费孝通.人的研究在中国——个人的经历[G]//北京大学社会学人类学研究所.东亚社会研究.北京:北京大学出版社,1993:15.
② 王宁.代表性还是典型性?——个案的属性与个案研究方法的逻辑基础[J].社会学研究,2002(5):123-125.

和"京湘在线社区"(简称"京湘在线")共五个流动人口自组织作为调查对象。其中,重点调查"工友之家"和"同心希望家园"这两个组织。这些自组织都是北京市内的组织,都比较愿意与外界建立联系,这极大地方便了笔者的调研。而且这些组织运作较好,又分别在流动人口自我管理和自我服务的某个或几个领域取得了比较丰富的经验,通过对它们的剖析,可以形成对流动人口自我管理的较为深入和全面的认识。

本研究的调研工作从 2012 年持续到 2014 年初。调研过程中,笔者主要通过访谈和参与观察来获取资料,了解流动人口自组织的基本情况、与其他社会主体的互动、面临的困境、工作人员的想法、服务对象的感受等问题。就访谈而言,更多的是采用非结构式访谈法,事先不严格设定访谈的方式和内容,给访谈留有一定的自由度,主要围绕研究主题或大致的访谈提纲进行,并根据访谈情况随时调整访谈顺序和内容。访谈的对象包括流动人口自组织的创办者、组织工作人员、志愿者、接受组织服务的流动人口,以及与组织有联系的社会人士、流动人口、社区和政府工作人员,其中,进行了深度访谈的有 40 余人。此外,笔者还通过参与组织的日常工作和部分活动来进行观察,如加入被调查组织(以老乡的身份加入"京湘在线"),成为其中一些组织的志愿者,参加组织的工作会议和节日庆祝活动,等等,以获取比较翔实的资料。

2.文献研究法

文献法是一种虽然古老却极富生命力的研究方法,几乎没有一项社会科学研究是不需要查阅任何文献资料的。本研究运用文献研究法主要体现在两个方面:一是理论方面的文献整理。首先通过查阅大量的相关文献,了解流动人口自我管理的研究现状,在此基础上确定本研究的研究内容;同时广泛收集有关国内流动人口的统计数据、管理政策,以及国外迁移人口和社会组织管理的政策法规、角色功能、组织运作等内容的文献,并通过对占有资料的分析,形成自己的研究思路。二是来自实践方面的文献整理。主要指所调查组织的工作简报、宣传手册、出版书籍、网站和博客上的资料等,这些资料往往记录了所调查组织的工作进展和活动开展情况,是除实地调查外了解它们的一个很好的渠道。另外,为了弥补案例信息的不足,其他流动人口自组织网上的资源也是本研究的重要参考资料。

3.比较研究法

比较研究,顾名思义,就是在研究中对两个或两个以上的事物进行对比分析,从中找出异同点,更好地把握社会现象的本质和规律。本研究对几个流动人口自组织进行比较研究,通过对它们的成立背景、机构设置、项目开展情况、未来发展等的比较,总结出流动人口自我管理的特点和经验,并对共同存在的一些问题展开探讨,进一步提出有针对性的建议。同时,笔者还就国外迁移人口的服务和管理与国内进行比较,从中借鉴一些先进的理念和做法,为我国政府对流动人口管理思路的调整提供参考。

二、调查对象

工友之家:于 2002 年 11 月成立,位于北京市朝阳区金盏乡皮村,立足于打工群体文化教育和就业培训方面的服务,曾被北京市人民政府评为"北京十大志愿者团体"。服务项目主要包括新工人艺术团、打工文化艺术博物馆、同心互惠商店、同心创业培训中心、同心实验学校、相关的研究和倡导等。

同心希望家园:成立于 2005 年 3 月,是一家扎根流动人口聚居社区、重在为流动妇女儿童提供生活和教育服务的组织。该组织现位于北京市石景山区古城街道北辛安社区,主要有爱心超市、同心儿童中心、亲子教育、三点半学校等服务项目。

打工妹之家:于 1993 年 4 月在北京成立,隶属于北京农家女文化发展中心,是中国第一家为流动女性服务的组织。该组织主要的服务项目有法律维权、家政服务员支持网络、联谊活动、心理辅导、技能培训、流动儿童综合教育、政策倡导等。

小小鸟:1999 年 6 月创立于北京,致力于为打工者提供法律服务和城市融入的培训,现已有北京、深圳、上海、沈阳四个办公室。服务项目主要有热线咨询、法律援助、劳资纠纷调解、城市融入培训、企业 CSR 等。

京湘在线:2008 年 11 月在北京成立,是一个综合性的网络社区,专注于为在北京的湖南人提供一个联络感情、互助、共享资源的精神家园。主要活动形式有线上交流、线下聚会、球类运动、户外旅行、摄影等。

三、创新之处

1.选题较新

目前,社会各界更多关注政府对流动人口的管理问题,而较少关心流动人口的自我管理。已有研究成果中,关于流动人口自我管理的研究不多,且大多比较零散,不够系统,可以直接借鉴的文献很少。因此,笔者关注流动人口的主体意识,将流动人口的自我管理作为本研究的选题,比较有新意。

2.对有关核心概念进行了明确清晰的界定

已有的"自我管理"概念多指个体的自我管理,较少有以群体作为自我管理主体的概念界定。"流动人口自我管理"的提法虽然不少,但笔者至今尚未找到对这个概念的明确定义,同时也缺乏关于"流动人口自组织"的准确界定。对此,笔者参照已有的研究成果并结合实地调研的成果,从群体层面对自我管理和流动人口自我管理做出了解释,指明流动人口自组织是流动人口开展自我管理的重要载体。笔者还对流动人口自组织的概念重新进行了界定,指出那些由流动人口自愿组成、自主运作的流动人口(或农民工)非政府组织,实际上也是流动人口自组织的一部分,廓清了对流动人口非政府组织和流动人口自组织的模糊认识。

3.揭示了流动人口自我管理的主要实施机制

笔者在对五个流动人口自组织进行实地考察和对比分析的基础上,从组织机制、动员机制、资源整合机制三方面论述了流动人口自我管理的实施机制。其中,对流动人口自组织同心圆式组织结构的提炼、对流动人口自组织争取合法性策略的揭示、对流动人口自我管理社会化动员的探讨、对自我管理中资源整合渠道和整合方式的分析,均有一定的新意和创见,既证实了流动人口自我管理的可行性,又为流动人口自我管理的发展提供了可供借鉴的经验。

4.对流动人口自我管理和政府管理工作提出了具操作性的建议

针对流动人口自我管理的发展困境,本研究分别从政府和流动人口自组织角度提出了切合实际的建议,能为政府的流动人口管理和流动人口自我管理工作的改进提供参考。

第一章

流动人口自我管理的必要性与可能性

　　法国著名社会学家孟德拉斯在《农民的终结》一书中指出："20亿农民站在工业文明的入口处,这就是20世纪下半叶和当今世界给社会科学提出的主要问题。"①无疑,当前的中国正处于这样一个紧要的关口。我国仅用几十年时间就走完了西方数百年的城市化历程,大量农民在工业化的浪潮中不断地向城市涌入,构成了一个庞大的流动人口群体。近年来,虽然我们党和政府一直高度重视流动人口问题,但以传统户籍制度和二元体制为基础的流动人口管理政策并未能从根本上解决问题。如何探索新的流动人口管理方式,化解流动人口管理难题,已成为一个重大的现实课题。而目前处于初始发展阶段的流动人口自我管理,则是流动人口管理创新的一种重要探索,这种探索的必要性和可能性是需要首先予以解答的问题。

第一节　流动人口自我管理的必要性

　　国家与社会的关系是我们从宏观上认识社会事物、考察社会结构及制定社会政策的重要分析工具。我国在准确把握"国家—社会"关系发展趋势的基础上提出了创新社会管理的要求,强调社会管理应从政府的单一管理转变为政府与社会的共同治理,社会的力量因而被提到了前所未有的高度。流动人口的自我管理作为一种社会协同力量,是流动人口管理的重要社会创新,它对于满足流动人口需求、发展民主政治、促进社会和谐都有着十分重要的意义。

---

　　① ［法］孟德拉斯.农民的终结[M].李培林,译.北京:中国社会科学出版社,1991:297.

一、自我管理是流动人口管理创新的重要路径

伴随市场经济的建立和发展,我国城乡经济和人口分布的格局发生了重大变化,人口的流动由计划经济时期的政府强力控制向个人利益驱动转变,流动人口的规模和速度空前增长。流动人口在为城市建设做出贡献的同时,也带来了城市社会管理和服务工作的压力,与之相关的城市劳动就业、计划生育、社会保障、子女教育等问题日益凸显,流动人口的管理创新已成为创新社会管理的重要内容之一。

1. 我国流动人口管理的难点

改革以来,我国对流动人口的管理政策经历了"继续限制人口流动——有限放开人口流动——逐步健全管理服务机制——促进人口有序流动"的四个阶段。① 流动人口的管理理念也经历了从拒绝流动和管理、允许半自由流动中的部分管理,到重视管理,再到服务管理的过程,不论是政策理念,还是政策取向的公平性都有很大的提升,这些都直接改善了流动人口的生活处境。但是目前我国流动人口在城市生活中的"边缘化"现象仍很明显,面对将来至少 20 年的城镇化过程中持续扩大的流动人口群体,规范化的城市流动人口管理制度尚未建立,具体的管理实践还存在以下几个比较突出的问题。

首先,管理理念还需落到实处。现阶段我们虽然提出了服务管理的理念,并不断进行流动人口管理的改革,但多是对原有模式的修补。在实际工作中往往容易过多强调流动人口所带来的冲击和困难,忽视流动人口的贡献,以及城市所应承担的责任和义务,认识不到流动人口问题的长期性和战

---

① 王道勇,郧彦辉.改革以来中国流动人口管理理念变迁及发展趋势[J].城市观察,2011(5):44-52.

流动人口管理政策的四个阶段:1978 年—1983 年为继续限制人口流动的阶段,这一时期持续自 1958 年《中华人民共和国户口登记条例》颁布以来对人口流动的限制政策;1984 年—1992 年为有限放开人口流动的阶段,这一时期政府开始为农村人口进城松绑,但为了解决流动人口增加引发的一系列问题,政府还制定了一些政策对人口流动进行限制;1993 年—2000年为逐步健全流动人口管理服务机制阶段,国家对流动人口问题日益重视,管理理念、管理体制和管理政策都不断完善,"管理"成为这一时期政府流动人口工作的重心;2001 年至今为促进人口有序流动的阶段,这一时期国家对流动人口问题高度关注,最近几年更是把对流动人口的"服务"放在"管理"一词之前,"服务管理""寓管理于服务之中"已成为流动人口工作倡导的基本理念,人口有序流动的机制逐步形成。

略性,有的地方政府还是抱持着一种挤压、管控思维,缺乏对流动人口的人文关怀和服务意识。其次,防范型的治安管理色彩明显。我国流动人口管理的一个鲜明特点是以公安部门的管理为主,这是一种以户籍为特征的自上而下的治安管理模式,偏重社会秩序和社会稳定,对流动人口不够信任,多是限制和约束,在管制中流动人口的许多权益易被侵犯或剥夺。再次,流动人口管理主体单一。当前我国政府是流动人口管理的主体,其他社会组织在流动人口管理中尽管已经发挥了一定的作用,但是它们的主体地位并未真正确立,流动人口自身的主动性和积极性未能充分调动。而政府流动人口政策的完整性和前瞻性也不够,多是在出现问题后才有政策,难以防患于未然,切实保障流动人口的权益。最后,流动人口的参与度很低。一项管理政策或规定若想有效执行,必然需要被管理者的参与和认同。我国流动人口管理政策的制定和执行都由政府承担,流动人口本身无法参与,特别是基层政府在直接管理流动人口时,主要是基于行政管理的目标对上级政府负责,不受流动人口的监督,难以真正反映流动人口的诉求,也难以满足流动人口的需求。

可见,流动人口的管理还存在诸多需突破的方面,胡锦涛同志在 2011 年 2 月省部级主要领导干部社会管理及创新研讨班上提出,要进一步加强和完善流动人口的管理和服务。[①] 至此,流动人口管理的创新作为社会管理创新的重要内容被提上了日程。

2. 流动人口管理创新的路径

社会管理创新的新格局表明,创新社会管理的关键在于国家和社会的配合,既需要"党委领导和政府负责",也需要"社会协同和公众参与",对于社会管理来说,这就正如鸟之双翼,缺一不可。然而,回顾改革以来我国流动人口管理的演变历程,不难发现,对于流动人口的管理,我们关注和重视的只是政府的管理,而忽视了社会的力量和流动人口自身的作用。或许,流动人口管理创新的路径有多条,但凝聚社会力量的流动人口自我管理无疑应是我们花大力气去推进的。事实上,流动人口的自我管理确实是破解上述流动人口管理难题的良方:

其一,流动人口的自我管理有利于化解流动人口管理主体单一和客体参

与度低的困境。流动人口的自我管理充分调动流动人口的积极性、主动性和创造性,强调流动人口的参与和自治,能激发他们的主人翁意识,促进他们的城市融入。同时,流动人口自组织作为流动人口自我管理的载体,其有效整合资源的能力能充分发挥社会力量参与的优势,克服政府服务能力的不足。因而流动人口的管理不再是政府单一的行为,而是流动人口和社会多元主体共同参与的治理过程。

其二,流动人口的自我管理有利于摆脱防范型的僵化管理模式。目前政府流动人口的管理基本是公安主导下的条块分割模式,以治安管理为主,各部门之间缺乏协调,配合困难,而流动人口的自我管理创造了新的管理方式。政府的管理可以由直接管理向直接管理和间接管理相结合转变,由流动人口自组织直接为流动人口提供管理和服务,形成政府管流动人口自组织、流动人口自组织管流动人口的间接管理机制,从而起到弥补原有流动人口服务不足、降低政府管理成本的作用。

其三,流动人口的自我管理能提供流动人口真正需要的服务。自我管理是流动人口自己管理自己,自己为自己提供服务,流动人口非常了解本群体的真实需求,也比较理解流动人口群体的想法,他们的自我管理不仅能为流动人口提供各种服务,也能帮助流动人口表达诉求,积极进行政策倡导,对流动人口政策产生一定的影响。此外,流动人口的自我管理还能充分发挥流动精英的作用,在流动人口中形成自我约束力,化解流动人口之间的冲突和矛盾,有利于社会稳定。

综上所述,流动人口的自我管理是流动人口管理创新的重要路径,对之进行深入研究,并在实践中推动流动人口自我管理的发展,是符合流动人口利益和"小政府—大社会"改革趋势的双赢之举。

二、自我管理是满足流动人口需求的重要途径

计划经济时期"全能政府"的弊端使人们逐渐认识到,政府不是万能的,政府并不能提供所有的服务,也不能解决所有问题,社会的发展客观上要求政府与社会的分工合作。作为社会人,流动人口有着多重需求,可是现实表明,仅靠政府提供的服务还不能满足流动人口多样化的需求,而流动人口的自我管理则是对政府工作的有益补充,是满足流动人口各个层面需求的重要途径。

流动人口的自我管理以自组织为载体动员和开展活动,由于流动人口自我管理和服务的对象也是流动人口,他们了解本群体的生活状况和需求差异,能够切实发现并解决问题。一方面,流动人口在城市背井离乡,交往的范围比较狭窄,精神上的空虚和寂寞是他们面临的主要情感和心理问题。流动人口的自我管理不论是直接向流动人口提供服务,还是动员他们参与自组织的活动,都起到了把分散的流动人口联结起来的作用。组织化的生活能加强彼此间的联系,他们以组织为平台,相互理解和支持,共同分担困难,分享快乐,并能从中得到他人的尊重和认可,实现情感的满足和支持。有的还通过参加各类文化娱乐活动,释放了心理压力,丰富了精神生活。另一方面,针对流动人口知识和技能缺乏的状况,流动人口自组织积极开展各类培训,帮助提高流动人口的工作技能。像"打工妹之家"对家政工免费进行上岗培训,"工友之家"的社区活动中心常年开设电脑、艺术、英语等培训班,有的组织还对流动人口开展适应城市生活的知识培训,并为流动人口提供就业服务。再一方面,流动人口的自我管理还能促进流动人口权益的维护和实现。流动人口自组织为流动人口提供各种法律咨询和援助服务,对流动人口进行法律知识的培训,增强了流动人口的维权意识,提高了他们维护自身合法权益的能力。与此同时,有的组织还直接为流动人口代言,帮助其谋求合法权益,如"小小鸟"以"人民调解委员会"的名义每年为1万名左右的民工讨回拖欠工资约3000万元。[①]

三、自我管理是发展民主政治的重要方式

公民自我管理的能力和水平是衡量政治文明的重要指标,社会主义政治文明的发展需要提高公民的自我管理意识。美国著名政治学家奥斯特罗姆曾指出:"民主体制的长期活力靠的是民主的人民的自治能力。这意味着民主体制是自下而上的。每一个人都必须学会成为自己的治理者,学会如何与他人协作,这正是人类选择要这样做的。"[②]流动人口的自我管理、自我服务、自我教育、自我监督是他们实现参与的最基本形式,是发展民主政治的重要

[①]　小小鸟服务内容[EB/OL]. http://www.xiaoxiaoniao.org.cn/Article/Show.asp? id=3291,2012-02-07.

[②]　转引自虞崇胜.政治文明论[M].武汉:武汉大学出版社,2003:287.

方式。

首先,流动人口的自我管理本身是基层民主的重要实践。民主政治的实现离不开民主的人和民主的生活方式,而民主的人和生活方式并不能自动生成,需要民主实践的慢慢培养。流动人口的自我管理是流动人口在自愿的基础上,为共同的目标走到一起,进行自我服务,实现自我发展的过程,这是流动人口参与意识和民主意识觉醒的表现,是他们在中国基层实践民主的真实写照。其次,自我管理培育了流动人口的民主意识和民主能力。在自我管理的过程中,流动人口自组织的成员地位平等,气氛一般比较宽松,这类组织自主空间较大,行动控制却较少,因而是民主生活方式和习惯培养的良好平台。尤其是流动精英的民主意识一般较强,在他们的带动和组织下,流动人口体验了选举、自主协商、少数服从多数等集体决策过程,锻炼了集体行为的民主操作技能,提升了民主价值理念和民主参与能力,为基层民主政治的发展打下了坚实的基础。最后,自我管理在维护流动人口合法权益的同时,提高了流动人口的政治地位。我国流动人口的组织化程度低,缺乏表达利益诉求的渠道,个体化的参与在社会博弈中往往软弱无力,而流动人口的自我管理帮助流动人口克服了好像一盘散沙的弱点,使流动人口的利益可借助组织的力量予以表达,进而有助于增强维护流动人口权益的力度,提高群体诉求在政策制定者和执行者中的分量,这对于平衡国家治理、促进整个社会的民主政治建设有着十分重要的意义。

四、自我管理是促进社会和谐的重要手段

在传统社会中,"单位"是组成社会的细胞和基本单元,是国家实行社会控制的中介。国家通过对资源、信息等的垄断实现对单位的控制,而单位又借此来控制所属的各个个体,由于个体分别隶属于不同的单位,国家因而得以控制个体,维护社会总体的秩序和稳定。改革开放后,"单位制"逐渐解体,个体以原子化的状态存在于社会之中,利益诉求日益多元化,社会矛盾和冲突增多,维护和谐稳定成为促进社会发展的首要前提。

之所以说流动人口的自我管理是促进社会和谐的重要手段,主要有以下三个原因:一是自我管理能起到释放压力、化解矛盾的作用。"有人说过:拿起一个瓷瓶远比捧起一堆碎瓷片来得容易。边缘群体和市民一样需要公共物品,在主流社会的公共空间尚无法吸收他们的情况下,应当帮助他们在法

治的基础上建立自己的公共生活,否则,黑社会这类组织便会填补这个空缺。"①流动人口的自我管理可以为流动人口提供交流意见、诉说委屈、发泄情绪、满足需求的平台,有利于排解流动人口的社会怨气、释放社会压力,增进流动人口对城市生活的认同。此外,流动人口自组织还积极帮助流动人口理性维权,引导流动人口通过沟通、谈判等方式化解矛盾和纠纷,能有效避免直接对抗和大规模群体性事件的发生。二是流动人口的组织化自律能起到规范和制约流动人口行为的作用。近些年部分流动人口在非制度化争取利益时做出的极端行为一再说明,无组织的非理性比组织的理性对社会的危险性更大,无组织的利益表达更具有不可控性。流动人口的自我管理能通过一定的组织网络来吸纳流动人口,亦可通过内部的调解来消解摩擦,抑制和规范流动人口个体的盲目和冲动,因势利导,使流动人口的利益表达和维护合理合法地展开。三是可以配合政府部门的管理工作。流动人口自组织能实时掌握一些流动人口的基本信息,可以为政府决策提供参考。不仅如此,流动人口自组织还可以发挥组织的优势,充当政府与流动人口之间的桥梁和纽带,积极传达流动人口的心声,促进融洽和谐的政群关系的形成。在防范违法犯罪方面,也可以动员流动人口自组织配合公安机关的治安管理工作,现在很多地区开展的"以外管外""以外治外"等工作就是充分发挥流动人口自我管理作用的生动体现。

第二节　"后总体性社会":自我管理的社会基础②

　　中国改革的历程折射了国家与社会关系变动的历史轨迹,国家慢慢后退、社会渐渐兴起构成了"后总体性社会"的主要结构性特征。流动人口作为现代社会的一类重要行动主体,其自我管理的策略性行动是社会领域壮大的新生力量,"后总体性社会"经济、政治、社会等方面的宏观环境是流动人口组织化行动萌生的土壤,也构成了流动人口自我管理进一步发展的社会基础。具体来讲,"全球性结社革命"促进了全球社会组织的蓬勃发展,

---

　　①　秦晖.农民中国:历史反思与现实选择[M].郑州:河南人民出版社,2003:68.
　　②　本章第二节和第三节的部分内容已公开发表,参见陈菊红,谢志强.流动人口自我管理的动力问题研究[J].科学社会主义,2014(1):108-111.

组织化成为社会发展的必然趋势;经济政治体制改革又为流动人口的自我管理提供了活动的空间;形成中的法治环境则是流动人口自组织发展的基本保障。

一、"全球性结社革命"与社会的组织化

20 世纪 80 年代前后,全球社会发展出现了一系列危机:发达资本主义国家因为社会福利开支的膨胀和大规模的财政赤字而饱受责难,大批发展中国家权威主义政权推动发展的道路难以为继,苏联和东欧各社会主义国家的"国家社会保险"制度使政府的包袱越发沉重,世界性环境危机的加剧导致公众对政府的治理能力失望……在世界各国以政府为主导处理事务的模式遭到普遍质疑的情况下,人们成立了一大批非政府组织,以结社的形式来参与自己感兴趣的社会事务,这些非政府组织在环境保护、妇女权益保护、民权等运动中发挥了主导性的作用,美国非政府组织研究专家莱斯特·萨拉蒙曾将这场变革誉为"全球性结社革命"。

"全球性结社革命"的出现,推动了社会治理模式的蜕变,单向度的政府管理向政府与社会组织的合作治理转变,治理者和被治理者的界限不再那么清晰,社会治理的主体日益变得多元化。在这个过程中,"社会成员通过不同的途径建立相互联系方式参与社会管理,实现社会自组织的有效运行,实现社会组织的和谐与治理目标"①。社会的组织化成为社会发展的必然,通过社会组织来表达诉求、维护权益成了这个时代的基本特征,甚至有学者认为:"社会已成为一个组织的社会。在这个社会里,不是全部也是大多数社会任务是在一个组织里和由一个组织完成的。"②

在全球组织发展的大背景下,我国整个社会的组织化水平有了很大的提高,不仅政府成立了一些具有官方背景的社会组织,民间的自治组织也大量出现。据民政部统计数据,1988 年我国社会组织的总量为 4446 个,到 2011年底,全国在民政部门登记注册的社会组织共达 46.2 万个,比上年增长3.7%。其中,社会团体 25.5 万个,比上年增长 4.0%;民办非企业单位 20.4

① 胡仙芝,罗林.社会组织化与社区治理研究[J].中共福建省委党校学报,2007(11):36-41.

② [美]德鲁克.后资本主义社会[M].上海:上海译文出版社,1998:52.

万个,比上年增长 3.1％;基金会 2614 个,比上年增长 18.8％(见图 1)。再加上没登记[①]和到工商部门登记注册的组织,我国社会组织的实际数量已经远远超过注册组织的数量,[②]并且经过多年的发展,已经初步形成了覆盖比较广泛的社会组织体系。全球以及我国社会组织发展的势头表明了社会自主性的增长,这为流动人口直面在城市生存和发展的困难,进而成立自组织开展自我管理提供了参考,也为流动人口自我管理的发展营造了良好的外部氛围。

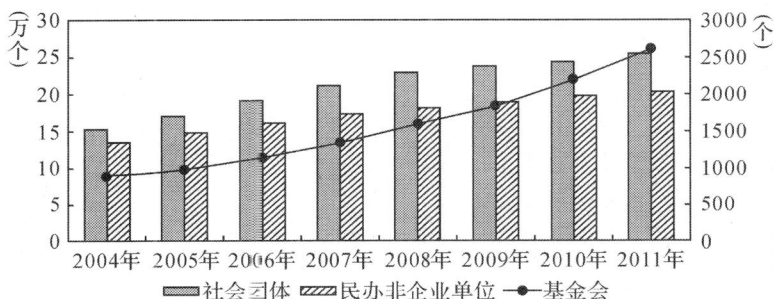

图 1　2004—2011 年我国社会组织的数量变化

图表来源:2011 年社会服务发展统计公报[EB/OL]. http://cws. mca. gov. cn/articletjbg201210/20121000362598. shtml,2012-06-21.

二、经济体制改革与社会空间的形成

社会主义市场经济体制的建立和发展,使国家控制社会空间和资源的力度不断减弱,不仅引发了大规模流动人口的形成,还使社会逐渐成为一个相对独立的资源和机会的提供者,为流动人口自我管理的发展准备了条件。

一方面,经济体制改革释放了大量的自由活动空间,引发了大规模城乡人口的流动,这是流动人口在城市开展自我管理和自我服务的首要前提。改革开放以前我国实行的是城乡分隔的政策,二元户籍制度、农村工分制的收

①　没登记的社会组织包括免登记、无法登记和不需登记的社会组织三种情况。免登记指按照法律规定不需要进行民政登记的情况,像红十字会就是属于免登记的组织;无法登记指那些受双重管理体制限制而无法登记的情况,如我们常说的各类草根组织;不需登记主要指组织隶属于单位、直接归单位管理的情况,像学生社团等。

②　有学者估计 2010 年我国社会组织总量达 900 万个。陆学艺. 当代中国社会结构[M]. 北京:社会科学文献出版社,2010:361.

入分配制度和城市单位统一的居民生活品供给制度使得农民离开农村的成本很高，限制了农村人口的流动。而始于家庭联产承包责任制的农村改革，使我国农民获得了两项相对自主的权利：一是对土地的自主使用权，二是摆脱公社集体劳动的束缚，对自身劳动力的自由支配权。这两项权利的获得拓宽了农民的自由活动空间，极大地提高了农村的生产效率，是农村富余劳动力形成并外出务工的重要前提。随着农村改革的成功，城市的经济体制改革也相继展开。在国家放松对生产资料和资金的垄断后，个体、私营和外资企业等非公有制经济形式如雨后春笋般涌现。所有制结构的调整释放了城市人口的自由活动空间：一则传统的企事业单位不再是城市人获取资源的唯一途径，二则多种所有制经济形式的发展带来了许多契约式的就业机会。这两个变化进一步突破了国家对机会和资源的垄断，人们不再完全被单位的"铁饭碗"所束缚，流动渐渐成为常态。在城乡收入差距的巨大拉力和国家逐渐放宽的人口流动政策下，城市经济发展对劳动力的大量刚性需求吸引了成批农村劳动力进城务工，形成了历史上波澜壮阔的"民工潮"，我国人口的流动迁移也进入历史上最为活跃的时期。

另一方面，经济体制改革使部分资源从国家让渡到社会，为流动人口的自我管理提供了动员和整合社会资源的基础。改革前国家对资源极度垄断和控制，社会对国家高度依赖，完全没有独立自主的能力，公民也缺乏自主参与的意识，由于缺乏可以自由利用的流动资源，真正意义上的社会自组织基本无法生存。而以市场为导向的改革逐渐改变了国家对资源和机会的管制格局。改革初期，自取消农产品统购统销政策后，国家又逐步放开了粮食、棉花等系列农副产品的价格，改变了资源的统一供给模式，促进了物资资源流通的市场化和市场主体的多元化。随着农村承包制和对城市国有企业"放权让利"改革的深入，各社会主体拥有的资源越来越多，自主性日益增强，他们逐渐成为社会资源的独立提供者。尤其国家的政策允许和鼓励多种所有制经济共同发展，一些新成长起来的力量如三资企业、股份合作公司迅速发展起来，劳动力、资金、技术等各种生产要素在市场机制的作用下得以充分流动和合理配置，各种相应的专业市场也逐渐发育成熟，促进了社会资源的自由流动和总量积聚。这些变化表明，市场经济的发展催生了越来越多的社会资源，资源不再专属于国家的行政配置，已为不同的市场主体所拥有。在市场的作用下,社会已成为一个独立的提供资源和机会的重要源泉,①为流动人口动员和整合社会资源、进行自我管理提供了良好的契机。

三、政府职能转变与社会自主力量的发展

在传统的行政管理体制下,政府的权力触角延伸到社会的各个角落,政府职能明显具有全能性和强制性的特点,呈现出无限扩张之势。在政治领域,政府高度集权,实行严格的意识形态控制和强制管理,权力自上而下单向度运行。在经济领域,实行计划经济,由政府统一调配资源,企业缺乏独立的经营自主权,政府是国有企业的所有者和经营者。在社会领域,政府对社会事务大包大揽,采用行政手段来解决公共产品的供给,抑制社会自主力量的发育。随着改革的深入推进,这种管理模式的弊端日益暴露,为了更好地适应市场化改革的需要,20 世纪 90 年代以来,我国政府先后进行了四次机构改革,促进了两次大的转型。

政府机构改革的重点是推动政府职能的转变,旨在实现政企分开、政社分开和政事分开,重构政府与市场、社会三者之间的关系。其中,90 年代的两次机构改革促进了第一次转型的完成,实现了政府职能从计划经济型向经济建设型的转变。这一时期,政府放权于企业,确立了市场对资源配置的基础性作用,并认识到社会主义市场经济必须在法律的基础上才能进一步完善和发展,从而确立了法治的理念。发生在 21 世纪初的两次机构改革则推进了第二次转型,促使政府职能从经济建设型向公共服务型转变,在市场导向的前提下,政府强调贯彻"以人为本"的原则,确立起公平和服务的理念,更加注重改善民生,提出了建设自下而上的服务型政府的目标。

随着政府职能的转变,社会领域发生了全面而深刻的变化。一方面,从经济市场化中独立出来的一批利益主体需要以新的方式联结起来,以争取在竞争中取胜;同时社会上其他一些群体为了维护自身权益,参与社会事务的意识和自我管理的需求也在不断增强。另一方面,政府也需要一种新的组织形式来发挥中介和桥梁的作用,沟通政府和个人之间的关系。因此政府逐渐改变了过去包办一切却又效率低下的做法,开始允许和支持社会组织的发

① 孙立平,等.动员与参与——第三部门募捐机制个案研究[M].杭州:浙江人民出版社,1999:8.

展,并将一部分分散且政府无力处理的社会事务交给社会组织去做,增强了社会的自主和自治能力。当前,在创新社会管理的工作中,党和政府对社会组织在社会建设和管理中的地位进行了正确定位,将其作为社会治理的重要主体,强调要重视发挥它们在自我管理方面的作用。而且,国家的"十二五"规划还明确提出了培育扶持社会组织的政策措施,2012年中央财政首次安排2亿元资金支持社会组织参与社会服务,①促进了社会组织的能力建设和发展。由此可见,政府职能的转变为社会组织的发展和社会自治能力的提升释放了空间。在政府改善民生和创新管理的职能导向下,在政府认同社会组织的作用并加大培育扶持力度的形势下,流动人口自我管理的行为也将迎来新的发展机遇。

四、法治化环境的逐步形成

近30年是我国社会组织蓬勃发展的时期,也是政府探索下社会组织的法治化环境逐步形成的时期。其间,我国政府对社会组织的态度从忽视,到默认,再到培育发展,可以说,流动人口自我管理的宏观法治环境正在逐步形成。

1982年,我国《宪法》第35条规定公民享有结社的自由,这为流动人口成立自组织提供了《宪法》的保证。除了《宪法》宏观上的规定外,国务院还陆续颁布了一些管理和规范社会组织的行政法规。1988年国务院机构改革,明确了民政部对社会组织的管理职能,1989年,《社会团体登记管理条例》出台,确立了我国对社会组织的双重管理体制框架。1998年,国务院在对原有条例修订的基础上又颁布了新的《社会团体登记管理条例》,随后的几年时间里,还先后出台了《民办非企业单位登记管理暂行条例》《公益事业捐赠法》《基金会管理条例》。政府对社会组织的立法工作不断加强,为包括流动人口自组织在内的社会组织的发展提供了法律保障。

党的十七大后,我国社会组织管理的改革开始了整体性推进的探索,饱受诟病的双重管理体制的改革在一些地方实践中取得重大突破,为流动人口自组织开拓了新的体制内生存空间。例如:自2008年起,深圳开始探索对工商经济类、公益慈善类和社会福利类组织实行直接登记;2011年上半年,北

---

① 2012年中央财政安排2亿元专项资金支持社会组织[EB/OL]. http://news. xinhuanet. com/fortune/2013-02/12/c_114670738. htm,2013-02-12.

京市全市试点,规定工商经济类、社会服务类、社会福利类和公益慈善类四类组织可直接在民政部门登记注册;广东省规定从 2012 年 7 月 1 日起,除有特殊规定的情况外,社会组织可直接向民政部门申请成立而无须前置审批——"中国的民间组织管理体制改革已经全面进入了整体突破阶段"①。流动人口自组织作为社会组织的一种,在社会组织管理体制改革的春天里必将赢得更加广阔的制度空间。

第三节　流动人口自我管理的内在动力

流动人口在城市开展自我管理和自我服务,无疑离不开社会整体环境提供的生存土壤,但更重要的还在于流动人口多方面的需求长期得不到满足,而且流动人口的主体意识又在不断增强,特别是其中有一些流动精英在发挥着重要的组织和带动作用。内在的需求和内生力量的成长,共同构成了流动人口开展自我管理的组织化行动的内在动力。

一、流动人口的多元需求难以满足

1. 当前我国流动人口的基本特征

要考察一个群体的需求状况,自然离不开对这个群体基本特征的分析,流动人口群体的数量、年龄结构、性别结构等特征在一定程度上决定了流动人口的基本需求取向。依据国家人口计生委 2011 年全国流动人口动态监测提供的数据②,当前,我国流动人口群体的主要特征如下:

第一,农村户籍流动人口是流动人口的主体,流动人口性别比例较为均衡。数据显示,2011 年全国流动人口总量为 2.29 亿,其中,农村户籍的流动人口比例占到 80%,这些农村户籍的流动人口绝大部分是我们所熟知的农民工。另外,流动人口中女性比例逐年升高,性别比基本平衡,但女性

---

① 黄晓勇.民间组织蓝皮书:中国民间组织报告(2011～2012)[M].北京:社会科学文献出版社,2012:12.

② 本节数据均来自于国家人口计生委 2011 年全国流动人口的动态监测数据,有特殊说明的除外。国家人口和计划生育委员会流动人口服务管理司.中国流动人口发展报告2012[M].北京:中国人口出版社,2012:4,192.

流动人口在生理健康、权益维护等方面的需求与男性流动人口往往存在差异。

第二,从年龄分布来看,青年流动人口成为主体,整体素质不断提高。2011年我国流动人口的平均年龄为28岁,1980年后出生的占到近一半,平均受教育年限超过10年。青年流动人口对城市生活有着更强的渴望,更加注重体面劳动和有尊严的生活。

第三,流动人口主要集中在东部大中城市,就业主流是务工经商。从数据来看,70%以上的流动人口分布在东部地区,集中在大中城市的比例达到80%以上。六成以上的流动人口集中分布在全国50个吸纳流动人口较多的城市。流动人口中以务工经商为目的的有1.56亿人,他们多在私营企业就业或进行个体经营,主要从事制造、建筑、住宿餐饮、批发零售和服务业这五大行业,劳动权益易受侵犯。

第四,流动人口家庭化流动增多,在流入地居住就业呈现长期化趋势。数据表明,有近70%的流动人口是举家流动,在现居住地流动人口每户家庭的规模为2.5人,30%以上的流动人口在流入地居住生活时间超过了5年。由此可知,流动人口在流入地的生活渐趋稳定,随之带来的流动子女教育、老人照料的需求愈加强烈。

2. 流动人口存在的现实需求

以上数据表明,流动人口的生存和发展已经呈现出许多新的特征,流动人口内部的不同群体如农村户籍流动人口、青年流动人口、女性流动人口存在不同的需求。流动人口的举家流动也将带来一些特殊的需求。尽管我国政府越来越重视对流动人口的服务,已出台了不少政策来解决流动人口问题,但现有的政策对流动人口需求的保护和回应能力并不是很高。由于流动人口需求的复杂性,对流动人口的服务需考虑不同性别、民俗等因素;且流动人口本身的流动性和就业变动性也较大,不便于政府实施有效的管理和服务;再加上已有的社会政策有些并没有涵盖流动人口,尤其是其中的农民工,有的政策即使已经涵盖了农民工,但也由于政府财力等的制约并没能得到很好的落实,[1]流动人口的很多需求还难以得到满足。

---

[1] 没有涵盖农民工的政策如住房保障与补贴政策等,涵盖了农民工但落实不到位的政策如子女教育政策、权益保障政策、培训政策等。

这些需求成了流动人口转而从群体内部寻找帮助、组织开展自我管理和自我服务的重要驱动力。

（1）就业和劳动权益维护的需求。受传统二元劳动力市场的影响，我国流动人口在就业和劳动权益维护方面的需求一直比较强烈。一是对平等就业权的需求。虽然中央政府再三强调对流动人口平等就业权的保护，但就业歧视现象在一些地方仍然普遍存在，有的地方为了保护城市居民的就业，对一些行业、工种的准入门槛予以限制，像要求具有本市户口这样的招聘条件，是我们经常可以见到的现象。二是对劳动权益维护的需求，这主要表现在收入低和权益被侵害两方面。流动人口特别是农民工的工资水平一直偏低，且加班现象很普遍。很多地方的最低工资标准就是农民工的工资水平，更重要的是，即使是这样的低工资，也是他们大量加班的结果。据国家统计局的数据[1]，农民工平均每个月需工作 25.4 天，有 83.5% 的人每周的工作时间超过 5 天，每天工作 10 小时以上的占 32.2%，如果除去这部分加班工资，他们中相当一部分人的收入肯定比最低工资标准还低。另外，同工不同酬、没有签订劳动合同、职业病防护和监管缺失、拖欠工资等问题仍是农民工遇到的"老大难"问题。就拿拖欠工资一项来说，国家统计局的调查表明，2010 年，农民工工资被拖欠的比例是 1.4%，虽然看上去数字不大，但若综合 2.5 亿农民工总数和他们收入不断上升的因素，会发现其实这个数字并不小，据测算，农民工被拖欠的工资总额 2010 年达到了 57.3 亿元[2]。可见，维护自身合法劳动权益是流动人口面临的一大需求。

（2）住房和社会保障的需求。一方面，住房的改善是流动人口，尤其是那些有意愿在流入地长期生活的人的主要需求。由于流动人口大多不能享受城市的各项住房保障，他们的住房条件一般较差，主要以租房居住为主，而且租房具有群租合租、多租郊区的平房和地下室、房子空间小、搬家频繁等特点。住房与城乡建设部的调查显示，广州市大部分流动人口居住在"城中村"里，其中人均居住面积不足 5 平方米的占 25%，在 5～10 平方米之间的有 33%。[3] 这在笔者的调查中也得到了印证，在北京的一些城乡接合部，笔者

---

①　2011 年我国农民工调查监测报告[EB/OL]. http://www.stats.gov.cn/tjfx/fxbg/t20120427_402801903.htm,2012-04-27.

②　国务院社会发展司.流动人口服务管理存在的主要问题[Z],2011-10-11.

③　国务院社会发展司.流动人口服务管理存在的主要问题[Z],2011-10-11.

经常看到有些流动人口家庭三口或四口人挤在一间不足 10 平方米的出租平房里,屋内的设施非常简陋,除了电视机外,房内鲜见其他的电器,有些房间冬天时甚至连暖气也没有。其间,很多流动人口都向笔者表达了居住条件差的苦闷与无奈。另一方面,流动人口具有社会保障的需求。从国家统计局的数据来看,截至 2011 年,农民工参加养老保险、医疗保险、工伤保险、生育保险和失业保险的比例分别只有 13.9%、16.7%、23.6%、5.6% 和 8%,①各项社会保险对农民工如此低的覆盖率,致使农民工虽然工作在城市,却依然还是以农村的土地作为最后的保障手段。大部分农民工享受不到城市的公共卫生服务,老了只能选择回老家养老,生大病时也只能选择回老家看病,或者硬扛着不看,②许多人因病致贫、返贫,这些都反映出流动人口在社会保障方面的需求比较突出。

(3)教育培训的需求。这主要表现为流动人口自身接受教育培训和流动人口子女接受教育的需求。就流动人口自身来看,为了适应城市的工作,许多流动人口继续学习培训的愿望比较强烈。年轻一代更愿意参加非农职业技能的培训。据全国总工会 2010 年对全国 10 多个城市的新生代农民工的调查,"69.7% 的人表示迫切需要了解专业技能知识,54.7% 的人表示需要学习法律知识,47.8% 的人表示希望提升文化知识"③。国家统计局的数据显示,农民工中没有参加过任何培训的比例占 68.8%,④这些数据足以表明流动人口参加教育培训需求的迫切。此外,子女的教育问题是令流动人口中多数家长头痛的问题。虽然国家早就提出了解决流动儿童上学问题的"两为主"政策⑤,

---

① 2011 年我国农民工调查监测报告[EB/OL]. http://www.stats.gov.cn/tjfx/fxbg/t20120427_402801903.htm,2012-04-27.

② 虽然农民工大都有加入农村的合作医疗,但其对异地就医的报销比例非常低,有的地方甚至不能报销,所以农村的合作医疗基本起不到对农民工的日常医疗的保障作用。

③ 全国总工会新生代农民工问题课题组. 关于新生代农民工问题的研究报告[EB/OL]. http://www.acftu.org/template/10001/file.jsp? aid=83614&keyword=新生代农民工调查,2011-06-21.

④ 2011 年我国农民工调查监测报告[EB/OL]. http://www.stats.gov.cn/tjfx/fxbg/t20120427_402801903.htm,2012-04-27.

⑤ 2003 年国务院办公厅转发教育部等 6 部委《关于进一步做好进城务工就业农民工子女义务教育工作意见的通知》,提出农民工子女教育应"以流入地政府为主、以全日制公办中小学为主"的"两为主"政策。

但这一政策的落实并不到位。在不少地方,流动儿童接受教育既受到公办学校入学门槛的限制,又有着民办学校高收费的压力,流动儿童的入托、中考、高考等问题不仅体现着流动人口急需解决的现实需求,也关乎整个社会热议的教育公平。

(4)精神生活的需求。流动人口生活环境的改变导致原有的价值观念、风俗习惯、社会交往等都面临新的适应问题,由于他们与城市居民的融合难度较大,有着较强的情感认同需求。据国家人口计生委 2010 年调查,有"63.8%希望未来 3 年继续留在流入地,87.4%愿意融入现居住地生活"①,流动人口希望在居住城市找到归属感。而新生代流动人口由于更加渴望城市生活,这种需求往往更加强烈。另外,流动人口的娱乐文化生活比较贫乏,存在丰富精神生活的需要。目前政府这方面的服务还很缺位,而流动人口群体又缺少一个公共的休闲娱乐空间,他们中的很多人下班后只能以睡觉、看电视等单调的方式来打发时间。令人惊诧的是,在调查中笔者还发现,相当一部分流动人口虽然已在北京工作好些年,却由于受经济条件和工作时间等的限制,竟然连长城、颐和园等这样著名的景点都不曾去过。

(5)加入组织的需求。流动人口因为脱离了农村的组织制度安排,又没被纳入城市的组织网络体系,基本上处于组织权益保障的"真空地带"。随着一次次通过组织成功地表达诉求,流动人口逐渐认识到组织对于增强困难群体博弈力量、帮助解决实际困难的作用,加入组织的需求日益强烈。但当前城市的工会组织对流动人口的吸纳能力不高,流动人口多在私营企业上班,这类企业往往没有工会组织,即使有的企业设有工会,也大多不能代表流动人口的利益,难以满足流动人口组织化的需求。

此外,还有处理纠纷、化解矛盾的需求,为家乡发展提供信息、牵线搭桥等各方面的需求。以上种种需求,有的需要政府解决,有的政府暂时顾不上解决或不属于政府职能范围,就可以通过流动人口自我管理、自我服务的方式来解决。

---

① 全国流动人口达 2.21 亿人 49 个城市试点计生服务均等化[EB/OL]. http://society. people. com. cn/GB/14035567. html,2011-03-02.

二、流动人口的主体意识日益增强

自我管理是主体我自觉作用于客体我的过程,自我管理的实现有赖于人们主体意识的发挥,主体意识是人的主体性的体现,为实行自我管理提供了可能。流动人口的主体意识是指流动人口对于自身的主体地位、能力和价值的一种自觉认识,是流动人口发挥自主性和能动性,实行自我管理的重要前提。近年来,流动人口的主体意识日益增强,是他们开展自我管理和自我服务的重要思想动力。

1. 流动人口主体意识的增强与显现

流动人口的主体意识在不断地增强。改革之初,部分农村人口从传统经验式的乡土社会中挣脱出来,流向变动性更大、竞争性更强的城市,体现了他们从自在自发向自由自觉生存状态进发的朴素主体意识。随着社会的发展,流动人口的主体意识日益增强,成了支持他们不断追求生活和改善工作状况的内在力量源泉。

(1)权利意识不断增强。一方面,相当一部分流动人口的身份意识增强,拒绝接受"农民工""打工妹""打工仔"等歧视性称呼。一项对农民工的调查显示,认同"农民工"这个称呼的比例只有 22.5%,大部分被调查者都认为这样的称呼带有歧视色彩。笔者的访谈也证实了这一点,有些访谈对象甚至表示自己在遇到这种称呼时,会直接纠正别人的说法。① "打工妹之家"的工作

---

① 笔者在访谈时问道:"你现在对'打工妹''打工仔'之类的称呼怎么看?如果别人这样叫你,你会怎么反应呢?"很多人都表示这种称呼有歧视意味,以下摘录几个人的回答:

LYQ,男:"这肯定是歧视性的嘛,这不用说。其实在最开始我没有接触到这个东西之前,我觉得别人叫这个东西听着都不顺耳,就觉得是不怎么好的一种称呼,'打工妹'啊,'打工仔',听了都感觉很别扭,很难受。"

ZZY,女:"'打工妹'的称呼感觉有点讽刺,我可以告诉他,我有名字的,我的名字叫XXX,而且特别好听,为什么不能称呼名字呀?"

YJ,女:"人家如果这样称呼,我就会觉得心中特别不爽,因为觉得明明大家都是工作的,你做什么工作就应该那样称呼你就好了,你也是有姓名的,你姓张、姓李都是有名有姓的。那干吗还要给你贴个标签,故意把你划到一个群体里面,那给你定义这个,比如说农民工那代表脏乱差什么的,干苦力什么的。像今天下午我接待的一些人也在这样说(该调查对象在'工友之家'负责接待工作),他问:'你们附近是不是有个很大的民工社区?'我告诉他:'我们这附近没民工社区,我们是新工人,皮村是我们整个外来务工者和新工人的聚集区。'我就是这样直接纠正他的。"

人员告诉笔者,由于他们的组织名称中有"打工妹"这个带歧视意味的词,有些年轻人明确表示不愿来参加她们举办的活动。[1] 另一方面,流动人口的维权意识增强。以前,流动人口很少表达自己的利益诉求,权益被侵害了也大都忍气吞声,对工资的不满也只是以自己的辞职跳槽来表达。现在,流动人口不再只是简单地谋求生存,他们对平等、尊重有了更多的追求,近些年珠三角等地区出现的"民工荒",其中就有部分原因是外出务工者追求同工同酬和自身价值,进而"用脚投票"的结果。不仅如此,外出务工者解决对工资不满的问题的方式也发生了变化,除了运用法律手段外,利用"弱者的武器"直接对抗或运用罢工等形式来表达诉求的事件也时有发生,流动人口维护权益、采取制度内外的策略性行动表明,流动人口的权利诉求和维护意识正在不断增强。

(2)社会政治参与和组织化意识在觉醒。长期以来,农民工的社会政治参与权利被弱化,不太引起农民工的关注。而 2010 年国务院发展研究中心对 20 多个城市的 6232 位农民工的调查表明,"67.5%的人认为应该参与所在社区的选举","在 18 周岁以上的农民工中,有 55%期待参与所在企业或社区的民主管理",这说明社会政治参与权利已引起农民工的广泛重视。"农民工的政治参与以反映农民工的利益诉求为主要目的",[2]并且这种参与开始从边缘走向中心。2003 年"两会"时我国产生了第一位农民工代表,2008年全国十一届人大代表中有三位是农民工代表,农民工拥有在国家最高权力机关发声的机会意味着他们已开始走向政治参与的中心。此外,农民工组织化的热情也比较高。据调查,目前农民工的组织化程度不高,73.5%的人都没有加入工会,但当问及农民工是否想加入属于自己的合法组织时,73%的人都表示想加入,只有 8%的人选择不想加入,另 19%的人选择无所谓。[3] 可见,虽然农民工组织化的现状不乐观,但其组织意识已较强。

---

[1] "打工妹之家"高姐告诉笔者:"年轻的就不大爱来,她们觉得'打工妹之家'年轻的来了降低了她们的身份,所以'打工妹之家'年龄偏大的比较多,一般三四十岁的比较多,二十岁左右的很少。"

[2] 国务院发展研究中心课题组.农民工市民化:制度创新与顶层政策设计[M].北京:中国发展出版社,2011:133,293,294.

[3] 国务院发展研究中心课题组.农民工市民化:制度创新与顶层政策设计[M].北京:中国发展出版社,2011:134.

（3）青年流动人口的主体意识特别强烈。青年流动人口是流动人口的主体，青年流动人口主体意识的增强凸显了流动人口的主体性特征。青年流动人口与老一代流动人口存在很多不同：一是青年流动人口外出就业动机不再是简单的改善生活，更是为了体验生活和追求梦想；二是对劳动权益的诉求不再只是实现基本权益，而更趋向于追求体面的劳动和丰富的精神生活；三是对职业的定位不再停留于亦工亦农，而是向全职非农转变；四是对城市不再只是过客心理，留在城市生活的愿望更强烈；五是青年流动人口的法律保护和维权意识更强，维权方式更加主动和理性。总之，如果说老一代流动人口体现出的更多是低层面的主体意识，他们的消极抗争隐含着一种被动的苦涩意义；那么，青年流动人口的主体意识则体现出更加主动积极的姿态，他们期望谋求更多的发展机会和更广阔的发展空间。

（4）文化主体性在不断显现。改革开放初期，农村人口纷纷涌入城市，在社会上掀起了一股外出打工的浪潮，也催生了一种反映打工族的人生境遇和思想情感的特殊文学现象：打工文学。21世纪以来，这种单一的"打工文学"逐渐扩展为一系列丰富多彩的打工文化活动，"打工文化"随之勃然兴起，彰显了打工者通过文化创造来构建主体意识的努力，打工诗歌和打工文艺就是其中文化主体性凸显的两大领域。一大批打工诗人从流动人口群体中浮现出来，他们用诗歌来记录和审视打工者的生活。如打工诗人许强不但发表了多首诗歌，而且创办了全国首份打工诗歌报《打工诗人》（2011年改为以杂志形式出版，并更名为《打工诗歌》），还创建了网站、博客等等。

打工文艺的典型当首推"工友之家"，该组织在建设新工人[①]文化、推动新工人文化主体性方面做出了开创性的贡献。工友之家的"新工人艺术团"主张"为劳动者唱歌、用歌声呐喊、以文艺维权"，自2005年成立以来赴全国各地义务演出了五百余场次，直接受众超过二十万人。不仅如此，该组织还创造了中国劳动文化发展史上的几个具标志性的事件。第一，发起创办具全国规模的打工文化艺术节，从2009年至今已经举办了三届，展现了当代新工人群体的精神文化与诉求。第二，创办了第一家打工者自己建立的打工文化博物馆，提出"没有我们的文化，就没有我们的历史，没有我们的历史，就没有

[①] 　为了克服主流文化对打工群体身份的歧视和定义，"工友之家"自己将打工群体定义为中国新工人，这种对社会标签的反抗无疑是他们主体意识的生动体现。

我们的将来"的口号,博物馆自 2008 年成立以来,接待社会各界来访两万余人。第三,2012 年举办首届打工春晚,央视著名主持人崔永元应邀到现场主持,所有的创作和表演都由普通打工者完成,该晚会成为 2012 年度重要的社会文化事件之一。第四,出版了第一部由打工群体自己开展调查研究并形成结论的著作《中国新工人:迷失与崛起》,该书再现了新工人在城乡之间的迷失,以及谋求成为新工人、新市民和新公民的主体追求,有学者指出"这部著作在一定意义上标志着新工人群体自我意识的形成"①。总之,"打工文化"的迅速发展扩大了打工群体的声音,壮大了打工群体的自信和力量,是这个群体主体意识觉醒的充分体现。

2.流动人口主体意识增强的原因

E.P.汤普森曾指出,"工人阶级意识的觉醒和集体身份的形成,并不是如早晨的太阳在某个时刻固定升起,而是一个历史过程"②,流动人口主体意识的形成也不是一蹴而就的,而是在各种因素的综合作用下,在流动人口的生活和工作中长期积淀的产物。

首先,社会生产力的发展和市场经济体制的建立为流动人口主体意识的增强创造了条件。随着社会生产力的发展,流动人口的物质需求得到了一定的满足,闲暇时间逐渐增多,也更有条件来思考自身的发展和周边的一些社会现象。网络的飞速发展也使流动人口获取信息更为便利、及时,与外界的联系和交往不断增多。正是对国内外信息的接触和思考拓宽了流动人口的视野和思维,他们获得了更多自我教育的机会,认识和判断能力不断地得到提高。再则,社会主义市场经济体制的建立和发展,使流动人口成为具有一定自主性的主体,能够自由选择经济活动来发展自己。市场经济孕育的自由平等意识也促使流动人口的思想观念不断更新,能力、法治、独立自主、开拓创新等理念逐渐被他们所接受,从而在社会生活中更加注重对公平公正的维护和追求,这一切都在一定程度上促进了流动人口主体意识的成长。

其次,流动人口构成和素质的变化有助于其主体意识的提升。目前,青年流动人口已成为流动人口的主体,受社会环境和自身成长经历的影响,青

---

① 吕途.中国新工人:迷失与崛起[M].北京:法律出版社,2013:5.
② 转引自郭伟和.转型社会工作中国本土模式初探——以建筑业农民工社会工作为例[Z].2012 海峡两岸暨香港社会工作行动研究研讨会(内部交流资料),2012:176.

年流动人口的总体特征更有利于其主体意识的成长。许多青年流动人口本身就在城市出生、上学和长大,成长经历与城市的同龄人很接近。即使部分人是在农村长大,但由于他们大部分时间都在学校度过,基本不太熟悉农业生产,来到城市后往往能较快地适应城市生活,一段时间后有的人甚至会产生对农村的疏离和排斥感。所以,青年流动人口往往更加认同职业身份,更向往在城市长期稳定地生活。在个人的成长方面,青年流动人口并不满足于简单地解决温饱,而更在乎寻求更多的发展机会。他们的平均受教育年限达到 10 年以上,①明显高于老一代流动人口,他们在劳动关系中往往行为更加主动,法律和维权意识也更强。

再次,社会环境和流动人口的社会实践推动了其主体意识的增长。从社会环境来看,自 20 世纪 90 年代以来,社会各界对流动人口群体的看法和评价发生了很大变化。之前的社会舆论较多关注流动人口给城市带来的负面影响,社会政策也把他们当作"盲流"加以遣送、驱赶,限制人口的盲目流动。而到了 90 年代,人们逐渐认识到流动人口对城市发展的巨大贡献,学术界以及各大媒体对他们的关注增多,纷纷倡导对流动人口的公平对待。社会政策也转而重视对流动人口权益的维护,提出加强服务和管理的理念,在"以人为本"的指导思想下,流动人口得到了越来越多的尊重和保护。与此同时,以上社会环境的变化也提高了流动人口对自身处境的认识,强化了他们的身份意识和权利意识。另从流动人口自身的社会实践来看,流动人口的主体意识来源于他们每天的生活和工作经验,正是遭遇到歧视、权益被侵害的各种问题,流动人口才更加深刻地认识到资本、平等、权利的关系,从而在权益受损时采取各种方式来进行抗争。这些抗争不仅丰富了流动人口的阅历,增进了他们的知识,使之认识到组织起来的重要性,还在一定程度上激发了流动人口对共同命运的思考,提供了群体意识成长的契机。

最后,社会组织的引导和培育作用也不容忽视。我国主流的意识形态并没有特意培养和鼓励流动人口的主体意识,但民间一些社会组织,尤其是流动人口自组织的引导和培育则直接带动了一批流动人口主体意识的发展。这些自组织一般比较开放,与专家学者、媒体和其他组织的联系相对较多,与

---

① 国家人口和计划生育委员会流动人口服务管理司.中国流动人口发展报告 2012 [M].北京:中国人口出版社,2012:6.

外界经常性的接触交流增长了参与组织活动的流动人口的见识,提高了他们思考和分析问题的能力。笔者在调查中看到,流动人口自组织比较鼓励流动人口的参与和表达,有的组织本身就很注重对流动人口主体意识的培育,再加上流动精英的引导和示范作用,流动人口自组织中流动人口的主体意识要明显强于其他流动人口的主体意识。

三、流动精英的涌现

大部分来自农村的流动人口虽然处于城市社会的底层,但和大量未流出的农村人口相比,他们称得上是敢想敢干的一帮人。这些流动人口以年轻人为主,所受教育水平和经济活动能力都比较高,总体素质要强于农村未流出的群体。[①] 在城市生活一段时间积累了一定的经验后,部分流动人口的能力和主体意识凸显,从中涌现出一批愿意为流动人口服务的精英,正是他们推动了流动人口自我管理的发展。

改革开放初期,流动精英更多的是指那些具有个人魅力的权威人物。在流动的过程中,一部分人因具备为同乡解决实际困难的能力而逐渐赢得其他人的服从和尊敬,他们或因可以提供工作机会而获得权威,或因可以帮助处理危机事务、整合群体形象等而获得权威。北京零点调查公司曾对北京市的流动人口生活状况进行调查后发现,"几乎所有的流民(指流动人口——作者注)都是以不等的规模围绕着一些大大小小、影响力范围不等的权威为中心在生活着"[②]。在以传统乡土关系为基础的流动人口自我管理中,这些权威人物往往成为各类自组织的灵魂或核心,其地位的形成更多得益于他们的资历或对其他成员的贡献。近年来,流动精英呈现出年轻化的特征,在流动人口中涌现出一些自觉关注群体地位和生活状况的青年精英。他们有的是自己在流动中遭受了深刻的伤害和维权苦痛,有的是目睹了大量兄弟姐妹的艰辛流动经历而深受触动,对流动人口群体有着强烈的认同,从而致力于替流动人口群体发声、为流动人口群体服务。与权威人物不同,青年精英往往是主体意识和群体意识最先觉醒的一批人,其地位的形成更得益于他们主动积

---

① 李强教授曾在 1996—1997 年对外出农民工和未外出的农村人口就个人素质做过实证研究,研究结论表明:城市农民工是农村中的精英群体。李强.农民工与中国社会分层(第二版)[M].北京:社会科学文献出版社,2012:118-120.

② 袁岳,张守礼,王欣.北京流民组织中的权威[J].社会学研究,1997(2):113-122.

极地改善群体状况的追求和努力。从个人素质来讲,这些精英有着较强烈的社会责任感、奉献精神和社会活动能力,往往成为流动人口自组织的发起人,他们在工作中还会主动学习借鉴国内外先进的理念和做法,是流动人口自我管理的重要组织者和推动者。

第四节　流动人口自我管理的现状

流动人口为城市的发展做出了巨大贡献,但由于政策和户籍方面的原因,城市对他们经济上接纳,制度上拒入,流动人口被排斥在城市主流生活之外,难以享受到城市的就业、养老、医疗等各项社会保障。然而,面对城市生活的种种困难,流动人口并没退缩,他们在互助互济、自我管理和自我服务中开拓出了自己的一片生存空间。

一、改革以来流动人口自我管理的发展历程

绝大多数从农村走出的流动人口虽不具有高深的理论知识,但却用他们的双脚在城市走出了一条自我管理和自我服务的道路。在早期流动的过程中,乡缘、血缘、业缘关系是人口流动所凭借的重要社会资本,为了克服在城市的孤立无援,流动人口在这些关系的基础上自发组建了一些结构比较松散的非正式组织,为彼此在城市的就业和生活提供帮助。随着经济社会的发展,流动人口的需求逐渐增多,主体意识也逐渐增强,从中涌现出一些流动精英,他们积极思考并寻找流动人口群体的出路,组建了各种结构相对规范的正式组织来为流动人口群体服务,使得自我管理的范围不断得以拓展。这一发展过程可分为三个阶段。

第一阶段,1978年—1993年,属于非正式互助形式的自我管理阶段。这一阶段,流动人口自我管理的主要载体是基于乡缘、血缘和业缘等网络而形成的各种结构比较松散的非正式互助组织,如各类同乡会,在建筑装修、商业服务等行业中出现的各种生产经营型、生活友谊型组织等等。中国的乡土社会非常重视从个体推演开来的"差序格局",人与人之间的联系和纽带构成了相互的社会支持网络,对于流动人口来说,这个网络同样也是他们借以进入和融入城市的重要资源。在改革初期,乡土社会网络是流动人口获取流动信息的主渠道,人们的流动往往是通过资深流动者的介绍或带动来实现的。由

于脱离了原来熟悉的环境,城市的各项保障和福利又将流动人口排斥在外,流动的个体在城市处于比较孤立的状态,面临着许多单靠个人力量难以解决的问题。出于满足心理情感需求和解决实际困难的需要,流动人口自觉或不自觉地组成各种相对比较稳定的非正式互助组织,从同质性强的群体中去寻找帮助和慰藉,有的移民村甚至已形成内部解决各种纠纷、维护社区稳定的自我管理模式。[①] 但总的来说,这个阶段流动人口的自我管理还处于自发组织的状态,所依托的非正式组织结构比较松散,没有规范的机构设置和明确的自我管理规划,工作人员基本上都是兼职,他们的自我管理主要还是一种以满足个体需求为目的的互助行为。

第二阶段,1994 年—1999 年,流动人口的自我管理进入一个新的发展阶段。从这个阶段起,除了非正式互助形式的自我管理外,在流动的农民工中开始出现有意识地组建正式组织开展自我管理的行为,这是流动人口的自我管理由自发到自觉的进步。此时,流动人口的自我管理已经开始有专职的工作人员,并能从外界获得一定的经费支持。1994 年,美国的福特基金会在中国资助了一些关于农民工生活、就业和权益等的研究项目,这些项目极大地推动了公众对农民工的了解,继而 1995 年 8 月在北京召开的"95 非政府组织妇女论坛",加深了中国对非政府组织的认识,成了流动人口自觉组建自组织的催化剂。受以上因素的影响,一些研究者不仅从事研究工作,还积极参与到帮助农民工的活动中,发动和帮助成立了一批为农民工服务的自组织。如《中国妇女报》副总编谢丽华女士于 1996 年发起创办了第一个为女性流动人口服务的组织——"打工妹之家",由打工妹服务打工妹,该组织的成立,是低收入流动人口自我管理的正式组织从无到有的重要标志。此后,随着社会对流动人口群体的广泛关注,流动人口自身的主体意识不断增强,他们中的一些精英在经历和目睹这个群体的艰辛后,开始为改善流动人口在城市的生活而努力,先后成立了一些自我管理的组织,其中北京"浙江村"的温州个体户为改善群体形象,于 1995 年成立的"京温爱心社"就比较典型。这类组织都有着明确的目标、相对规范的管理行为,与非正式互助组织相比,体现了一

---

① 北京的"浙江村"就是如此。根据项飚 2000 年的调查,在"浙江村"形成的早期,该村村民以自己为主体,充分运用乡土社会关系,已形成了一套独具特色的自我管理模式,一般亲友圈内的冲突由圈内最有权威的人出面化解,圈外的矛盾则请在社区有威望的人来调解。项飚.跨越边界的社区:北京"浙江村"的生活史[M].北京:生活·读书·新知三联书店,2000.

种更高层级的自我管理形式。这一阶段,法律支持、生活帮困成为流动人口自我管理和服务的主要内容,在时间上也早于国家职能部门和社会公众对这些问题的关注,教育文化、能力提升方面的自我服务也有涉及,但并不突出。

第三阶段,2000年至今,这是流动人口自我管理不断发展,尤其是正式自组织的数量不断增多、服务范围不断扩展的阶段。自2000年起我国步入了经济快速增长的时期,部分地区相继出现企业用工短缺的现象,政府对流动人口特别是对农民工的政策愈显积极,由"规范流动"向"公平流动"方向转变。一些地方政府对流动人口自组织的态度也随之发生改变,他们开始公开承认甚至扶助这些组织的发展,像青岛的"小陈热线"在2004年就被允许在当地民政部门注册。与此同时,国内外关注流动人口的力量越来越多,2000年前后香港的乐施会加大了对大陆流动人口自组织的支持,国内的许多大学生和志愿者也纷纷加入帮助流动人口的行列。由于政策和社会环境的变化,这段时间正式自组织的数量增长很快,在2002—2003年的一年间,仅珠三角地区新成立的该类组织就有10来个,[1]笔者的调查对象"工友之家""同心希望家园""京湘在线"也都是在此阶段成立的。这一时期,流动人口自组织与其他组织、工会、媒体等各种力量的交流和合作逐渐加强,自我管理和服务的内容更加丰富,维护流动人口群体利益的公共倡导也开始出现并有所发展。有的流动人口自组织已经摸索出一套适合自身特点的服务内容,对宏观政策和组织行为边界有了一定的把握,也在劳资纠纷的介入、政府控制的应对等自我管理的具体策略方面积累了一些经验。

二、流动人口自我管理发展的现状

流动人口的自我管理通过组织力量,把分散的流动人口连接起来,有效地满足了流动人口的部分需求,增强了他们心理上的归属感,促进了他们融入城市生活的进程。目前,流动人口的自我管理呈现出以下特点:

第一,总体上处于初步发展阶段。在改革开放以来的30多年里,流动人口的自我管理虽然经历了从非正式互助形式的自我管理,到有意识地组建起正式自组织、实现自我管理由自发到自觉的转变,再到正式自组织的数量不断增加、服务范围不断扩展的过程,但总体上还处于发展的初始阶段。

---

① 罗观翠,顾江霞.华南农民工NGO的组织环境分析[J].青年研究,2008(10):1-11.

首先,流动人口群体的主体意识还不够强。当前流动人口的自我管理具有很强的"流动精英主导"色彩,流动人口整体的主体意识尚未达到很高的程度,自觉的自我管理意识在大部分流动人口身上体现得并不明显。其次,流动人口自组织现在基本处于草根状态,它们显形于社会,却隐形于国家,很多组织并未在民政部门注册,自身能力和社会给予的支持都很有限,难以有效开展工作;其中一部分发展比较成熟的自组织也大多是工商注册,并未取得名副其实的民非或社团身分,难以获得政府的支持并充分发挥作用。再次,自我管理的发展在各地很不平衡,且没有形成合力。尤其以正式组织为载体的自我管理集中出现在北京、上海、广州、深圳等大城市,中小城市相对较少,各流动人口自组织之间虽有联系和沟通,但因资金、人力的限制,彼此难以有效整合形成合力。因此,尽管近年流动人口自组织的数量增长较快,自我服务的内容和范围都有一定的发展,但总的来看,还只是处于初步发展的阶段。

第二,以非正式组织为载体的自我管理活动分化比较明显。大部分非正式组织是流动人口自我管理的积极力量,开展的服务活动多集中在娱乐休闲、情感慰藉和生活帮困方面。这类自组织一般结构比较松散,规模不大,运作具有不规范性,没有专职工作人员,活动经费通常由组织成员共同分担,相对于以正式组织为载体的流动人口自我管理来说,这类自我管理工作的开展不很稳定,在社会上影响力较小。不过随着互联网技术的发展,流动人口通过互联网组建非正式组织的现象开始出现,组织成员线上联系、线下活动,活动规模和范围较之前扩大了很多。如"京湘在线"老乡会就是这样一个综合性的网络社区,现由"京湘在线"论坛和 15 个 QQ 群构成,该社区目前自发的线下交流活动基本上每周都有一次。

然而,也有小部分以非正式组织为载体的自我管理公私界限把握不清,对社会关系使用不恰当,在社会上产生了极为负面的影响,这种情况在同乡会发生得较多一些。同乡会的成立一般有着较强的情感认同纽带,但这种纽带在一些情绪导向的事件中容易失控,有可能转化成狭隘、封闭的小团体主义,从而使该类组织的性质随之蜕化,有的甚至演化成帮派或黑社会性质的组织。如 2011 年发生在广东潮州古巷的打砸烧事件,一个"四川同乡会"的组织就在中间充当了"挑头"的角色。据报道,该组织的生存之道就是"替老乡出头讨要工资与伤害赔偿款,按讨要金额的 50% 收费",在潮汕地区,除了"四川同乡会",还有安徽、江西同乡会,成立原因和"业务"均与"四川同乡会"

一致。① 这种专职替人出头讨索赔的同乡会是流动人口劳动保障疲软的产物,它们游离在法律的边缘,是急需规范的一类组织。

第三,以正式组织为载体的自我管理社会影响力相对较大,部分组织发展比较成熟并已经积累了不少经验,近些年这类组织的数量增长较快,流动人口的自我管理表现出一定的趋同性。首先,这类组织基本都是为了满足流动人口的实际需求而产生,都有明确的组织定位和目标,它们的结构相对比较稳定,具有较强的动员社会资源的能力,一般能持续地开展自我管理和自我服务。其次,虽然各个组织侧重点不同,但服务内容都比较相似,主要围绕流动人口的权益维护、精神文化生活的丰富、就业技能培训、城市适应技能培训、流动儿童教育、公共倡导等开展工作。再次,在组织内部,这种形式的自我管理基本上以项目管理的方式运作,经费主要来源于两部分:一是基金会的资助,通常专职工作人员有经费支持,但是具体项目的开展也在很大程度上依赖志愿者的义务参与;二是有部分自组织近几年开始注重经济自主能力的发展,尝试创办社会企业来减轻对外界资源的依赖,有朝自收自支方向发展的意识和趋势。像"工友之家""同心希望家园""打工妹之家"等组织都创办了自己的社会企业。

---

① 潮州古巷事件:劳动保障疲软 打工者靠同乡会"出头"[EB/OL]. http://news. ifeng. com/mainland/detail_2011_06/14/6996458_0. shtml,2011-06-14.

第二章

流动人口自我管理的组织机制

　　"机制"在词典中的解释是"有机体的构造、功能和相互关系",指协调事物各部分运行而发挥作用的运作方式。流动人口的自我管理承担着从政府分离出来的流动人口管理方面的事务,以其特殊的组织机制、动员机制和资源整合机制协调运转,在填补政府工作空白的同时,也充分展示了流动人口自我组织、自我管理和自我服务的能力。那么,在既定的制度框架下,流动人口怎样在组织内分担职责和角色? 流动人口自组织的合法性怎样获得? 这种自我管理怎样动员社会力量和流动人口自身的参与? 又是怎样整合社会资源来满足流动人口的需求? 对于这一系列问题,笔者将主要以北京市的五个流动人口自组织为案例,分三章来分析。本章先论述流动人口自我管理的组织机制。

第一节　流动人口自组织的内涵

一、流动人口自组织的含义

　　流动人口自组织是流动人口实行自我管理的载体,当前学术界对这个概念给出的明确定义不多,其中富有代表性的观点认为,流动人口自组织是"流动人口通过一定的血缘、地缘和业缘等关系形成的,以满足个体的利益需求和情感归属为目的而形成的非正式群体"①。在已有研究中,这个定义涵盖的流动人口自组织侧重指那些结构比较松散的非正式互助组织(如老乡会),并不包括由流动人口自觉组建的、结构相对规范的正式组织,像"工友之家""小小鸟""同心希望家园"等都没囊括进来。一些学者往往把这后一类组织称为流动人口(或农民工)非政府组织,②意指那些专门为流动人口(或农民工)服务的非政府组织。实际上,在流动人口非政府组织中,这类由流动人口自觉组建的正式组织完全符合自组织自主运作和自主发展的特点,它们理应属于流动人口自组织的一部分。由于前述流动人口自组织的定义尚未包括这部分组织,因此,本研究不再沿用上述定义,而是根据自组织的概念重新做出界定。

自组织本是源于自然科学的一个概念,在被应用于社会科学的研究后,主要有两种不同的用法。一是承继自组织在自然科学③中作为一个动词使用的传统,杨贵华等认为:"社会的自组织不等于是自发性的,它意味着一种自主且自身就可以自我整合、自我协调、自我维系、自我发展的机制或能力,是一个比自主性内涵更为丰富的概念。"④显然,这里的自组织侧重指社会领域中的一种协调机制和能力。第二种用法是遵循汉语将组织作为名词使用的习惯,多数定义同样视自组织为名词,认为自组织是组织中的一种自发类型。如上海共青团于 2006 年首创了青年自组织这一工作术语,并将青年自组织定义为"通过自愿组成,为实现成员共同意愿,按照其章程(成文或不成

---

① 郭开怡.流动人口自组织论析[J].重庆师范大学学报(哲学社会科学版),2005(2):105-108.

此外,王义、许姗姗、徐伟明也对流动人口自组织的定义持相同观点,另陈丰、纪晓岚把这样的组织称为准社会组织。详见王义,许姗姗,郭开怡.流动人口自组织问题及政府管理对策探究[J].甘肃社会科学,2003(6):91-95;徐伟明.城市流动人口管理模式的演变与前瞻——基于国家与社会关系的视角[J].湖南行政学院学报,2009(4):11-14;陈丰,纪晓岚.流动人口管理的一种体制创新:从准社会组织到自治组织[J].内蒙古社会科学(汉文版),2006(4):89-94.

② 在导论的"研究综述"部分,可以看到有许多学者都是从非政府组织的视角来展开研究的,具体文章参见前文的注释。

③ 在自然科学中,自组织一般指系或事物自己组织起来的一种过程和行为,或一种进化机制和能力。

④ 杨贵华,等.自组织:社区能力建设的新视域——城市社区自组织能力研究[M].北京:社会科学文献出版社,2010:9.

文)开展活动,由青年自发成立、自主发展、自我运作的一种非正式的组织形式"①;徐永祥在《社区发展论》中认为社区自组织是社区居民自己组建的参与社区整合的组织类型;②还有学者认为自组织是"建立于自发性、自由性和自愿性基础之上的私人社团组织形式,这是相对于政府的强制性、行政性组织方式而言的"③。从以上定义可知,自组织应属于广义上的社会组织④,自主性是其重要的特性。

在本研究中,笔者对流动人口自组织的定义采用自组织的第二种用法,把它作为一个名词概念来使用,将流动人口自组织视为社会组织的一种类型。在综合相关研究成果,尤其在参考上海共青团关于青年自组织定义的基础上,本研究将流动人口自组织重新界定如下:流动人口自组织指由流动人口自愿组成、自主发展、自我运作,按照成文或不成文章程开展活动的社会组织。⑤ 流动人口自组织既包括结构比较松散的非正式组织,又包括由流动人口组建的那一部分结构相对规范的正式组织,它们具有三个基本属性。一是民间性。流动人口自组织由民间力量发起成立,独立于国家的行政事业体系之外,不依赖于国家的经费和人员编制,与政府部门或其他单位不存在直接

---

① 闫加伟.草芥:社会的自组织现象与青年自组织工作[M].上海:上海三联书店,2010:3.

② 徐永祥.社区发展论[M].上海:华东理工大学出版社,2000:75.

③ 张龙平.农民自组织:社会参与的有效选择[J].理论与改革,1998(2):18-20,24.

④ "社会组织"对应于"民间组织""非政府组织""第三部门"等概念,只是具体使用语境不同而已。自2007年11月民政部提出启用"社会组织"新提法后,社会组织成为政府话语体系中这类组织的统称。社会组织有广义和狭义之分。狭义的社会组织指注册类的社团:一是狭义的社团,二是民办非企业单位,三是基金会;广义的社会组织相当于广义的社团,除了包括以上三类组织外,还包括草根组织和各种准社会组织。本文的社会组织是从广义上来讲的,为了统一名称,全文中除了直接引用处尊重作者原意的提法外,其他地方均使用社会组织一词来指代此类组织。

⑤ 该定义并不强调流动人口自组织必须由流动人口发起成立。笔者认为,有的组织虽由社会人士或机构发起成立,但其工作人员全是流动人口,组织的日常管理运作由流动人口自己负责,服务对象也完全面向流动人口群体,这样的组织尽管不是由流动人口发起成立,但也属于流动人口自组织的范畴。如"打工妹之家",它是1996年4月由《农家女》杂志社的总编谢丽华老师(《中国妇女报》原副总编)发起成立的一个组织,最初隶属于《农家女》杂志社。发起者谢丽华老师不是流动人口,只承担理事职责,而这个组织的总干事和所有工作人员都是流动人口,其突出的工作特色是"打工妹管理打工妹,打工妹服务打工妹",这样的组织也完全属于流动人口自组织。

的隶属或管理关系。二是自主性。罗伯特·罗茨认为,"自组织意味着一种自主而且自我管理的网络"[①],流动人口自组织的自主性意味着自我治理的自由,组织独立开展活动并承担相应责任,实际运作中不受政府等外在力量强制性或行政性的干预。三是针对性。流动人口自组织由流动人口自愿组成,管理或服务直接面对的主要是流动人口本身。

二、流动人口自组织的类型

按照不同的标准,可将流动人口自组织划分为不同的类型。

1. 根据构成组织的方式和组织结构特点的不同,流动人口自组织可分为两大类:非正式流动人口自组织和正式流动人口自组织[②]。非正式流动人口自组织指流动人口以感情、利益、兴趣等为纽带自发结成的结构比较松散的组织,这类组织没有明确的制度规范和组织目标与任务,组织形式灵活,人数不固定,组织稳定性易受偶发因素影响。如各种"老乡会",在建筑装修、商业服务等行业中出现的各种生产经营型和生活友谊型组织都属于非正式流动人口自组织。正式流动人口自组织则是为了实现一定目标而有意识组建的具有特定功能的组织,这类组织有明确的任务和组织结构,组织成员的职责范围比较清晰,组织稳定性相对较强。自20世纪90年代以来由流动人口自觉组建的自组织,像"工友之家""小小鸟"等,以及由其他社会人士或机构发起、由流动人口自己管理的组织,如"打工妹之家"等,都属于正式的流动人口自组织。

2. 按照服务对象的基本特征,流动人口自组织可分为普遍型和特殊型两种。普遍型流动人口自组织指服务面向普遍的流动人口,而不区分流动人口的性别、身份和来源地的组织。如"工友之家""小小鸟"等。特殊型流动人口自组织指服务面向特定流动人口的组织,目前主要有三类这样的组织。第一类只为加入组织的流动人口服务,实行会员制的自组织就属于这种类型。第二类指专为流动女性和流动儿童提供服务的组织,如"打工妹之家"就是一家专为流动女性提供服务的组织;"同心希望家园"也是一个主要为流动妇女儿

---

① 转引自俞可平.治理与善治[M].北京:社会科学文献出版社,2000:95.

② 由于非正式流动人口自组织的稳定性和持续性稍差,在自我管理中发挥的作用比较有限,而正式流动人口自组织已经出现了一些比较成熟的做法,形成了比较好的经验,因此本文的第二、三、四章重点是总结流动人口成立正式自组织实施自我管理的机制。

童提供生活和教育服务的组织。第三类组织专为特定来源地的流动人口服务，老乡会是这类组织的典型代表，如"京湘在线"就是一个这样的组织，旨在为在北京的湖南人提供一个联络感情、互助、资源共享的网络社区平台。

3.按照服务重点的不同，流动人口自组织可以分为权益维护、生活服务、教育培训、联谊文娱、公共倡导五类。其实在实际工作中，大多数流动人口自组织都是综合性比较强的组织，其服务内容往往不止涉及一个方面，但为了加深对这些组织的认识，笔者还是按照服务重点将它们分成以下几种类型。一是权益维护型自组织。这类组织主要帮助流动人口维护合法权益，如"小小鸟""深圳市春风劳动争议服务部"等。二是生活服务型自组织。这类组织主要为流动人口的就业、城市融入、心理健康等需求服务，"同心希望家园"就是一个典型的例子。三是教育培训型自组织。这类组织重点为流动人口的培训就业和流动儿童的教育服务，如"工友之家"的"工人大学"和"同心实验学校"等等。四是联谊文娱型组织。这类组织通过定期开展各种联谊和文化活动，来满足流动人口精神文化生活的需求，比较典型的组织如各种"老乡会"、"工友之家"的"青年艺术团"。五是公共倡导型组织。这类组织注重倾听并发出群体的声音，表达群体的需求和意愿，以期影响公众和社会政策。像"北京市协作者社会工作发展中心"就是这一类的代表，除此之外，"工友之家""打工妹之家"也都在积极尝试开展公共倡导的工作。

4.按照注册身份的不同，可分为三种类型。一是在民政部门登记注册的流动人口自组织，这类组织取得了合法的身份，能够获得政府对其工作的认可和支持。不过到目前为止，能够成功在民政部门登记，实现华丽转身的流动人口自组织非常少，比较典型的组织如"小陈热线"。这是一个陕西青年于2000年在青岛创办的组织，它开设了全国第一条服务进城务工青年的免费法律维权热线，早在2004年2月，该组织就在青岛市民政局注册成立了"小陈热线服务社"。另一个组织"北京市协作者文化传播中心"也于2010年6月在北京市民政局正式注册，转变为"北京市协作者社会工作发展中心"。二是在工商部门登记注册的流动人口自组织。这类组织在民政注册无法实现的情况下，改为通过工商注册来取得法人身份。虽然很多自组织为流动人口提供的是非营利性服务，但因注册的是营利性组织，所以该类组织尽管摆脱了"非法组织"的困境，却要常常面临外界对其非营利性的质疑。鉴于目前我国社会组织登记管理体制的限制，选择在工商部门登记注册的流动人口自组织比较多,像"工友之家""小小鸟""同心希望家园"等均是如此。三是没有注册的流动人口自组织。这类组织也比较多,由于注册困难,许多自组织都没有履行任何注册手续,因而得不到现行法律的保护,在接受捐赠、开展活动等方面也面临着一定的压力,像各种非正式互助组织、联谊组织基本都没有注册。

5.按照社会影响的不同,可分为发挥正能量的流动人口自组织和产生负能量的流动人口自组织两种类型。发挥正能量的流动人口自组织指以服务和增益社会为目标,在流动人口社区服务、流动人口公益事业等方面起到积极促进作用的组织。这类组织是本研究的重点关注对象,文中提及的几个主要调查对象都属于这种类型。产生负能量的流动人口自组织指在利益、不良社会习气等的驱动下,开展违背政策、法律或道德的活动,造成不良社会影响的组织,有的组织甚至还会演变成帮会或黑社会性质的组织。这类组织虽然不是主流,但影响非常恶劣,需要加强对它们的监督管理。

三、流动人口自组织的功能

流动人口自组织是在流动人口现实需求的呼唤下应运而生的,虽然现在的发展还不是很成熟,但它们已经利用自身优势积聚和整合了各种社会资源,在满足流动人口需求、改善流动人口生存状况中发挥了很大的作用。

1.法律援助和利益维护功能。由于通过正规司法渠道维权的周期长、成本高,而流动人口的流动性较强,他们的经济承受能力和法律知识都很有限,因此流动人口在权益受侵害时通过正规司法途径维权的现实可能性不大。流动人口自组织的出现,以"组织"形式为流动人口提供了一条维护合法权益的新渠道。一方面,它们可为流动人口提供法律咨询与援助。流动人口自组织能给前来求助的流动人口提供免费的法律咨询,并指导他们撰写投诉文书、收集证据、向有关部门提起诉讼。如"小小鸟"发动了600多位律师志愿者,在全国四个城市开展劳资纠纷调解和法律咨询服务。该组织自成立以来,已接听各类打工者的咨询电话16万多个,为数以万计的民工解答过工作和权利保护方面的难题。另一方面是开展法律教育。维权类的自组织都十分重视对流动人口进行法律知识的宣传和培训,以提高他们的维权意识。像"小小鸟"就举办过数百次公共意识和法律知识的培训,培训内容涉及道路交通安全、劳动权益维护、法律常识等多方面。再一方面,它们还直接为流动人口代言和维权。如"小小鸟"充分发挥其"人民调解委员会"的身份优势,直接参与调解各种劳动纠纷,帮助打工者维权,自成立以来共帮助讨要被拖欠工资 1.83 亿元,平均每年能为 1 万名左右的欠薪民工讨回拖欠工资 3000 万元。[①]

2. 职业培训和就业服务功能。为流动人口提供职业技能培训和就业服务,是提高流动人口竞争力和城市适应能力的重要渠道,而目前社会上的正规培训机构大都收费很高,市场职业中介也不够规范,难以真正起到作用。流动人口自组织在深入了解流动人口需求的前提下开展有针对性的培训,提高了流动人口的就业技能,同时它们还能为流动人口提供以弱关系为主的网络资源,拓展了他们的就业机会。如"工友之家"于 2009 年创办了"工人大学",专门为青年流动人口提供免费的学习和培训机会,开设以电脑职业技能和城市公民教育为特色的培训课程,并为培训合格的学员推荐相关工作。此外,其"社区工会"还在北京市朝阳区金盏乡皮村的社区活动中心定期举办各类文化教育培训,以满足社区流动人口的学习需求。"打工妹之家"在 2003 年就组建了"家政服务员支持网络",对家政工进行上岗前的法律维权和行业技能培训,并为家政工提供就业支持。"小小鸟"则利用其庞大的志愿者和新闻媒体网络,接收各公司的招聘信息,为打工者介绍工作,自 1999 年至 2012 年,已经帮助超过 43000 名民工找到了工作。

3. 精神文化和生活服务功能。流动人口自组织通过一定的网络将个体联结起来,为流动人口搭建起一个情感交流和交友的平台,能增强他们对城市生活的认同感和归属感,同时还通过举办各种文化娱乐活动,缓解了流动人口的心理压力,丰富了他们的精神文化生活。各种老乡会在这方面的作用比较突出,往往是流动人口在城市生活的重要精神依靠。除此之外,"工友之家"发挥的作用特别显著。该组织下的"新工人艺术团"经常奔赴各建筑工地、企业和工人社区,为工友们义演,仅 2011 年度,组织开展各类公益演出及交流活动 40 场次,参与者达 26000 人,直接丰富了外出务工者的文化生活。不仅如此,该组织下的"社区工会"活动也开展得有声有色,在社区工会的文化活动中心,有图书馆、可容纳 100 人的工友影院、新工人剧场等活动场所,

---

① 小小鸟服务内容[EB/OL]. http://www.xiaoxiaoniao.org.cn/Article/Show.asp? id=3291,2012-02-07.

每天晚上都会有工友来此打球、跳舞、看书,周末的影院更是座无虚席,为当地工友提供了一个非常难得的多样化的公共生活空间。另外,在生活服务方面,流动人口自组织也在促进流动人口城市融入、降低生活成本、满足妇幼保健等需求中做出了大量贡献。就以"同心希望家园"举例来说,其创办的"爱心超市"从社会募集衣物低价卖给打工者,大大降低了流动人口家庭在城市的生活成本,而且该组织每月还会组织1~2次妇幼保健、子女教育、性别意识等方面的培训讲座,直接解答了流动人口生活中的诸多难题。

4.流动儿童教育服务功能。流动人口自组织关注流动儿童的成长,为流动儿童的学习和娱乐创造了一定的条件,以灵活多样的方式满足了部分流动儿童的受教育需求,促进了教育的公平公正。如"工友之家"创办的"同心实验学校",从学前班到六年级共开设了16个教学班,除了日常基本教学外,该校还开设了舞蹈、摄影、科技等各类兴趣班,为流动儿童提供了多元化的文化教育服务。此外,该组织还实施了"流动的心声——北京流动儿童发展教育试点项目",通过举办培训讲座、鼓励学生参与、资助其他打工子弟学校硬件设施等方式,来帮助改善流动儿童接受的教育的质量,也增进了社会各界对流动儿童的了解和关注。另一个组织"同心希望家园"也为流动儿童的娱乐和学习提供了条件,其"儿童活动中心"直接解决了社区内几十个流动儿童的入托难题,"三点半课后辅导班""图书角""亲子教育"等活动也都迎合了流动家长及儿童的现实需求。

5.公共倡导功能。随着社会空间的扩大,一些发展比较成熟的流动人口自组织的组织者开始重视公共倡导的价值,他们希望能够借助倡导让公众更加关心流动人口问题,并推动政府出台有利于流动人口群体的政策。这些组织通过开展调查研究、主办研讨会、媒体推广等方式来倾听并发出流动人口群体的声音,反映流动人口群体的需求和意愿,期望为公共政策的制定提供依据。如"打工妹之家"一直非常重视研究与倡导工作,针对打工女性面对的各种问题,她们不仅组织实地调研,还就调查结果召开专题研讨会,最后形成政策建议。至今为止她们已举办了三届关于打工女性权益问题的研讨会,引起了媒体和政府的广泛关注。其他组织像"工友之家""北京市协作者社会工作发展中心"等开展的倡导工作也在社会上产生了一定的影响。

此外,流动人口自组织还在协调和化解流动人口之间的矛盾、约束和规范流动人口的行为等方面发挥了重要的作用。

第二节　流动人口自组织的结构

组织结构是组织内部的各个要素相互联结与组合的形式,是组织的基本架构。组织结构对一个组织的存在和发展具有基础性作用,正如美国决策理论家赫伯特·西蒙所言,"有效地开发社会资源的第一个条件是有效的组织结构"[①],组织结构的设置是否合理,直接影响到组织能否正常运转,影响到组织的目标能否实现。流动人口自组织作为流动人口自我管理的组织载体,其组织结构的模式和特点关系到流动人口的自我管理能否顺利实施,这是我们理解流动人口自我管理的机制需要把握的首要方面。

一、流动人口自组织:一种有机性组织

在传统的组织研究中,最典型的组织形态当属韦伯所提的科层制组织。韦伯认为,官僚组织的"科层结构"是一种理想的组织结构类型,组织的构建须以一定的权威作为基础。为了保证组织运行的高效率,明确的上下级关系、合理的规章制度都成为必需,在他看来,合法的权威和合理的分层是科层结构的核心。在很长一段时期内,"科层制与效率之间的关系几乎是一个不言而喻的假设"[②],韦伯的科层制一度成为社会大型组织进行管理的有效组织结构形态。然而,也有许多学者进一步指出了科层制的弊端,有的提出了"组织中的人性问题",默顿曾就科层制的反功能指出,实践中的组织结构越接近韦伯的科层制,就越有可能出现思想僵化、形式主义、官僚主义等"有目的的社会行动的非预期后果"。[③] 而另一社会学家迪尔凯姆强调社会成员的平等、分工协作和相互依赖,明显不同于韦伯强调等级和规则的取向。迪尔凯姆依据社会整合基础的不同,将社会团结分为机械团结和有机团结两种类型,并指出社会的发展是有机团结逐渐取代机械团结的过程,他的这种观点

[①]　转引自张建东,陆江兵.公共组织学[M].北京:高等教育出版社,2003:61.

[②]　邱泽奇.在工厂化和网络化的背后——组织理论的发展与困境[J].社会学研究,1999(4):1-25.

[③]　[美]默顿.社会理论和社会结构[M].唐少杰,等译.南京:译林出版社,2006:348-352.

对现代组织理论的发展有很大启示。正是在迪尔凯姆的影响下,20世纪六七十年代,斯托克和伯恩斯在同时借鉴韦伯理想类型分析方法的基础上,将组织分为机械性和有机性两种类型,被称为组织研究的典范,此后,罗森茨韦克和卡斯特又进一步丰富了这种分类方法。

其中,机械性组织与韦伯所讲的科层组织相对应,这种组织外部环境较为稳定,注重明确的劳动和职能分工,以客观的方式挑选符合职务规范的工作人员,并制定出许多规则、条例进行严密的层级控制,以实现稳定运行的目标,组织结构具有复杂化、正规化和集权化的特征。而有机性组织与适应性组织相对应,这类组织外部环境相对开放和不稳定,没有标准化的工作规则,强调组织的弹性和横向的交往与合作,重视民主参与和自我实现,组织结构具有非标准化和低集权化的特征。在经济全球化和信息网络化的大环境下,现代组织理论越来越重视对有机性组织的研究,这类组织强调动态的组织管理过程,对外界环境的适应性更强。随着组织环境的日益复杂,组织扁平化、团队化、网络化、弹性化等日益成为组织结构的发展趋势。

流动人口自组织在组织结构上比较松散,不存在层次分明的等级次序,强制和服从的色彩很弱,组织成员对组织的认同感较强,重视彼此之间的分工与合作。与其他组织相比,在机械性与有机性这两种理想类型的连续统一体之间,流动人口自组织无疑更靠近有机性的一端。

二、"同心圆"式的组织结构

与流动人口自组织的有机性相适应,这类组织的结构不具有机械性组织层级严密的"金字塔"式特征,笔者将其呈现出的组织结构特征称为"同心圆"式的组织结构。下面将从流动人口自组织的架构、组织机构和人员设置对此展开分析。

1.流动人口自组织的架构

虽然各个流动人口自组织的机构设置有所差异,但总体上体现了有机性组织结构的特点,呈现出"同心圆"式的特征。流动人口自组织内部没有严格的职位高低、等级上下之分,而是按照成员的分工、参与组织活动的程度、在组织中的影响力和发挥的作用区分出核心圈和边缘圈层。

一般而言,非正式自组织的圈层结构比较简单,通常由处于"核心圈"的权威人物和处于"边缘圈"的组织成员组成(见图2)。其中,权威人物对组织决策的影响往往很大。这类组织的成员关系比较松散，内部虽有一定的信息交流或分工协作，但没有正式的组织机构设置，组织形态不是很完整，像各种生产经营型、商业服务型、生活友谊型自组织，老乡会组织的结构就是如此。而正式流动人口自组织的圈层结构略微复杂，除了"核心圈"和"边缘圈"外，还有"中间圈"和"外圈"（见图3），一些发展比较好的组织还设置了一定的组织机构，如"工友之家""小小鸟"等组织的结构都具有这种特征，下面重点分析这类组织的情况。

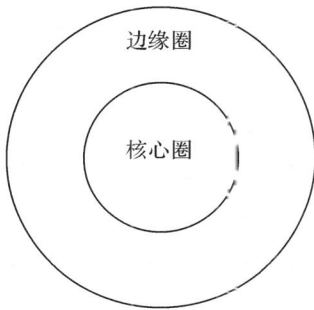

图 2　非正式流动人口自组织架构　　　　图 3　正式流动人口自组织架构

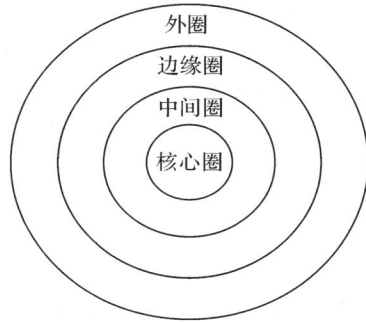

对于发展比较成熟的流动人口自组织而言，其组织架构如图3所示，可以分为四个圈层："同心圆"的中心是"核心圈"，"核心圈"多由创办者个人或理事会组成，有的组织还设有顾问团对组织工作予以指导和监督。组织的重大决策往往由处于"核心圈"的组织成员做出，这个圈层成员工作的主动性和积极性，以及对组织的认同感最强，参与的程度最深，对组织的贡献和影响力也最大。"核心圈"层的周围是"中间圈"，由各项目或办公室主要负责人组成，他们对各个项目或办公室的工作负责，这个圈层设立的主要机构有执行委员会或秘书处。"中间圈"往外则是"边缘圈"，自组织的普通工作人员都在"边缘圈"层，他们一般以"中间圈"的主要负责人为中心，形成一个个小的同心圆，执行和落实各项具体工作。"同心圆"的最外圈层称为"外圈"，"外圈"主要由志愿者和受组织吸引参与到组织活动中的流动人口组成。志愿者是流动人口自我管理的重要辅助力量，许多自组织工作的开展很大程度上依赖于志愿者的支持和贡献，因而志愿者可成为流动人口自组织结构的组成部分。"同心圆"的"核心圈"以其散发出来的巨大凝聚力，不断壮大"外圈"的力量，从而吸引更多的人来关心和支持他们的自我管理行为。

2.组织机构和人员设置

如上所述,只有在一些发展比较成熟的流动人口自组织中,才有较正式的组织机构设置,在笔者所调查的几个流动人口自组织中,"工友之家"和"小小鸟"的机构设置相对较为健全。

(1)"核心圈"的理事会和顾问团。理事会是组织的最高决策层,理事会成员通常由选举产生,不同组织理事会的设置情况不尽相同。如"工友之家"理事会成员由在该组织工作五年以上的工作者,及认同其价值理念并支持其各项工作的人士组成,目前共有 11 位理事,绝大部分理事都是该组织的工作人员,其总负责人称为总干事。而"小小鸟"的理事会成员则是由社会各界的9 位代表组成,理事任期 2 年,可连任 2 届,每年召开一次理事会会议。

流动人口自组织虽然设有理事会这个机构,但很少有理事会能真正发挥其应有的作用。从理论上讲,理事会的职责应该包括:决定组织的发展方向、战略规划和重大决策,制定组织的重大规章制度,决定重要领导人的聘任,负责组织的财务监督与筹资,等等。而事实上,流动人口自组织的理事会更多是一个花瓶式的摆设,并不是一个功能性很强的机构,有些理事可能仅仅只是在年度的理事会上听取组织的报告而已,组织的发展战略、决策、财务等主要还是由组织的创办人或几个核心人员负责。"小小鸟"北京办公室的负责人 LM 向笔者坦言:

"实际上讲到组织机构的话,我们内部一般抛开理事会不讲,因为理事会按理说它应该有实际的权利,但是就我们这种草根组织来讲的话,它可能起不到真正意义上的理事会的作用。只不过是在组织发展的过程中,我们遇到一些事情的时候会让他们去帮忙,提出一些建议或指导意见。实际上,我们这里所有具体的行政工作主要还是组织的发起人,再加上每个工作人员在做。"[①]

顾问团是组织的指导和监督机构。"工友之家"的 7 名顾问全由社会知名学者和媒介人士组成,主要职责是对该组织给予指导、咨询、评估和监督。而同性质的机构在"小小鸟"被称为志愿者观察小组,主要由律师、志愿者和关心组织发展的离职人员 7～8 人组成。

---

① 资料来源:笔者对"小小鸟"LM 的访谈。

(2)"中间圈"的执行委员会或秘书处。执行委员会或秘书处是理事会的执行机构,其成员对各个项目或办公室的工作负责。通常各组织中该机构的成员数量不等,"工友之家"的执行委员会有 14 人左右,"小小鸟"的秘书处则只由 5 人组成。该机构成员的具体职权如下:

秘书处的秘书长负责机构的全面工作,协调各办公室工作的开展落实。由各办公室部门负责人组成执行委员会,各办公室任命 1 名主任,负责所属办公室全面工作,可根据所在办公室的服务范围和项目执行情况设置部门,并制定部门的年度工作发展计划、分工等。办公室主任有部门组建权和人事任免权,秘书长有各办公室主任的任免权。[①]

(3)"边缘圈"的各职能部门(工作团队或项目部门)。各个组织这部分机构的设置差异较大。以"中间圈"的主要负责人为中心,有的组织根据分工的不同直接设置具专业性质的职能部门,如项目部、外联部、志愿者部等;"工友之家"设置了"新工人艺术团、同心实验学校、同心互惠公益商店、同心创业培训中心、社区工作、流动的心声儿童项目"六个项目部门;而"小小鸟"设置的则是北京、上海、沈阳、深圳四个办公室。[②] 由于不同组织具体的部门设置和职能不一样,因而在人员配置上也会有差别。总的来说,"边缘圈"层的工作人员主要有两个来源:一部分直接从服务对象中发展而来,还有一部分从劳动力市场招聘。服务对象一般对流动人口自组织的工作认可度较高,因此从服务对象中直接发展起来的工作人员人数较多,像"同心希望家园"的十来位工作人员几乎全是从她们的服务对象——流动妇女中发展而来的。

三、流动人口自组织结构的特点

流动人口自组织"同心圆"式的组织结构具体表现出组织系统开放化、组织结构扁平化和非权威化、组织机构和人员设置弹性化、"核心圈"资源网强化的特点,这些特点在很大程度上是流动人口自组织得以适应外界复杂环境

---

① 小小鸟热线 2013—2015 年度发展规划[EB/OL]. http://www. xiaoxiaoniao. org. cn/Article/Show. asp? id=5209,2012-12-11.

② 由于"工友之家"和"小小鸟"这类组织规模较大,具专业性质的职能部门往往隶属于项目部门或工作团队内部。如"工友之家"的同心互惠公益商店下就设了项目部、外联部、办公室,"小小鸟"的北京办公室下设项目部、热线部、志愿者部。

的重要保证。

1.组织系统开放化

现代管理理论认为,组织在与其环境相互作用的关系中是一个开放系统。任何组织都处于一定的环境中,并与外界环境不断相互作用,进行着能量、物质和信息的交换,组织的开放化是组织稳定发展的前提。对于流动人口自组织来说,由于它们的生存和发展不依赖于政府资源,完全要靠自身从外界去获取资源,动员社会力量来参与和支持组织的工作,因而保持组织的开放性显得尤为重要。

流动人口自组织的开放化首先体现在对外部资源的汲取上。流动人口自组织生存和发展所需的资金、物资、技术等资源,除了少部分组织是自筹外,大部分组织靠的是社会的捐赠和支持,因而流动人口自组织与外界其他力量,像志愿者、企业、高校、同类组织之间有很强的互动。就拿组织的网站建设来说,笔者所调查的组织的网站通常都是由志愿者帮助免费创建,这样既解决了组织自身专业技术缺乏的问题,又节省了大量的费用。

流动人口自组织的开放化还体现为组织对外界的监督持开放态度,这也是组织赢得社会信任的一种方式,"工友之家"的负责人 SH 在接受访谈时也提到了这一点:"对外我们基本上是一个开放式的态度。我们经常通过媒体、通过我们的合作伙伴、通过网络的交流,不断地解释,告诉人家我们在做什么,是怎么做的,以互通有无。信任要真的能建立起来,我觉得开放很重要,要跟社会各界保持一个开放的态度。比如说我们跟专家学者、大学生社团都是这样。我们刚开第一家商店(指将社会捐赠的二手衣物低价卖给流动人口的商店)的时候有很多人质疑,他们就说:'你为什么卖了,卖到哪里去了?'我觉得任何新鲜事物出来都会有质疑的,而且往往都是非法的。比如办打工子弟学校的时候,不仅是质疑,现在都是非法的呢。但这个东西我觉得没关系,这些质疑都很正常,问题是你如何去面对这些质疑。那我们的方法就是开放性的,你有质疑你可以来看而不是光听我们说。你可以住这,可以到这来生活,可以参与我们的工作,来看看整个过程是什么样子。这样,大家就能积极参与、互相关心。"①可见,保持可渗透性的组织边界和开放的组织结构,随时与外界进行联系和沟通,也是流动人口自组织消除质疑、获得社会公信力的

---

① 资料来源:笔者对"工友之家"SH 的访谈。

重要方法。

2.组织结构扁平化和非权威化

组织结构扁平化的一个重要标志是组织结构的中间层次较少,而横向的管理辐射范围较宽,组织结构相对比较简单。组织结构的扁平化使决策和信息能在组织内迅速地传递开来,缩短决策与执行之间的时间,加强组织应对外界变化的灵敏性,既有利于降低管理成本,又有利于决策的有效执行。流动人口自组织"同心圆"式的组织结构中间层次较少,是一种扁平化的结构。一般规模较大的组织也只有一个中间圈层,且这个中间圈层辐射面很广,以主要负责人为中心形成的一个个小同心圆覆盖到所有工作人员,有效避免了管理上的烦冗复杂,所有组织成员都能直接面对他们所服务的对象,并根据对方的需求及时调整服务内容,使组织变得更加灵活。

组织结构扁平化还容易弱化层级观念,再加上"同心圆"式结构中核心与边缘的区分主要是基于责任和分工的不同,因而,流动人口自组织内部的等级秩序模糊,呈现出非权威化的特征。笔者在调查中明显感觉到这些组织与企事业单位不一样的氛围,同事之间基本听不到领导之类的称呼,即使是对于组织创办人,大家也更多以哥、姐相称,犹如一位工作人员所述:"我们这里上班比其他地方氛围要好得多,大家在一起像兄弟姐妹一样,互相关心,很好,不像以前的工作大家有点斤斤计较。几个创办人也都不错,他们不摆架子,有亲和力,不像有些公司或厂子的老板总认为你是给他打工的,他是老板,就觉得他很高。"[1]

当然,这种非权威化特征的形成离不开组织创办者自身对等级与权威的认识,也离不开他们营造这种氛围的努力,"工友之家"的 SH 与笔者的谈话就表明了这一点。"多年来我们组织一直很注重团体精神,我们多以集体的方式在从事我们的工作,我们不仅一起工作,我们的生活也在一起,我们一起居住在大合院,一起在食堂就餐,这样可以降低生活成本。我们之间的关系不是雇佣劳动关系,我们这不需要打工的,我们是在一起做事情,是为大家的一个共同的目标在奋斗,我们是战友,不是老板和雇工的关系。所以在工作上我们有明确的分工合作,在生活上我们强调平等,像兄弟姐妹一样。"[2]这

---

[1] 资料来源:笔者对"工友之家"LYL 的访谈。
[2] 资料来源:笔者对"工友之家"SH 的访谈。

种非权威化的组织结构注重情感因素,往往能激发组织成员的投入,从而提高流动人口自组织的工作效率。

3.组织机构和人员设置弹性化

组织机构和人员设置的弹性化指流动人口自组织可根据外界环境的变化,适时做出反应,对组织的机构设置和人员配备做出相应的调整。

流动人口自组织结构弹性化表现之一:流动人口自组织大都没有成文的规章制度对组织的宏观运作和微观工作做出明确的规定,很多工作都是在进行基本任务分工后由组织成员自主完成。几乎所有的流动人口自组织都难以严格区分决策、管理和执行职能,通常核心人员在做出决策后,同样需要去管理项目的运作,而且即使参与执行过程的具体事务也是很平常的事。而组织成员也有提出建议的权利,只要建议符合组织的需要,经过组织内部会议讨论后也很有可能付诸实施,这样,该组织成员就成了决策者,其他人则成了执行者。可见,在流动人口自组织内部,组织机构和人员设置并不是严格的职能角色的一一对应。

弹性化表现之二:一些联谊文娱型的自组织组织化程度低,没有固定的组织架构,主要靠开展一些活动来维系组织的存续,每次活动的发起人可能都不一样,大家承担的职能也随活动的不同而发生变化。尤其是像"京湘在线"这样的自组织,主要依靠网络平台集聚和交流,进而开展线下活动,网络沟通的即时、迅速,致使其弹性化特征更加明显。

弹性化表现之三:由于经费的限制,很多流动人口自组织并没有太多的专职人员,当有一个新的项目需要人员投入时,往往采用从各相关部门抽调部分人员临时组合的方式,或是采用由部分工作人员兼任的方式来开展新的工作。如"工友之家"在2013年4月新创立了一个"同心农园"的项目,这个项目的主要工作就是由外联部的工作人员兼任的,但如果遇到像要去农园劳动、需要较多人手的情况时,该组织则会发动当天几乎所有能抽调出来的工作人员。这种弹性化的人员配置客观上已成为自组织减少开支、应对资金困境的一种常用办法。

4."核心圈"资源网的强化

理事会和顾问团是流动人口自组织"核心圈"层设置的主要机构,按其机构职能,主要负责组织的决策、指导和监督工作。然而,对于流动人口自组织而言,理事和顾问所承载社会资源的意义要远远大于他们对具体工作的指导和督促意义。

低收入流动人口是城市的困难群体,他们生活在城市的底层,社会关系网的同质性强,难以获得优质、丰富的社会资源,在此基础上组建起来的流动人口自组织获取社会资源的能力当然也比较有限。而由认同他们做法的社会知名人士所组成的理事会或顾问团,往往是流动人口自组织得以动员和整合社会资源的重要社会资本。因此,很多流动人口自组织在组建理事会或顾问团时,都非常重视将社会上关心他们的知名人士吸纳为理事或顾问,即使是一些没有设置此类机构的流动人口自组织,出于这方面的考虑,也开始有组建理事会的打算。① 还有的组织甚至一开始就对这类机构人员的知名度提出了明确要求。如"小小鸟"对理事的资格做出了如下要求:

A. 在社会行业中具有一定的代表性,并能够发挥积极作用,对组织发展有着积极的推动意识;

B. 对困难群体有着强烈的同情心和正义担当;

C. 愿意无偿为机构的发展贡献自己的时间和其他方面的支持;

D. 能够在组织筹资和拓展方面,提供积极贡献的社会人士;

E. 在机构中担任部门经理以上职位者。②

以上规定中,"在社会行业中具有一定的代表性""能够在组织筹资和拓展方面,提供积极贡献"的要求,显然不是普通流动人口所能达到的,这是该组织重视并强化理事资源网的体现。社会知名人士的加入有助于提高组织的知名度,为流动人口自组织带来可观的无形价值,有的甚至能在化解组织危难时起到关键性的作用。像"工友之家"的"同心实验学校"在 2012 年遭遇乡政府下令关停(后文简称"学校关停事件")的困境后,该组织顾问团的五位知名人士联名致信教育部袁贵仁部长,呼吁保留这所打工子弟学校,对这所学校后来得以保留下来起到了不可估量的作用。③ 流动人口自组织对"核心

---

① "同心希望家园"的负责人就曾同笔者谈过这个想法。

② 小小鸟热线 2013—2015 年度发展规划[EB/OL]. http://www. xiaoxiaoniao. org. cn/Article/Show. asp? id=5209 2012-12-11.

③ 政协委员崔永元等五专家致信教育部呼吁:保留同心[EB/OL]. http://www. dashengchang. org. cn/Article/ShowInfo. asp? ID=899,2012-07-29.

圈"社会资源的重视和利用,是这些组织应对复杂生存环境、增强自身社会资本的能动体现。

第三节　流动人口自组织合法性的获得
——以"工友之家"为例

　　进入"后总体性"社会以来,我国国家权力的主导色彩逐渐减弱,但不可否认,在国家与社会组织的关系上,国家仍是社会组织合法性的首要供给者。不具官方背景的流动人口自组织,自然难以直接获得政府的稳定支持,这就需要它们运用一定的策略来争取更广意义上的合法性,以拓展行动的机会和空间。

一、流动人口自组织的合法性问题

　　合法性的内涵极其丰富,著名学者韦伯、帕森斯、阿尔蒙德和哈贝马斯都曾对合法性问题进行过重要的阐述。在韦伯的论述中,合法性的"法"范围非常广泛,既包括国家制定的规章、制度和法律,又包括由道德、宗教、习俗等构成的规范和价值观。① 由此,他还进一步将统治的合法性基础分为三种经典类型:传统型、法理型和个人魅力型。帕森斯则更看重社会价值评价对合法性的意义。在他看来,合法离不开一定范围内社会系统的共同行动或共享价值,要获得合法性,人们的追求必须与社会成员广泛的社会价值相一致。② 阿尔蒙德等从政治文化角度对政治合法性进行了研究,他们认为政治文化是特定时期形成的一套政治态度和价值观,政治文化能表达人们对国家、政党和政府等政治权力的认知取向,体现出政治权力的合法性。③ 而在哈贝马斯看来,合法性意味着某种政治秩序被认可的价值,统治的合法性来自于被统

　　①　[德]韦伯.经济与社会(上)[M].林荣远,译.北京:商务印书馆,1997:64.
　　②　[美]帕森斯.现代社会的结构与过程[M].梁向阳,译.北京:光明日报出版社,1988:139-143.
　　③　[美]阿尔蒙德,鲍威尔.比较政治学:体系、过程和政策[M].曹沛霖,等译.上海:上海译文出版社,1987:29.

治者的承认,国家的合法性是一个合法化的自觉努力的过程。① 尽管以上学者更多是在探讨政治或统治的合法性,但从中我们不难看到,合法性主要是指被某种规则认可,这种规则不仅是法律,还可以是文化、价值观和规范等等。同理,一个组织是否具有合法性,那就主要应该看它是否符合某种规则,是否能经受某种规则的检验。

为了有效考察社会组织的合法性,北京大学高丙中教授根据合法性基础的不同,把社会组织的合法性操作化为社会合法性、法律合法性、政治合法性和行政合法性四个具体的概念,为我们理解流动人口自组织的合法性提供了很好的分析工具。他认为:社会合法性是指社会组织由于符合文化传统、社会习惯等规范而获得的合法性;法律合法性是满足法律规范而具有的合法性;政治合法性是符合国家的思想价值体系,因为被承认而拥有的合法性;行政合法性则是由于遵守国家行政部门及其代理人掌握的规章、程序而享有的合法性。② 社会组织因为得到以上各种规则的承认,才拥有它的合法性,我们在分析社会组织的合法性时,可以根据其打交道的范围,将表达认可或承认的主体分为国家、政府部门及其主要领导、各种社会单位和个人。国家和政府部门往往通过同意、授权、允许注册等来表达对其政治合法性或法律合法性的认可,社会单位通过合作和提供资源,个人则通过参与来表达对其社会合法性的认可。

从现实处境来看,流动人口自组织很少能够一步到位同时获得以上四种合法性。由于受现行社会组织管理法规准入门槛的限制,流动人口自组织往往较难获得法律合法性,事实上除了像青岛"小陈热线"这样的极个别组织已在民政注册、获得了名副其实的合法身份外,其他绝大部分流动人口自组织都还处于介于合法与非法之间的尴尬状态。尽管如此,其中一部分流动人口自组织仍然可以通过扎实的工作和巧妙的行动策略,积极谋求其他方面的合法性,逐渐赢得社会各界的广泛认同,并获得社会合法性、政治合法性乃至行政合法性,发展成流动人口自我管理中一支不可忽视的力量。下面就以其中一个工商注册组织——"工友之家"为例,来剖析流动人口自组织寻求合法性

---

① [德]哈贝马斯.合法化危机[M].刘北成,曹卫东,译.上海:上海人民出版社,2000:262-268.

② 高丙中.社会团体的合法性问题[J].中国社会科学,2000(2):100-109.

的策略性行动。

二、社会合法性的获得

流动人口自组织的社会合法性主要在于能够赢得流动人口的广泛参与,赢得社会各界的支持和帮助。其实,正是因为具有了一定的社会合法性,流动人口自组织才能成立起来,并与其他主体进行互动,开展自我管理和自我服务的活动。同时,社会合法性的获得还能为流动人口自组织的进一步发展创造条件。没有社会公众的认同和支持,流动人口自组织就失去了开展活动的资源,就会成为无源之水、无本之木。

"工友之家"争取社会合法性的行动是从满足流动人口的需求开始的,其负责人 SH 曾谈到过他对合法性的理解:"我们更多的是考虑实质上的合法性,而不是形式上的合法性。如果从形式上的合法性来讲,那我们很多工作都是非法的,非法办学、非法搞博物馆……而实质上的合法性主要看做这个事情是不是回应了社会的需求,如果做一个事情有损于社会、有损于他人的利益,这就是非法。虽然我们也会去努力争取其他的合法性,但是我认为社会的需求是最大的合法性。"① 基于以上对合法性的认识,"工友之家"的所有工作几乎都在围绕打工群体的需求来展开:在生活中,他们看到工友的孩子没地方上学,2004 年时就用艺术团第一张专辑的 7 万多元版税创办了一所自己的打工子弟学校;在看到物价上涨,打工者生活艰难后,2006 年他们就在工人的生活区开办二手商店,帮助减少打工者的生活开支;随后他们发现在主流文化和历史中听不到工人的声音,看不到工人的贡献,他们又创办了打工文化艺术博物馆,来记录打工者的文化和历史;富士康事件后,他们看到了新生代打工者的需求,而社会上没有一个很好的能支持年轻打工者学习的教育体系,继而他们就创办了工人大学,为打工的青年提供为期半年的免费生活学习教育……由于"工友之家"所做的工作都是打工者所需要的,所以打工者参与的积极性非常高。特别让人感动的是,有中年大叔为了赶时间,经常下班后不吃晚饭就来他们工人社区的图书馆看书;有小卖部的大姐因为喜欢他们提供的丰富文娱生活,表示以后"工友之家"搬到哪,她的店就跟到哪,已然成了"工友之家"的铁杆粉丝。毫无疑

---

① 资料来源:笔者对"工友之家"SH 的访谈。

问,将组织的活动与工作和打工者的需求紧密结合,已成为"工友之家"获取社会合法性的重要手段。

此外,在争取社会合法性方面,"工友之家"的组织使命和理念,以及主流媒体的宣传报道都起了重要的作用。"工友之家"将自己的组织使命确定为:推动工人文化建设,倡导劳动价值尊重和劳动者有尊严的生活,推动工人社区组织建设,探索工人自组织与服务模式。拥有这样的使命,"工友之家"占领了道德和价值的制高点,其形象变得丰满和高尚,进而有利于获得社会上多方力量的认同,并吸引许多人参与到志愿服务的行动中来。在组织内部,"工友之家"崇尚平等、一起做事、为工友自己服务、为共同目标奋斗的理念,该理念在组织内汇集的凝聚力激发了组织成员的持续参与。另外,"工友之家"还注重利用媒体的宣传倡导,且与国内多家媒体建立了长期的合作关系。像新华社、《人民日报》、《中国新闻周刊》、中央电视台、中央人民广播电台等媒体都曾对工友之家进行过专门报道,有的还对"打工春晚""文化艺术节"等大型活动进行了全程直播。主流媒体的不断报道扩大了"工友之家"的社会影响力,提升了其知名度,为其社会合法性的获得奠定了基础。

三、政治合法性的确立

政治合法性表明一个社会组织符合某种政治旨趣或政治意义的状况,如果一个社会组织关于活动或意义的表达被判定为是可以接受的,那这个组织就由此确立了政治合法性。高丙中教授通过观察,注意到社会组织可从多方面来证明自己与政治秩序的一致:"第一,显示与意识形态、国家推崇的价值(如社会主义精神文明)一致。第二,显示与国家目标,尤其是中心任务(如经济建设)一致。第三,显示与国家的政策(如统一战线、维护稳定)一致。"①任何一个社会组织要想存在和发展,都要先解决好政治合法性问题,否则,若与政治或行政力量发生冲突,那遇到的困难将是一个组织所难以克服的。我国对社会组织的登记注册管理,要求其首先要找到挂靠单位,其实这也是对社会组织政治合法性的一种规范。

对于流动人口自组织来说,政治风险显然是个最大的问题。在难以获

---

① 高丙中.社会团体的合法性问题[J].中国社会科学,2000(2):100-109.

得法律合法性的情况下,它们除了必须依赖社会合法性来获取资源外,还必须依赖政治合法性来证明其行为的正确,以此回应政府部门的压力,从而免于被追究或查处。唯其重要,流动人口自组织大都持有一种积极的政治态度,"工友之家"也不例外。一方面,他们借助组织的宗旨和定位来确立正当性,"工友之家"强调,他们主要致力于"服务新工人群体的社会、文化、教育、权益维护及其生活状况的促进与改善,提倡平等团结、互助合作、立足社区、服务社会,为促进我国经济改革与发展、促进社会和谐与进步服务"①。组织的宗旨明确表明了其对促进国家的多项工作,如农民工管理服务、文化建设、社区建设等的意义,正如"工友之家"的一位主要负责人所谈到的:"我们不是要与政府去对立,而是政府工作的一个补充。我们很清楚地知道自己的角色。那我们能做什么,我们就做什么,能做多少,我们就做多少。"②在组织宗旨上积极响应国家政策,并对自己的工作进行恰当的定位,表明自己在政治上的值得信赖,无疑有助于"工友之家"政治合法性的获得。

另一方面,"工友之家"的顾问团也是其政治合法性的重要保障。"工友之家"的顾问团阵容强大,崔永元、温铁军、李昌平等社会知名人士都是该组织的顾问,主要负责对他们工作的指导、咨询、评估和监督。凡是遇到国家政策变动,或需做出有关组织发展方向的决策时,该组织都会征求顾问的意见,有重大事项也会向顾问汇报,让顾问了解他们正在做的事情,帮助他们在政治上把关。这样一来,顾问团的宏观指导和监督就成了"工友之家"政治上正确的重要保障,这一作用也得到了顾问自己的认同:"我从 2009 年开始进入他们的活动,很快就被他们聘为顾问,他们所有的活动我都是知道的。有次他们在为富士康举办一个茶话会,题目叫'尊严',当时我就觉得这很危险,我马上就打电话说你不要举行,后来他说那可不行啊,X 老师,我们已经定了。我说,那好,如果这样子你已经定了,那咱们就是说你一定要划定界限,出了这个小院,你的人一定要悄悄地离开,谁都不许大声喧哗,尤其不要跟当地的治安人员发生冲突,像这样的事,我清楚的话就会提醒他们。"③对于"工友之

---

① 资料来源:《工友之家词典》。这是一本全面介绍"工友之家"相关工作及信息的资料手册,主要供组织内部成员参考和外部交流使用。

② 资料来源:笔者对"工友之家"SJH 的访谈。

③ 资料来源:"工友之家"的顾问 X 老师在一次公开课上的发言。

家"这样的流动人口自组织,在不具备法律合法性的情况下,通过顾问团来保障其政治上的合法性,不失为一个很好的策略。

四、行政合法性的谋求

行政合法性的基础是政府行政体制的程序和惯例,如果一个社会组织按照一定的程序或惯例使其活动安排经过了有关政府部门或领导,那么它就具有在这个部门或领导有效影响范围内开展活动的合法性。获得行政合法性的形式很多,可以是领导人的同意、授权,也可以是组织文书、名称和标志的给定,当然,行政部门对组织活动的参与、支持和帮助更是对其行政合法性的直接承认。一个社会组织的行政合法性也许可以通过挂靠、注册一次性地获得,但由于社会组织开展活动时,需要与不同部门打交道,它开展活动的行政合法性还需要从各个部门一次次地去争取,能否获得有关部门的认可和支持,直接影响到社会组织的生存和发展。

在流动人口自组织中,"工友之家"在谋求行政合法性方面算得上是较为成功的组织之一。多年来,"工友之家"先后获得了政府授予的多项荣誉,如2004年荣获北京市"创业青年首都贡献奖"金奖,2005年3月被评为"北京市十大志愿者(团体)",2005年12月被中宣部、文化部授予"全国服务农民服务基层文化工作先进民间文艺团体"称号,2009年12月被北京市朝阳区工会评为"模范职工之家",等等。与此同时,"工友之家"的总干事也多次受到政府领导如王兆国、刘淇、陈刚等的亲切接见。最近几年,"工友之家"还屡次获得政府的资金和物资支持,如:其民间公益博物馆补贴项目获得朝阳区文委5万元的资助,新生代打工青年城市生活技能培训项目获得北京市社会建设专项基金5万元的资助,朝阳区文化馆为其赠送价值60万元的影院放映设备和座椅,等等。

如此多的来自政府的支持和肯定对流动人口自组织来说实属难得,这与"工友之家"较为成熟的行动策略不无关系。该组织的一位主要负责人告诉笔者:"一有机会我们就会让他们(指政府部门)了解我们,有任何一次机会,我们都会把这机会抓住,比如说开什么交流会啊,研讨会啊,如果有政府官员在,我们就会尽量把我们组织介绍给他们。然后,对我们组织有了初步了解后,那他们有时间就可以去我们那儿看嘛,看看我们的实际情况。经过一定了解后,他们就会很明白我们在干什么,这样的话,他们在服务打工群体的时

候,需要把活动搞好就有可能会想到我们。"①基于此认识,"工友之家"非常
重视与政府的交流沟通,多联系、多亮相,让政府部门了解自己的工作,只要
有机会和政府合作,就会尽最大努力把事情做漂亮。就像这位负责人所说:
"有事儿的话,我们就会积极配合,也许做这个事情,本来我们使两成力就行
了,但我们可能会使八成力来配合这事儿,把小事儿给重视起来。比如,基金
会给我们50万元的项目,与他们(指政府部门)给我们5万元的项目,我们可
能下的功夫一样多。"②更重要的是,"工友之家"不抢功劳,每次活动取得成
效,都强调得益于政府的大力支持。正因为这样的办事方式和态度,尽管存
在于体制外,他们还是能够得到政府的默认,甚至是表彰和支持,不断赢得行
政合法性。

　　"工友之家"还非常重视对行政合法性的展示,这是他们获得合法性的又
一有力策略。走进"工友之家"办公室,可以看到橱柜里摆满了各种证书和奖
章,以及其主要负责人与政府领导的合影。举行大型活动时,他们也会主动
邀请政府部门参加,并且巧妙利用政府资源来宣传其合法性,如2013年的
"打工春晚"邀请央视著名主持人崔永元担任主持,请团中央为其提供晚会场
地,诸如此类行为,向社会展示了该组织具有权威性合法性的形象。各种照
片、证书、奖章等凭证凸显了其象征意义,成为一种模糊的行政合法性符号,
政府部门或人员的参与和支持,更有利于消除外界的怀疑和观望情绪,强化
了该组织的行政合法性。

第四节　流动女性与流动人口自组织

　　在有关流动人口的研究中,性别差异通常是一个不十分引人注意却又非
常重要的话题。自20世纪80年代以来,随着流动人口规模的扩大,流动女
性的数量也相应增多,但受传统性别文化的影响,流动女性与男性的生活感
受、工作情况和经济地位都不尽相同,流动人口自组织与流动女性之间也呈
现出不一样的支持和参与关系。关注流动人口中的性别差异,有助于我们更
好地理解流动女性的社会地位,促进性别的和谐发展。

---

① 资料来源:笔者对"工友之家"WDZ的访谈。
② 资料来源:笔者对"工友之家"WDZ的访谈。

一、流动女性的流动和生存状况

根据 2010 年"六普"数据,在 2.21 亿流动人口中,流动女性占到近乎一半,约有 1.04 亿人,[①]其□绝大部分流动女性来自农村。随着家庭化流动的增多,流动女性中已婚者的比重已越来越大。当前,女性人口的流动出现了一些积极的变化:2010 年第三期中国妇女社会地位调查显示,目前87.9％的流动女性都从事着有收入的工作;农村女性因务工经商等经济原因流动的比例显著提高,10 年来约上升了 10 个百分点,现已占到 46.5％,而因婚姻嫁娶等非经济原因流动的比例下降到 53.5％,[②]这表明女性外出工作选择的主动性在增强;而且流动女性的受教育程度也与流动男性的差距缩小,有更多女性读完高中后才开始流动,这将有助于流动女性在城市的长远发展。

但与此同时,受城乡二元结构中户籍制度等一系列相关因素的制约,以及传统性别文化的影响,流动女性的流动和生存状况不尽如人意:首先,与男性相比,女性在流动的自由程度上受到更多的限制。虽然和大多数男性一样,女性流动的渠道也主要是通过乡土社会关系的介绍,且女性的工作能力并不比男性差,但女性的流动受婚姻家庭的影响较大,容易间断,具有不稳定性。由于受到父系家庭制度和传统"男主外、女主内"分工模式的影响,女性流动更易受社会、家庭、自身心理等各方面的束缚,已婚女性表现出明显的从属流动特征。对于一个家庭而言,当有更具发展前景的选择机会时,这种机会往往优先给男性,妻子一般随丈夫而流动,需要为家庭做出更多的牺牲,只有当丈夫难以承担或放弃这种选择机会时,妻子的替代性地位才能上升。第三期中国妇女社会地位调查的数据就证实了这一点,在返乡女性中,因婚姻和照顾子女等原因返乡约占 74.3％,而男性因这一原因返乡的比例只有 30.0％。[③]

其次,流动女性的生活条件普遍欠佳,生存质量不高。流动女性的居

---

① 数据来源:"六普"数据,此数据不包括市辖区内人户分离的流动女性约 0.2 亿人。
② 第三期中国妇女社会地位调查课题组.第三期中国妇女社会地位调查主要数据报告[J].妇女研究论丛,2011(6):5-15.
③ 第三期中国妇女社会地位调查课题组.第三期中国妇女社会地位调查主要数据报告[J].妇女研究论丛,2011(6):5-15.

住条件较差,大都租住在城郊接合部的平房里,住所内无独立卫生间,条件简陋,这对女性来讲尤为不便,晚上去公共卫生间也存在安全隐患。就消费结构来讲,流动女性的收入不高,消费支出主要集中在食品、房租和孩子学费等方面,扣除生活开支后,结余很少,成为"月光族"的年轻流动女性尤其不少。另外,流动女性的卫生保障较差。很多女性都是凭自己的经验来获取妇幼卫生保健知识,日常保健意识缺乏,能接受到的外来帮助也很有限,对流产、生育、传染病等的预防处理不当严重危害流动女性的身体健康。

再次,流动女性的就业层次一般不高,权益更易被侵害。流动女性在城市就业时不仅受到二元就业和城市文化的排斥,还受到性别歧视的挤压,因而在劳动力市场上比流动男性处于更加不利的位置。流动女性与男性所从事的职业明显不同,她们多是非正规就业,就业层次不高,第三期中国妇女社会地位调查显示,流动女性的就业主要集中在制造业和服务业两大领域。由于流动女性的社会经济地位较低,她们比男性更能接受低廉的待遇,在工作中权益更易被侵害。调查显示,流动女性在城市打工遇到的主要问题是"工资被拖欠或克扣""被人看不起",比例分别为 14.2% 和 14.7%,此外,社会保障、性骚扰等其他方面的问题也较为突出。[①]

二、流动人口自组织对流动女性的支持

流动女性受到身份和性别的双重歧视,在城市处于边缘人的生存地位。流动女性的这种生存状况也得到了流动人口自身的关注和重视,他们在自助互助中组织起来为流动女性提供的有效支持,在一定程度上改善了流动女性的生活质量。在这方面,"同心希望家园"和"打工妹之家"开展的工作具有较大的代表性。

"同心希望家园"专注于为流动女性构建一个相互支持的网络,以此提高流动女性的参与意识和性别意识,推动流动女性的改变,开展的项目主要有爱心超市和妇女儿童活动中心。"同心希望家园"的爱心超市作为二手生活物品商店,和"工友之家"的同心互惠商店相似,主要将募捐来的二手衣物低

---

① 第三期中国妇女社会地位调查课题组.第三期中国妇女社会地位调查主要数据报告[J].妇女研究论丛,2011(6):5-15.

价卖给打工者。但其特色在于由流动妇女自己创立、自己进行管理,募捐、整理、销售、财务管理等所有环节都由流动妇女来完成。多名流动妇女不但从中获得了稳定的就业机会,提升了工作能力;而且通过参加各种培训,她们的主体意识和性别意识都有所增强,并从共同劳动和各种聚会交流活动中体验到了许多快乐和满足。另一个项目儿童活动中心主要是动员流动妇女来参与育儿互助活动。针对流动儿童的入托难题,"同心希望家园"动员一些热心的妈妈来儿童中心带孩子开展活动,并请北京师范大学的教授和研究生对这些妈妈进行培训,让她们自己当孩子们的老师。这些妈妈老师为流动儿童家庭提供儿童照顾、亲子活动和家庭教育知识培训等服务,既为一部分家庭解决了流动儿童的照料问题,又为流动妇女提供了一个育儿互助和支持的平台,推动了妈妈们的成长。

"打工妹之家"则重视对打工女性合法权益的维护,改善打工女性的生存质量,增强她们的发展能力。在合法权益的维护方面,该组织成立了维权小组,设有专职维权干事,三通维权专线,定期开展街头法律宣传和举办各种普法讲座,并对典型案件给予全程法律援助,在增强打工女性法律维权意识的同时,大大提高了她们的自我保护能力。在改善打工女性的生活质量、增强发展能力方面,"打工妹之家"设立了紧急救助基金,面向社会公开募捐,为遇到紧急事件、遭遇突发侵害的打工女性提供紧急救助。此外,该组织经常深入社区举办关于法律知识、两性关系、生育健康、心理健康等内容的讲座与培训,帮助提高打工女性的文化素质和修养;该组织也会经常举办各种大型联欢和户外郊游活动,丰富了打工女性的业余生活,提升了她们的自我发展能力。该组织尤其针对流动女性多从事家政服务工作的特点,还专门组建了家政服务员支持网络,对家政服务员进行调查,了解她们的需求,并开展一系列服务活动。如专门针对家政工免费举办营养与配餐、月嫂工作、沟通技能等知识的上岗培训,积极为她们介绍工作,开展"戏剧工作坊"之类的活动,增进了家政工的自我认同,为她们提供了一个放松心情、联谊交友的良好平台。

综上所述,流动人口自组织给流动女性带来了"家"的温暖,增强了她们在城市的归属感和安全感,对流动女性而言,这是来源于自身群体的一种非常重要的支持力量。

三、正式自组织的女性化和女性的从属地位

正式流动人口自组织是组织相对稳定、结构比较健全、发展较为成熟的一类流动人口自组织,也是本研究重点关注的组织,在五个调查对象中,除了"京湘在线"外,其他组织都属于正式流动人口自组织。通过调查,笔者发现一个很值得深思的现象:正式流动人口自组织的工作人员中男性越来越少,女性化特征非常明显;而在男性和女性工作人员都有的性别混合自组织中,女性的从属地位比较突出,更多处于边缘圈层,处于核心和中间圈层、负责主要事务的大多是男性。

关于工作人员的女性化特征,在笔者所调查的几个组织中都体现得很明显。其中,在两个专门为流动女性和儿童服务的特殊型自组织——"同心希望家园"和"打工妹之家"中,工作人员全是女性。而另两个服务对象为流动人口的普遍型自组织——"工友之家"和"小小鸟",它们的工作人员虽然有男性也有女性,但女性人数都多于男性。如"小小鸟"的 15 个工作人员中,有10 个是女性。"工友之家"共有 100 人左右,其中女性约占 2/3。[①] 在该组织下人数最多的一个机构——同心实验学校的 30 多名全职教师中,男教师只有 4 人。由此可见,普遍型流动人口自组织,即使是像"工友之家"这种由几个男性流动青年共同创办的组织,其工作人员的女性化特征也已非常显著。事实上,流动人口自组织并不是一开始就具有这样的女性化特征,"打工妹之家"的负责人告诉笔者,在 2009 年之前该组织的性别比还没有完全失调,男性差不多占 1/3,2009 年后男性基本上留不住了,直至现在已全是女性。其他几个组织也表示情况差不多,女性比例都在近几年变得越来越大,在正式流动人口自组织中,工作人员的女性化已逐渐成为一种趋势。

关于女性在组织中的从属问题,虽然流动人口自组织不存在明显的领导与服从的等级层次,但正如在分析组织结构时所指出的,流动人口自组织中还是存在一定的核心与边缘之别。两个特殊型自组织由于工作人员全都是

---

① 因为"工友之家"总人数多且变动较大,该组织没有一份完整的工作人员名单,组织负责人平常对工作人员的性别比例也不大关注,所以当笔者想了解性别比例时,他们表示只能大概估计。

女性,这里不存在性别的从属问题。但调查表明,在两个普遍型自组织中,女性的从属地位很明显:以具有最高决策权的理事会举例来说,"小小鸟"的 9 个理事会成员中,只有 3 个是女性;"工友之家"的 11 个理事中,也只有 3 个女性,并且"工友之家"的 6 个主要项目负责人,只有 1 个是女性。① 不难看出,在这两个组织中,女性处于核心或中间圈层的很少,虽然女性的总人数很多,但大都处于组织的边缘圈层。

尽管以上数据只是基于笔者调查的几个个案,难以完全代表正式流动人口自组织的整体情况,但如果我们从更宏观的层面来看,就会发现这种女性化特征与当前我国女性非正规就业②的趋势是一致的。20 世纪 90 年代以来,在市场化改革、经济结构调整等因素的共同作用下,非正规就业得到了迅速发展,而这一就业模式的发展对男女两性的影响是不同的,女性受到的冲击要大于男性。现阶段,女性就业的非正规化已成为不争的事实,从男女两性从业人员的比重看,"城镇女性从业者中有 63.7% 为非正规就业,比男性的同一比例高出 14.2 个百分点"③。流动女性自然也不例外,由于用人单位在雇佣上的性别偏好,流动女性比男性更难在正规部门找到工作,只得更多地接受非正规就业。从这个意义上讲,流动女性更多地在自组织这样的非正规部门就业其实是一种无奈的选择。

流动人口自组织的女性化和女性的从属地位生动地表明,传统性别文化和角色分工已嵌入到人们的思想观念中,深刻影响着流动女性的就业和生活。一方面,自组织的女性化特征反映了传统性别文化对不同角色的期待和要求。传统性别文化将男性定位于强者,认为男性是阳刚的,应该负起更多的责任和担当;将女性定位于弱者,认为"女子无才便是德",女性不需要很强很优秀,可以依附于男性生存。这种定位给现代男性带来了沉重的责任和压力,对于在类似自组织这样的非正规部门就业,由于其待遇福利一般不高,因

---

① "小小鸟"下 4 个办公室的负责人,除北京办公室的负责人是男性外,其他 3 个均是女性,但这与这 3 个办公室的工作人员几乎全是女性有关。

② 非正规就业主要包括非正规部门(指各种非公有制经济、社会服务、自我就业等)的就业和正规部门创造的非正规就业(临时工、合同工、小时工等)。

③ 蒋永萍.非正规就业与劳动力市场性别分化[C]//第三届全国打工妹权益问题研讨会论文集,2004:36.转引自王红芳.非正规就业对女性利益的影响及对策[J].浙江学刊,2006(3):220-224.

而即使一部分男性有从事这种工作的兴趣和想法,也只能在强大的经济压力面前望而却步。更何况男外女内的传统角色分工,使得很少有男性愿意从事专门为流动女性和儿童服务的工作,这也是两个特殊型组织竟然没有一名男性工作人员的主要原因。另一方面,自组织中女性的从属地位体现了性别对资源和机会占有的不平等。由于性别的不同,男性比女性拥有更多的资源和机会,且男性也总是比女性更易于得到这些资源和机会。正如金一虹在对20世纪八九十年代苏南地区的研究中所证实的,在新的农村工业体系中,性别的分野日益细化和明显,不仅出现了行业的性别分化,男性还凭借其资源优势以及对新技术的优先掌握,重构了对女性的支配关系。① 在资源的流动与配置中,男性通常占据着有利的位置,就像自组织中女性的边缘从属地位一样,资源占有的性别差异在流动女性的就业中再一次地得以体现和强化。

---

① 金一虹.父权的式微——江南农村现代化进程中的性别研究[M].成都:四川人民出版社,2000:401-403.

第三章

流动人口自我管理的动员机制

对流动人口自我管理来说,其活动的成功开展、服务范围的有效扩展,首先体现在它的动员能力和社会参与程度上。作为一种纯民间的自救互助行为,流动人口自我管理没有丰富的政治资源,难以通过自上而下的方式来动员社会力量参与。流动人口自我管理的顺利开展得益于社会化动员的有效实施,尤其离不开流动精英的主导作用和一系列动员方法的具体运用。与此同时,在自我管理的动员中,流动女性也是值得关注和重视的一个群体。

第一节 自我管理与社会动员

一、社会动员及意义

社会动员既是一个社会学概念,也是一个政治学概念。美国学者卡尔·多伊奇最先从现代化角度对社会动员做出界定,他认为社会动员是"人们所承担的绝大多数旧的社会、经济、心理义务受到侵蚀而崩溃的过程,人们获得新的社会化模式和行为模式的过程"[①]。学者麦卡锡、扎尔德较早在社会学领域使用社会动员,他们对美国 20 世纪 60 年代社会运动的频发现象进行了研究,指出社会运动增多的原因在于发起者和参与者的资源增多,从而发展出资源动员理论。在我国,社会动员一般被认为是有目的地引导社会成员积极

---

① 转引自[以]艾森斯塔德. 现代化:抗拒与变迁[M]. 北京:中国人民大学出版社,1988:2.

参与社会活动的过程,①这种动员参与包括人力、物力和财力等各方面的参与。

社会动员具有重要的现实意义。社会动员是社会发展和变革的必然要求,对于中国的现代化建设具有不可替代的意义。社会动员"有助于形成一种社会发展所必不可少的凝聚力,有助于解决中国现阶段许多重大的难题,有助于执政党执政能力及信誉的提升"②。社会动员也有利于拓展人们的政治意识、扩大政治参与。英格尔斯非常重视社会动员对人的现代化的影响,认为动员能使人的心理、思想和行为等向现代化转变。③ 在新的时代条件下,社会动员还是社会组织的基本效用。组织与社会间信息的交流与沟通,以及利益协调和资源整合,都需要进行社会动员,社会组织的动员能力是衡量组织凝聚力的重要指标,也是实现组织目标的重要条件和保障。

社会动员作为社会发展工作的重要策略,其方式、手段、程度等在现代社会都有了很大的发展。流动人口的自我管理如何进行社会动员,具体采用什么样的动员方法和策略,是与它产生和成长的社会环境分不开的。所以,对流动人口自我管理动员的考察,很有必要结合社会结构的特点来进行分析。

二、"国家—社会"关系变化下的动员模式

组织化动员和社会化动员是在不同社会结构背景下形成的社会动员模式,厘清这两种动员模式与社会结构之间的关系,有助于我们更好地理解流动人口自我管理选择何种动员模式及其原因。

新中国成立至改革开放之前,我国处于"总体性社会"中,国家享有控制和支配一切社会事务的权力,资源也都被国家所垄断,社会难以有动员和活动的空间。这一时期,社会动员突出地表现为党和政府实施的组织化动员。在国家对社会实行全面管理的过程中,单纯依靠科层行政机构负责日常工作,难以实现对整个社会的整体性控制。因而,通过遍布各地的各种组织进行的全民动员,就成为党和政府落实既定方针政策的一个重要手段,运动式的大众动员成了中国社会运行的一种常态。组织化动员主要是一种"领导动

① 李德成,郭常顺.近十年社会动员问题研究综述[J].华东理工大学学报(社会科学版),2011(6):46-54.
② 吴忠民.重新发现社会动员[J].理论前沿,2003(21):26-27.
③ 转引自杨龙.经济发展中的社会动员及其特殊性[J].天津社会科学,2004(4):52-54.

员、层层动员的方式"①,采取的动员手段和技术包括开会、树立典型、培养积极分子、做思想政治工作等。② 组织化动员的一个鲜明特征是:具隶属性质的组织是动员者与被动员者之间的联系纽带。动员者通过组织的资源分配掌握着被动员者的收入、社会地位甚至命运,对被动员者来说,这种动员隐含着一种强制性的命令,因此,组织化动员往往能够轻而易举地实现。

而在改革以来的"后总体性社会"中,国家通过政策和体制上的一系列调整,逐渐放松了对社会的全面控制,政府和行政的力量不再像"总体性社会"那样无所不在。随着"自由流动资源"和"自由活动空间"的出现,我国社会组织获得了很大发展,新的社会动员方式也开始出现。对于那些具有官方背景的社会组织而言,因其依托于相应的行政单位,社会动员的方式依然隐含着组织化动员的痕迹,资源的获得也主要依靠体制内的各种力量来完成。而对于那些纯民间的社会组织来说,传统的组织化动员显然不具可操作性,它们不可能运用行政命令和组织推动来动员社会大众的参与,而是利用各种传播媒介,采取直接面对大众的社会化动员模式。这种动员注重被动员者的参与和体验,具有自主性、开放性、多样性的特征,动员媒介也更多地运用手机、电脑等现代科技成果。社会化动员与组织化动员最主要的区别在于人们参与动员的动机不同。在社会化动员中,被动员者因为认同动员者的行为或理念,才选择参与动员者发起的活动,他们对于是否参与,有相当大的自由决定权;组织化动员则完全不同,被动员者因为身份、资源等与动员者之间存在隶属关系,个体在巨大的机会成本面前,实际上很难有选择和退出的自由。③由于社会化动员具有真正的自主性和独立性,因而成为社会组织的一种理想化动员模式。

三、流动人口自我管理与社会化动员

流动人口自我管理的载体是各种流动人口自组织,流动人口在城市的边缘地位以及流动人口自组织民间性的特性,决定了自我管理的动员无法运用行政命令和组织手段来推动,而必须采用直接面对公众的社会化动员。事实

---

① 郑永廷.论现代社会的社会动员[J].中山大学学报(社会科学版),2000(2):21-27.
② 杨敏.公民参与、群众参与与社区参与[J].社会,2005(5):78-95.
③ 孙立平,等.动员与参与——第三部门募捐机制个案研究[M].杭州:浙江人民出版社,1999:87-88.

上,流动人口自我管理运用社会化动员方式还有其自身的优势所在。

首先,有良好的社会基础。流动人口自我管理和自我服务的活动都是围绕流动人口的需求展开的,在很大程度上改善了流动人口的生存状况,因而能得到流动人口的肯定和欢迎,这说明自我管理在动员流动人口的参与上具有广泛的群众基础。不仅如此,自我管理在动员社会力量的参与方面也具备了一定的条件,社会资源和自主空间的出现为社会资源的动员提供了可能。更重要的是,当前国家对流动人口问题非常重视,已把流动人口的管理服务工作纳入到以改善民生为重点的社会建设全局中,政府也一直在推进流动人口生存和发展环境的改变。同时,社会各界也非常关注和关心流动人口问题,在扶贫助困、公平正义价值观的引导下,许多人都愿意来帮助流动人口,因此流动人口的自我管理可以在一定范围内获得多种社会力量的支持。

其次,有较为便利的内部管道。流动人口自组织作为流动人口自我管理的载体,自然也是其社会化动员的重要载体,流动人口自组织的组织结构就是一种有利于社会化动员的内部管道。不可否认,一个组织的社会化动员必须借助于组织整体的力量来运作,而组织结构则是影响这个组织动员整合能力的关键因素。流动人口自组织的组织结构呈"同心圆"状,这种特征有利于社会化动员的实现。其中,组织系统的开放化提供了一种畅通的信息传播和沟通的渠道;组织结构的扁平化和非权威化便于构建良好的关系网络,促进动员信息的扩散和参与热情的传递;核心圈资源网的强化更能直接增强自组织的动员能力。

再次,有较强的情感认同基础。流动精英是流动人口自我管理的组织者和推动者,自我管理中的流动精英不同于社会上其他精英,他们精英地位的形成主要得益于自身孜孜不倦的奉献和追求。这些精英有较强的群体意识,愿意为流动人口服务,并且往往为了这项事业付出了比常人多得多的精力和财力,因而能够获得其他流动人口的认同,也能赢得其他人对他们工作的支持。流动精英身上所散发的个人魅力能形成较强的情感共鸣,对群体其他成员具有较强的影响力和感召力,这种基于情感认同的动员,一旦建立起来,较易形成稳定持久的参与关系。

最后,动员成本较为低廉。组织化动员走的是体制内渠道,由于牵涉到复杂而庞大的科层级别关系,一个很小的动员可能需要经过烦琐的程序去落实,这当中往往容易耗费大量的时间、金钱和机会成本。流动人口自我管理的社会化动员不同,一则自我管理的运行机制比较灵活,没有繁重的成本负担;二则这种社会化动员更多是基于公益心的捐赠,捐赠者并无太多的利益诉求,这大大降低了动员的成本。例如一高校学生社团连续好几年为"同心希望家园"的爱心超市捐赠了大量衣物,但是几年下来,这些学生既没有吃过该组织请的一顿饭,也没有喝过该组织送的一瓶水。对于爱心超市来说,只需要每次在高校社团换届时跟他们建立联系保持关系,这样的动员参与几乎是零成本的。尤其在信息技术飞速发展的今天,网络的普及也极大地降低了自我管理动员的成本。流动人口自组织可以充分利用博客、QQ群、飞信等发布信息,以极其低的成本就能开展与社会公众的互动,动员社会力量的参与。

第二节　流动精英:动员的主导力量

在流动人口自我管理的社会化动员中,流动精英在动员流动人口和社会力量的参与中发挥了重要作用。流动精英是自我管理动员的主导力量,他们能将社会上各种分散的力量聚集起来,发动大家参与自我管理的各种志愿活动,从而实现自我管理的目标,这与流动精英开展动员所具备的一定基础,以及实施的有效动员策略是分不开的。

一、自我管理及动员的精英主导特征

"精英"一词最早于 17 世纪在法国出现,指代那些精选出来的优秀人物。现代精英理论的奠基人帕累托(V. Pareto)认为,精英是指在其活动领域中最有能力的那部分人,精英可分为掌握权力的统治精英和非统治精英两种。[①] 学者莫斯卡(G. Mosca)看到了精英代表不同阶层利益的多样性,主张社会力量之间的多元平衡,他认为每一种政治力量都应当在政府和国家的管理过程中拥有自己的代表。[②] 此后人们对精英的研究大都是对他们思想的进一步发展。

依据占有资源的不同,精英可分为政治精英、经济精英、文化精英和社会

---

① 王思斌.社会学教程(第二版)[M].北京:北京大学出版社,2003:184.
② [意]莫斯卡.政治科学要义[M].任军锋,等译.上海:上海人民出版社,2005:28.

精英四种类型,在不同社会,精英的构成有所差异。如我国改革前的"总体性社会"中,精英结构呈现单一化特点,政治精英处于整个社会生活领域的支配地位,很少存在独立的其他精英类型。而到了"后总体性社会",社会生活领域的独立性增强,精英结构向多元化转化,文化精英的独立性逐渐显现,经济精英和社会精英也开始出现。尤其是社会领域,不仅在宗族、社区等事务中出现了一批精英人物,而且在民间的社会组织中也出现了一些影响力较大的精英。本研究所说的流动精英就是这样一种社会精英,主要包括流动人口自组织的创办人和自组织中的核心成员,他们从流动人口中涌现,在流动人口的自我管理及动员中发挥着举足轻重的作用。

在目前的发展阶段,流动人口自我管理及动员的精英主导特征尤其体现在自组织的创办人身上,他们是整个组织的灵魂人物。具体作用表现在以下方面:第一,流动精英是自我管理及动员的领航者。流动人口自组织的成立及其活动的成功开展离不开流动精英的领导和动员,自我管理目标的确定、发展战略的选择、活动的筹备和设计等都主要是流动精英意志的体现。流动人口自组织一般都带有流动精英个人的印迹,其组织文化和组织发展方向都夹杂着流动精英的个人偏好。第二,流动精英是自我管理及动员的领衔者。流动精英的动员是自我管理取得成功的重要支撑,他们负责策划、协调,并指导各个具体项目、团队活动的执行和开展,在自我管理中处于核心地位。流动精英往往还是自组织中拥有社会资本较多的人,他们拥有的社会资本的多少在很大程度上决定着自我管理动员能力的大小。像来自政府和基金会的关键资源基本都是通过流动精英来获得的,其他很多社会力量也都是经流动精英牵线搭桥才参与进来的。第三,流动精英是自我管理及动员的精神引领者。流动精英在发起和组织各种活动中积累了一定的威信,有的还具有较强的人格魅力,其行为和理念能够吸引一批人参与到自我管理的活动中。在流动人口自组织内部,流动精英是一种非权威型的领导,较为平等的组织文化使得组织成员易于接受流动精英的"领导",进而能产生较强的团队凝聚力。

总之,流动精英的作用贯穿自我管理及动员的各个环节和过程,没有他们的奉献和努力,流动人口的自我管理就发展不到现在的程度。从某种意义上说,大多数流动精英是许多自组织存续的决定性因素,没有他们的支撑,也许有的组织就会夭折。流动精英们努力的意义不仅在于为流动人口提供了服务,更在于他们所开拓的这项事业为流动人口的未来发展所提供的经验和启示。

二、流动精英开展动员的基础

流动精英要在自我管理的动员中发挥主导作用,需要具备一定的条件。其中,流动精英主体意识的提升和自组织的创建是其开展动员的重要前提,较强的个人能力和影响力是开展动员的重要保证。下面笔者将以"工友之家"的主要创建人 SH 和"同心希望家园"的创建人 MXD 为例来进行分析,期望从中抽离出一些质性的东西,以便我们对流动精英动员的基础有一个基本的把握。

1. 主体意识的提升和自组织的创建

流动精英主体意识的提升和自组织的创建是其开展动员的重要前提。对一名普普通通的流动人员来说,创建一个流动人口自组织需要很大的胆识和魄力,更需要创建者具有一定的主体意识。流动精英首先必须认识到流动人口群体的需求,尤其是他们的诉求,并具有变革社会现实的愿望和抱负,才会在主体意识的指引下产生自我管理的自觉行动。而流动精英的这种主体意识往往又是在追寻梦想的个性特征的基础上,在实践中经过不断地触动和反思慢慢提升的。

MXD 是在市场化浪潮中最早进城的打工者之一,来北京时她最初的想法是当一名英语教师,于是高中毕业的她边打工边读书,并通过努力拿到了大专文凭。当笔者问及她为何转而创建流动人口自组织时,她对自己的心路历程侃侃而谈:

"刚开始我也没有多少想法,大家都在为了生存而不断地干活,你没有精力去关注周围的人在干什么,你也顾不上去关心别人。后来我结了婚生了孩子,那个时候我突然发现,我该完成的任务完成了,开始有一些时间去考虑、去看看周围的人在干什么了。这时候才发现:怎么那么多人都出来了?我就觉得在外边很遭罪的啊,他们都出来干吗啊?我那时家里比较困难,还有一个想当老师的梦想,所以我就出来了。但现在一个村一个村的空了,都跑出来,我觉得很奇怪:发生什么变化啦?都跑出来干什么呀?后来我就去找一些书来看,才知道它原来是一种政策的推动,是城市化,要让农民进城,发展城市和工业,我这才对整个群体有了初步的认识。

"而在'打工妹之家'的经历对我直接的影响更大。那时,她们让我去跟打工妹们讲我的经历(MXD 与一个北京本地人结婚,从而在城市安定了下来),好像她们把我当一个很成功的人一样,要我去演讲,大家还很羡慕我,那个时候,面对大家很羡慕的目光,有时我也会有一种虚荣心的满足。但是次数多了后,我去讲完回来会觉得很不舒服,我心里很纠结。我在心里问自己:我真的成功吗?我是在这里找到一个丈夫才留下来的,并不是我努力以后,真的这些东西就都有了,要是没有跟这个丈夫结婚的话,我现在还不知道在哪里漂泊。这真的是一条路吗? 真的就是几千万打工妹的一条路吗? 我真的可以给她们引出一条路来吗? 真的每个人都可以像这样走出来吗? 我觉得不是,事实上是很偶然的,所以后来我再也不愿意去讲这些东西了。我觉得当时主流的'打工皇帝''打工皇后'等声音,事实上里边好多是炒作的东西,不是现实的东西,不是真实的东西。那段时间我一直在思考这样的问题:这是不是一条路? 这么多人进城是不是我们的一条路? 到底我们的路在哪里? 有天我看到一篇题为《同建希望家园》的文章,感触很深,我觉得题目很好。何处是'家园'啊,到底哪里是我们的家? 我们不能一代一代的都永远当候鸟,我们能不能自己找出一条路来?"①

就这样,经过不断地学习和反思,MXD 为流动人口群体寻找出路的意识日益增强,在与其他流动精英的交流和社会组织的接触中,她的方向日益明确,开始致力于为流动妇女儿童搭建一个互助的平台,并于 2005 年创建了"流动妇女之家"②——一个扎根流动人口社区的自组织。

与之相似,SH 主体意识的提升也是一个渐进的过程。为了追寻当歌手的梦想,SH 于 1998 年辞去了河南老家音乐教师的工作来北京打工,正是这段打工经历让他对人生有了新的认识。SH 回忆道:"1998 年我出来的时候特别迷茫,也不知道自己该做什么。1999 年在全国各地流浪,靠卖唱、打短工维生,那年对我的人生改变很大。因为那年接触了社会底层各行各业的工人,他们改变了我对钱、对一些问题和对整个生活的看法,让我看到了一个真实社会的另一面,看到生活底层劳动者的艰辛以及他们乐观的生活态度。在这个过程中,我也慢慢地找到了自己的位置和人生方向。我们都是一个孤独

---

① 资料来源:笔者对"同心希望家园"MXD 的访谈。
② "流动妇女之家"后改名为"同心希望家园"。

的个体在城市工作生活,当我们遇到困难的时候,我们很难依靠个人的力量去解决,所以我们(指 SH 在打工流浪过程中结识的几个伙伴,'工友之家'就是由他们几人一起创建的)就想也要在城市建立一个家,搭建一个平台.当我们遇到困难的时候我们能相互帮助一起去解决。"①

不过对 SH 来说,创建自组织的最直接动力来源于 2001 年年底时的一次经历,SH 谈道:"当时天津科技大学有个叫新希望的社团,他们给北京建筑工地工友搞联欢,知道我给工友写歌,就邀请我去参加。那是我第一次在建筑工地的工棚里给工人唱歌,记得那个大屋子住了 50 多个工友,上下铺,窗户都是破的,冬天啊,很冷,然后里面有股气味很难闻,很糟糕。可是那天演出气氛特别好,就像过年一样热闹,因为我能唱自己的歌,工友也能唱自己的家乡戏,特别开心。在那种糟糕恶劣的环境下,突然迸发出的那种穷人的欢乐,让我突然之间有个很强烈的念头,那就是穷人也应该有自己的快乐,应该有自己的精神和生活。因为在这之前我也有很多误解:比如说,建筑工人那么辛苦那么累,他们还有时间唱歌吗? 甚至他们还有这种文化需求吗? 但是那天晚上,完全颠覆了我以前的认识,反倒更让我觉得,其实越是生活在困境中的人,就越是有精神上的需求。所以回来之后,我们就下定决心,商量要成立一个演出队,去给穷人唱歌。"②

正因为流动精英与其他流动人口有着相同的生活体验,所以他们对流动人口群体的难处感同身受,这在很大程度上增强了他们为群体服务的主体意识,成为他们创建流动人口自组织、积极开展动员推动自我管理的思想动力所在。同时,流动精英的底层生活经历使他们非常了解流动人口的需求,进而能开展有针对性的动员,他们与流动人口群体联系紧密,这又使他们具有较强的号召力,能动员起一批流动人口参与到自我管理中来。

2. 较强的个人能力和影响力

流动精英能在自我管理的动员中发挥重要作用,这与他们较强的个人能力和影响力是分不开的。个人能力主要表现为较强的组织能力、沟通协调能力、人际交往能力、奉献精神和意志力等等,影响力则主要指流动精英的个人魅力、改变他人思想和行为的能力。流动精英的个人能力和影响力是他们进

---

① 资料来源:笔者对"工友之家"SH 的访谈。
② 资料来源:笔者对"工友之家"SH 的访谈。

行有效动员的重要保障。作为流动人口自我管理及动员的主导力量,流动精英必须具有很强的个人能力,因为对外他们要经常与政府、企业、媒体、流动人口等各种单位和个人开展交流、沟通与合作,对内他们还担负着领导组织成员、解决组织生存和发展问题的重任,没有较强的个人能力,就难以胜任这些工作。

对于流动精英的能力水平,我们从组织成员对他们的评价中就可窥见一斑。当笔者问及对组织创办人的看法时,ZMJ 说道:"他们很了不起啊! 第一,他们很有想法;第二,他们敢想,而且敢做,想到就做;第三,就是他们挺有智慧的。他们对组织发展的方向非常明确,还有他们看一些现象会看得比较透彻,就像政治学习(指该组织每周半天的集体学习),我觉得我都搞不清楚怎么回事,而他们就能跟我们来讲、来交流。最主要的是他们能够团结起这么多的人来做事情,包括建立跟政府、跟社会、跟媒体、跟研究机构,还有跟工友的这些关系,这几年其实挺有成效的。在这个社区里面得到了很多工友的认同,然后在社会上也是得到了大家的支持。"①

除了各种实际工作能力外,流动精英的精神气质也令组织其他成员赞叹不已。XQ 在跟笔者聊天时谈到了自己对组织创办人的认识:"她是一个特别要强的人,她骨子里挺要强,她认定的一件事情,不管有多大的困难,她都会去克服,达到最终的目的。她的那种毅力,有的时候我都觉得她不是一般人了,坚持一种东西的那种劲啊,不像普通人那样子。她一直都想要创造出一些东西来,身上有一股韧劲儿,完全是用感情、用生命在工作。"②对此,另一个组织成员 XJ 表示也深有同感:"这个人真不简单,跟她在一起长见识了。我就觉得她真是挺勇敢的,一个女人,干什么事情都有那个耐力,换成我都受不了,早被打垮了。帮助困难家庭,你看她操心得瘦了好多,是吧,真行,我就挺佩服她的。"③

流动精英的气质和能力在很多时候还体现为一种对他人的影响力。作为个人魅力型精英,流动精英没有丰富的政治资源,难以通过自上而下的方式动员社会力量的参与。但是,他们在工作和生活中形成的影响力,往往能

---

① 资料来源:笔者对"工友之家"ZMJ 的访谈。
② 资料来源:笔者对"同心希望家园"XQ 的访谈。
③ 资料来源:笔者对"同心希望家园"XJ 的访谈。

很容易得到他人的认同。就像一位组织成员谈到该组织创办人对她的影响时所说:"我觉得她在我心中就是一盏指向灯。她的一些言行举止对我很有引导性,她对我说过的话,我都很有感觉,我觉着那就是我想要的东西。她对人的态度也非常和蔼可亲,从来没有把自己当成什么,比如'我那么厉害、我出过国、我不认为你们怎么样'等等。她从来都恨不得把心掏给别人看,我就特别地欣赏。同样是这个工作,如果换个人(指创办人)的话,可能我还不会这么完全地信任别人,甚至于这么坚定地留在这里了。"①

由上可见,流动精英具有较强的个人能力和影响力,这是他们能够动员各种力量包括流动人口自身参与进来,从而成功开展自我管理的重要原因。

三、流动精英的动员策略及其展开

流动精英在动员中采取设置统一的媒介负责人、加强公信力建设、适当借用体制内力量、注重骨干培养等多种策略,有效地将各种分散的力量聚集起来,参与到流动人口的自我管理中,促进了流动人口在城市的发展。

1. 设置统一的媒介负责人

设置统一的媒介负责人,是流动精英在社会化动员中采用的一种树立良好外部形象的策略,它有利于统一对外宣传口径、筹集社会资源、争取社会公众的参与和支持。统一的媒介负责人的设置,对于较大规模自组织的动员来说尤为需要。在这方面,"工友之家"的做法比较有代表性。

虽然"工友之家"是由几个青年一起创办的,但他们分工有序,对外与媒介方面的工作由总干事 SH 统一负责。一是把 SH 确定为整个组织的媒体发言人,由他统一向外发布组织的有关信息,并代表组织参加有关的重大活动。该组织非常注意保护 SH 在公众前的形象,用他们另一位负责人的话来说:"他(指 SH)代表了我们整个组织,说白了,有的时候可以上升到整个工友群体。像参加政府的什么活动,他肯定是代表新工人阶层的。咱们得首先保证他的形象,我们的形象,损点儿就损点儿,得让他的形象永远光芒万丈才行。"②二是所有组织成员接受媒介采访的情况也由 SH 统一把关。什么样的采访接受、什么样的采访不接受都先由他定夺,经过他的同意后,其他成员才

---

① 资料来源:笔者对"同心希望家园"ZQL 的访谈。
② 资料来源:笔者对"工友之家"WDZ 的访谈。

可接受采访。而且为了避免政治风险,他们一概不接受境外媒体的采访,这是他们基于以往经验确立的对媒体进行选择的策略。由于之前有媒体只专注于找新闻点,对该组织进行过不实的报道,严重损害了组织的声誉,从此他们开始重视媒体的背景,对媒体进行选择。通过统一媒介负责人的设置,该组织基本保证了外部形象的一致,这为自我管理活动的动员创造了良好的外部环境。

2. 加强自组织的公信力建设

公信力是一个社会组织最宝贵的财富,它反映了社会公众对这个组织的认可和信任程度,是一个组织的生命力所在。良好的公信力是一种重要的文化资本,也是消除公众疑虑、吸引更多社会力量参与组织活动的利器。

流动精英在进行动员时一般比较重视自组织的公信力建设。他们有的从自身做起,如"深圳市春风劳动争议服务部"的负责人张治儒将个人及家庭财产公之于众,以身作则接受社会监督。有的在做涉及公众利益的决策时,召开议事会由利益相关者共同讨论决定,如"同心希望家园"的爱心超市在制定二手衣物的价格时,就举办了社区听证会,由社区居民一起商讨决定。有的在面对外界质疑时,持之以恒地坚持做事情,让时间来证明自己是值得信任的。虽然各组织的做法不一,但总的来说,流动精英们都非常重视通过信息的公开来获取社会的公信力,通常的做法是通过博客、网站等定期公布组织的日常工作情况,告诉公众自己在做什么、是怎么做的,把自己做的事情尽量说清楚。

最近,流动精英树立公信力的努力已经迈出了单个组织的范围,有了更加积极而主动的行动。2012 年 3 月,"小小鸟"负责人向社会发布了一份《服务信息公示倡议行动招募书》,表示将联合 10 家草根组织在数家新闻媒体微博公示服务量化指标,以此来增进草根组织服务的透明度,推动组织的功能化建设。[①] 招募发布之后,他们迅速在国内遴选出 10 家为流动打工者提供法律服务的组织,开始联合对外发布热线数量、服务人数、培训和宣传倡导数量等服务信息,提高了组织的透明度,促使更多的人了解并信任他们,收到了较好的动员效果。可以说,提高组织的社会公信力,是流动精英的又一重要

动员策略。

3.适当借用体制内力量

在"后总体性社会"中,社会化动员已经成为草根组织动员的主要方式,但不可否认的是,国家的权力作为一种根本性的权力,在社会生活领域中的作用仍然不可低估,国家仍然保持着强大的动员和组织能力。因而,流动精英的社会动员不可能完全置身于国家影响之外,适当借用体制内力量,无疑有助于增强动员的效果。

事实上,在具备条件的情况下,很多流动精英并不排斥而是积极寻找体制内力量的帮助。如2004年"小小鸟"与北京市东城区的一个司法所合作,成立了国内第一家为外来打工者服务的人民调解委员会,消除了该组织动员和开展工作时没有合适的身份的尴尬。又如2007年"小小鸟"为了争取参与北京电台节目的机会,其负责人直接写信给当时的北京市市长,请求给予协调,最后赢得了在北京城市广播电台参与节目的机会,扩大了动员的范围。还如2013年"工友之家"筹办"打工春晚"时,其负责人主动向团中央寻求帮助,希望能得到场地的支持,而最后团中央应允将礼堂借给他们举办晚会,无疑对这次活动具有一种倡导和动员的意义。这种例子不胜枚举,充分体现了流动精英在动员时适当借用体制内力量的策略。

4.注重骨干的培养

注重骨干的培养是流动精英进行动员的又一重要策略。流动精英在动员过程中放弃了简单的"动员者—参与者"的动员模式,而是边动员参与,边从中发现和培养骨干成员。骨干的培养既能促进这些骨干本身的持续、深度参与,有的骨干甚至可直接转变为组织的正式工作人员,又能以骨干为中心形成一个个小的动员网络,使整个动员呈网状向外辐射,扩大了动员的广度。

在实践中,有的精英一直都很注重对骨干的培养,就像"打工妹之家"一位主要负责人所介绍的:"之前我们的活动都是在培养大家的参与性,鼓励她们(指参加活动的打工女性)敢于表达自己的声音,所以我们也会培养出很多能够代表这个群体、能够表达发声的骨干。这就是我们所说的'种子',我们一直都在培养'种子',我们觉得这是可持续发展的很重要的方面,仅仅给她一些物质的东西,可能没办法持续。我们希望她们的自身能力得到提升。而且更重要的是,我们要从这些群体中找出更多的'种子',她们不只是关注自己、关注群体,还能表达这个群体的意愿和诉求,带动更多人的参与。所以我们一直都在培养,所有的培养都融入在平常的服务和活动当中。"①这位负责人把培养骨干比喻为播撒种子,非常生动和贴切。被动员起来参加活动的人不再只是参与者,经过锻炼,她们很有可能成长为下一次活动的组织者和动员者。

其实,对大多数资源比较贫乏的流动人口自组织而言,通过培养骨干进行动员还有一层更重要的意义:这是一种低成本却又高效率的运作方式。在"同心希望家园",我们时常可见妇女骨干发挥的重要作用:办公室的电路坏了,其中一位妇女骨干叫老公过来帮忙修好了;儿童中心的水管坏了,水管里的水不断往外涌,一位家长骨干冒着大雨帮忙把水管堵住了;儿童中心需要装修,几位妇女骨干都叫老公过来志愿帮忙,经过五天的辛勤劳动,整个儿童中心院落的面貌焕然一新……在骨干的动员下,更多的外围力量参与到自我服务中来,很多困难在自助互助中迎刃而解。显然,培养骨干、再发动骨干进行动员是流动精英行之有效的一大动员策略。

第三节　自我管理动员的主要方法

流动人口的自我管理需要广泛的社会参与,一方面需要流动人口自身的参与,发挥流动人口作为自我管理主体的作用,同时也体现服务流动人口自身的功能;另一方面也需要其他大量社会力量的志愿参与,社会力量的参与能为流动人口的自我管理带来各种社会资源,为自我管理的运作和发展创造条件。可以说,社会参与是流动人口自我管理发展的原动力,正因如此,流动人口自我管理的一项重要工作就是采取各种方法,尽可能多地动员流动人口和社会力量来参与。

一、宣传动员

宣传动员是"一个社会改变或形成民众特殊态度、意见和舆论的重要工具"②,也是流动人口自我管理最常见的一种动员方法。宣传可使社会公众

---

① 资料来源:笔者对"打工妹之家"HHM 的访谈。

② 朱启臻,张春明.社会心理学原理及其应用[M].北京:中国社会出版社,2000:61.

对流动人口自我管理的工作有较为全面和正确的了解，进而争取到社会公众的参与和支持。宣传动员的形式有很多，从宣传所采用的技术工具来看，流动人口在自我管理中主要运用了以下两种宣传动员形式。

第一种形式，通过传统方式如口头介绍、派发宣传单、举办活动等进行宣传动员。接待来访、介绍参观是许多流动人口自组织的一项重要工作，在调查中笔者经常看到，流动人口自组织的工作人员总是会不厌其烦地向不同来访者介绍他们的工作，有的组织还会准备一些各个项目的折页或宣传单供来访者翻阅，以增进外界对其组织及工作的了解。举办活动也是一种重要的动员形式，在举办活动时，工作人员一般会通过摆放展板、挂条幅、发宣传单等进行宣传，动员大家来参与活动。各个自组织会根据各自的具体情况开展不同类型的活动，如"工友之家"多开展文艺类活动，"小小鸟"更多地开展工地探访的活动，"同心希望家园"则多举办培训、讲座或交流类的活动。像"工友之家"的青年艺术团经常在全国各地巡演，近几年来该组织每年还会举办"新工人文化艺术节""打工春晚"等大型文化活动，这些活动展现了当代新工人群体的精神文化诉求，不仅是对流动人口的一种动员，在必要的时候，该组织还会将活动信息发给政府、企业、媒体和其他组织，邀请他们来参加活动，在提高该组织知名度和影响力的同时，也实现了其对社会力量的动员。

第二种形式，充分利用现代媒介如微博、邮件、论坛、飞信等进行宣传动员。随着科学技术的迅猛发展，现代媒介也在流动人口自我管理的动员中得到了广泛运用，各种媒介技术成为流动人口自组织发布信息、与外界沟通和联系的重要工具。如"工友之家"在对志愿者进行动员时，就是通过多种现代媒介来进行宣传：譬如写个文案上传到网站上，在各高校联系人的飞信群里发招募信息，加入高校社团 QQ 群并发布信息，等等。像"工友之家"最新开拓的项目"同心农园"在动员大家认领果树和耕地时，就主要是以网站发布信息、微博发私信的形式来寻求潜在资源。此外，"工友之家"在寻求外部资金的资助时也充分运用了现代媒介。该组织专门开设了淘宝店，将他们的专辑唱片、劳动文化衫、纪念品等文化产品拿到淘宝店销售，所获利润用于支持工友文化教育公益事业，以此在更大范围内动员社会对他们的关注和支持。现代媒介更是网络型自组织动员所凭借的主要媒介，像"京湘在线"的所有活动基本都是通过网络来进行动员的。

流动人口在自我管理中综合运用传统和现代的各种宣传技术和工具进

行动员,形式具体灵活,便于增进社会对流动人口自我管理的了解,调动社会公众参与的积极性,是一种覆盖面较广、收效较好的动员方法。

二、激励动员

从管理心理学角度看,激励是一种持续激发动机的心理过程。人的行为动机来自人的心理需求,激励则作用于人的内心活动,激发、驱动并强化人的行为,因而,要推动或改变人的行为,就必须充分考虑到人的价值、兴趣和需要等内在因素。激励动员就是通过影响人的内心活动来激发人的行为的动员过程。在现代企业中,激励是吸引人才最有效的手段。在流动人口的自我管理中,激励也是动员人们参与的一种有效方法,根据激发内容的不同,可以将自我管理的激励动员分为价值激励和利益激励两种类型。

价值激励动员主要是激发精神层面认同的一种动员,流动人口自组织内部积极营造平等、和谐的人际关系,并宣扬为流动人口这一困难群体服务、自助互助的理念,这些都是吸引一部分人参与志愿活动甚至成为专职人员的重要原因。LWY 第一次来"同心希望家园"原本只是找同学,他谈了自己后来成为该组织志愿者的原因。"我第一次来的时候感觉特奇怪,这个事好奇怪啊,这个组织的人感觉都很高兴、很和善,好像没什么隔阂跟亲人似的。我又去了爱心超市,感觉也很有意思,这个卖衣服的人一点也没有商人的感觉,特别亲切。我一个人在北京本来感觉很孤单的,当时就特别喜欢这个地方。后来听负责人说想找一个有文艺方面特长的,我正好在部队也当过一年的文艺兵,就主动提出能不能来这边做志愿者了。"[①]与 LWY 相似,HHM 成为专职工作人员的很大一部分原因也是基于对组织内部良好氛围的认同,但她的参与还有一个很重要的原因就是对服务理念的认同,她表示:"这跟我自己的出生背景有关,我生命的很大一部分都在农村度过,对农村人很有感情。现在能为来自农村而在城市拼搏的这部分人做点事情,我觉得这种工作很有价值。"[②]在调查中笔者发现,像 HHM 这样,因为认同流动人口自我管理工作和服务理念而加入流动人口自组织的不乏其人。

利益激励动员主要体现在对部分志愿者的激励动员上。尽管相当一部

---

① 资料来源:笔者对志愿者 LWY 的访谈。
② 资料来源:笔者对"打工妹之家"HHM 的访谈。

分志愿者参与志愿服务,很大程度上是基于内心对自身生命价值和社会价值的追求的一种自觉行为,但不排除有一部分志愿者怀有实现个人利益的动机。如有的大学生社会阅历浅,当志愿者主要是想体验生活、增加社会实践机会,有的是为了获得一个实习机会,有的则是为了锻炼能力,等等。这些实现个人利益的动机都是一种无可厚非的现实需求,针对这种需求,有的流动人口自组织在动员志愿者参与时,就会正视并尽量满足这部分人的利益需求,下面这条志愿者招募信息就体现了这种利益激励动员:

北京工友之家2013年度计划面向高校大学生及社会各界招募暑期志愿者,有意愿参与新工人事业及社会实践的朋友们欢迎与我们联系,提供条件如下:

(1)基本食宿;

(2)适当生活津贴及交通补助;

(3)友好平等团结互助的集体生活与工作环境;

(4)参与NGO社会实践工作及学习锻炼的平台;

(5)个人成长、自我认知力、社会视野及团队合作组织协调能力的提升。①

以上所列条件的最后两项就是对志愿者利益需求的一种回应和激励。尽管囿于自身的资源限制,目前流动人口的自我管理不可能普遍运用利益激励动员,但笔者看到一些动员策略比较成熟的组织,已经非常重视运用这一动员方法。如"工友之家"下同心创业培训中心的教学楼新建项目,在动员社会援建资金时,就特意用大红字体标注:现在需要寻求筹集"同心创业教学楼"援建项目资金支持,赞助方可以冠名如"＊＊＊楼"。② 显然,这种赋予名誉的激励动员比单纯用资金筹集的宣传动员将更具吸引力。

三、说服动员

说服动员指用理由充分的话开导对方,使之听从自己意见的一种动员方法。在艰苦的革命战争年代,我们党能够有效地发动群众、争取群众的支持,

---

① 同心互惠社会企业2013年暑期志愿者招募[EB/OL]. http://www. dashengchang. org. cn/Article/ShowInfo. asp? ID＝1056,2013-06-15.

② 同心创业培训中心教学楼项目寻求援建[EB/OL]. http://www. dashengchang. org. cn/Article/ShowInfo. asp? ID＝810,2012-04-10.

取得革命的胜利,离不开党扎根群众、访贫问苦的说服教育工作。今天,说服教育也是领导干部动员、引导群众的重要工作方法。在流动人口自我管理的动员中,由于流动人口的主体意识并不是都很强,部分流动人口对自我管理抱有一种漠视、观望甚至怀疑的态度,因而要广泛动员流动人口的参与,仍然需要进行说服动员。

"同心希望家园"是成功运用说服动员的典型代表,耐心细致地说服流动妇女参与是该组织负责人 MXD 发展工作人员的主要方法。MXD 在平常对流动人口社区的走访调查中,非常注意寻找那些对流动人口事务比较关心、参与活动比较积极,或是具有一定能力和发展潜力的妇女,一旦发现比较合适的对象,她总是不厌其烦地到这些妇女家中拜访,鼓励并说服她们加入该组织,一起做些有意义的事情。说服动员的过程很辛苦,有时一天下来 MXD 的脚都被打起很多小水泡,她也曾因去别人家做动员工作被狗咬伤过,但她总是乐此不疲,每成功动员一个妇女都给她带来莫大的动力。该组织的成员 LXJ 笑着给笔者讲述了自己被动员进来的故事:"那时我没上班,在家带孩子,会经常带着孩子去参加他们组织的活动,她(指 MXD)觉得我这个人比较合适,就老来我家给我做工作。来的次数多了,我女儿(那时一岁多)觉得她是来和自己抢妈妈的,就很不喜欢她来。一般别人离开我们家时,我女儿都会很客气地说'阿姨,再见',可她每次离开我们家时,我女儿总是把头扭向一边,不理她。就这样她跟我说了很多次后,我想在家闲着也是闲着,去那边(做一些亲子活动)也不耽误看孩子,于是打算去试一下。"①现在,LXJ 已成为该组织的骨干成员,在亲子教育培训方面完全能独当一面,获得这么一位得力干将,很明显是该组织负责人积极开展说服动员的结果。

CJL 来该组织上班也经历了类似的被说服过程。"M 老师(指 MXD,后同)老去我们以前的学校(私立幼儿园),我们是在那里认识的。后来那学校拆迁我就回老家了。那时,M 老师给我打电话让我来这里上班,我说好不容易休息了,暂时不找活,因为孩子要上一年级,等孩子上了一年级以后我才能再找工作。其实,当时也有别的幼儿园给我打电话,他们工资比这里高两三百,我自己私下里也有比较。最后来这里,说实在话,就是 M 老师的电话太勤了。她跟我说这个儿童中心是公益性质的,是为流动人口自己照看孩子,

---

① 资料来源:笔者对"同心希望家园"LXJ 的访谈。

还能够双休,我觉着也挺好的。不过,她要是真的电话不勤,我没准就去别的地方了。"①正是由于该组织负责人锲而不舍地做说服工作,一些还处在观望、徘徊的流动妇女才被动员了进来。实际上,"同心希望家园"的大部分骨干成员都是经该组织负责人说服动员后参与进来的,这极大地充实了该组织自我管理的力量。

四、服务动员

服务动员是社会组织动员受众参与的一种常用方法,也是流动人口在自我管理中动员流动人口自身参与的一种基本方法。不同于经济学意义上等价交换形式的服务,这里的服务指为他人做事,并使他人从中无偿受益的活动。在流动人口自我管理的动员中,服务动员指通过向流动人口提供一定的服务,吸引流动人口广泛、深入参与自我管理活动的动员过程。

开展活动、为流动人口群体提供服务是每一个流动人口自组织的日常工作,也是满足流动人口需求、动员更多流动人口参与的重要途径。流动人口在城市生活和工作有着多种需求,流动人口自组织主要针对流动人口的需求开展各种活动,这些活动提供了一些比较实用的服务,往往能吸引不少流动人口长时间地参与。在调查中,笔者发现有的流动人口参加一项活动已经长达八年,基本上只要一有活动就会来参加,这已经成了他们的一种生活方式。更重要的是,流动人口的参与能起到口口相传、带动身边其他流动人口参与的作用。只要稍加询问就不难发现,参加活动的流动人口中,很多都是经朋友介绍才知道并参与进来的,与下面这位从事家政工作的大姐情况相似的人不在少数。

问:请问您是怎么知道这个活动(指"打工妹之家"每周六组织家政工交流、跳舞、排练戏剧的工作方活动)的?

答:这是我朋友介绍过来的。

问:您那个朋友也是做这个工作的?

答:也是做家政的。

问:那您和您朋友是一起过来的?

答:没有,她没来,我都来了三四次了。

---

① 资料来源:笔者对"同心希望家园"CJL 的访谈。

问:那您参加这样的活动有什么感受啊?

答:开办这个培训活动挺好的,比如说我们干家政的有时候有些闷了,休息的时候能出来散散心、唱唱歌、跳跳舞挺好玩的。在这里心情都变舒畅了,整个星期就盼望着这一天,挺开心的。大家都离开家,来自五湖四海,到这儿来心情特别放松,有一种特别亲切的感觉。①

与单纯满足流动人口需求的服务不同,有的流动人口自组织还把提供服务当成动员和组织流动人口开展自我管理的重要手段。"同心希望家园"的负责人向笔者讲述了其服务动员的初衷:"我们没有地位没有身份,只是一个草根组织,我们进入一个社区是不可能发号施令让人家来的。那么,怎么把流动妇女组织起来呢?如果大家来了之后就是聊一聊玩一玩,老是这样的话,那大家下次就不来了,所以要有一个集中的东西把她们吸引过来,于是我们就以服务进入。就拿儿童中心来说,由于我们提供了照看孩子的服务,我们和家长之间就产生了联系,我们有 60 个流动儿童,那就有 120 个学生家长。通过这种关系我们就可以走进他们的家庭,就会发现一些骨干家长,什么时候我们有这样一个合适的位置,那他们就能参与进来。我们就是以这样一种手法进去,不断地提供机会给合适的人参与,这就像织一张网,慢慢地网就会越织越大。"②在这里,服务已具有多种功能。它不仅是满足流动人口需求的一种方式,还是工作人员加强与流动人口联系的桥梁,同时也为发现骨干,以及动员和组织骨干进行自我管理提供了契机。

以上是流动人口在自我管理的社会化动员中所采用的主要方法,虽然各种方法有所区别,但并不是截然分开的,有些方法之间还存在交叉和联系,因而在自我管理的动员中,有可能只运用其中某一种方法,也有可能同时运用好几种方法。总之,只有广泛、深入的动员,才有利于培养人们对自我管理的良好态度和情感,激发人们的参与热情,从而聚集起强大的力量,促进自我管理的发展。

---

① 资料来源:笔者对家政女工 ZJ 的访谈。
② 资料来源:笔者对"同心希望家园"MXD 的访谈。

第四节　流动女性：动员不可或缺的群体

"社会的有序管理与和谐发展，是包括广大妇女在内的全体人民的共同事业，既要让人人受益，更需要人人参与。"①女性的参与是社会和谐有序发展的重要条件，也是流动人口自我管理的动员不可或缺的力量。流动女性有着不同的需求和期望，其动员的方式方法与男性有所差异，在动员中的地位和作用也不尽相同，她们已经在自我动员、自我组织和自我服务方面做出了积极的探索，在自我管理中关注流动女性的动员和参与问题显得尤为必要。

一、流动女性参与自我管理的意义

流动女性在自我管理中的参与，流动女性主观能动性的发挥，对于促进自我管理和两性的协调发展有着十分深远的意义。

一方面，流动女性参与自我管理有利于发挥流动女性的作用，促进自我管理的发展。流动人口的自我管理是为包括流动女性在内的流动人口服务的事业，在这个过程中，流动女性的参与能增强她们的主体意识，帮助她们认识到自身处境的改变需要群体的共同努力，激励她们更加自觉地投身到自我管理中，在自我服务中实现自我价值。更重要的是，就像马克思所指出的，妇女是推动社会进步的伟大力量，"每个了解一点历史的人也都知道，没有妇女的酵素就不可能有伟大的社会变革。社会的进步可以用女性（丑的也包括在内）的社会地位来精确地衡量……"②，流动女性在自我管理中的作用同样也不容忽视。流动女性能发挥自身的聪明才智和特长，充分调动自身的积极性和主动性，提高自我管理的效率。男女两性都是社会发展的推动力，流动女性作为其中一支伟大的人力资源，具有不同于男性的独特智慧和个性特征。男性较为理性，跳跃性思维明显，而女性较为感性，渐进性思维突出，男女两性在自我管理中的协作能起到优势互补、互相促进的作用，两性地位越平等、关系越协调，就越能激发自我管理的活力和创造力。

---

① 宋秀岩.在全国妇联参与社会管理及其创新工作会议上的讲话[EB/OL].http://www.women.org.cn/allnews/2415/22.html,2011-08-01.

② 马克思恩格斯选集(第四卷)[M].北京：人民出版社,1995:586.

另一方面,流动女性参与自我管理是流动女性的一种自我赋权,有利于两性的协调发展。流动女性既是自我管理的重要参与者,也是受益者。大多数流动女性来自农村,文化程度不高,在社会上遇到的就业限制和困难较多,尤其是已婚流动妇女,面临着照顾家庭和就业的双重压力,发展空间更为有限。而自我管理是流动人口之间的一种自助互助行为,流动女性的参与就是流动女性对自我的一种赋权。在恩格斯看来,男女两性的不平等源于社会分工引起的经济上的不平等,"妇女的解放,只有在妇女可以大量地、社会规模地参加生产,而家务劳动只占她们极少的工夫的时候,才有可能"①。自我管理为流动女性,尤其是已婚流动妇女提供合适的工作岗位,让她们从照顾家庭和孩子的劳动中解放出来,这将在很大程度上促进这部分流动女性的解放。与此同时,流动女性的参与还大大增进了她们之间的联系和社会交往,丰富了她们的社会资本,增强了她们的自尊和自信,并能促使她们在相互的学习和锻炼中提升自身的能力。另从流动女性受益服务的角度来看,自我管理能给流动女性提供心理咨询、法律援助、技能培训等各种服务,帮助她们有针对性地解决一部分实际困难,促进流动女性同男性一起较好地融入城市。人的发展不应是仅仅推进某一性别的发展,而是男女两性的共同发展,在流动人口问题上,流动女性若能在自我管理中享有与男性平等的资源和机会,那她们自身就同样能得到一定程度的提升,这无疑有利于两性的协调发展。

二、流动女性在动员中的地位和作用

1. 流动女性是开展动员的重要力量

作为自我管理动员的重要主体,与流动男性一样,流动女性也是开展动员的重要力量。当前,已有许多流动女性参与了自我管理,尤其是其中涌现出许多女性精英,她们在自我管理的动员中发挥了不逊于男性的作用。这些流动女性精英的动员和参与不仅能在一定程度上帮助解决流动女性的困难,还能起到示范和带动的作用,使更多的流动女性看到和了解这种行动的意义,从而参与到自我管理中来。

尽管女性流动精英和男性精英都是自我管理动员的主导力量,但由于男女性别分工和角色体验不同,女性流动精英开展动员时的关注点和采取的动

---

① 马克思恩格斯选集(第四卷)[M].北京:人民出版社,1995:162.

员方法与男性有所不同。从关注点来看,流动男性更多地关注流动人口在权益维护、文化娱乐、培训教育等方面的需求,开展的活动多是针对这些需求,而女性流动精英比男性更加重视对流动女性和流动儿童的动员。例如:"同心希望家园"和"打工妹之家"的负责人因为自己是女性,她们在自我管理中就会注重考虑流动女性的特殊需求。这类组织在选择活动地点时会注意选择女性和流动儿童比较多的地方,开展的活动也多面向流动女性和流动儿童,比如为流动家庭主妇提供可灵活安排时间的工作信息、举办妇幼保健知识讲座、为流动儿童提供托幼服务等等。从采取的动员方法来看,女性流动精英对流动人口的动员非常能体现女性以情动人的特点,说服动员就是"同心希望家园"的负责人主要采用的动员方法。而"工友之家""小小鸟""京湘在线"的负责人是男性,在动员方法上,他们更多偏重宣传动员和激励动员。可见,女性流动精英能从流动女性的体验出发,开展贴近流动女性和流动儿童需求的活动,这些活动容易被流动女性和流动儿童接受,对他们具有较强的动员力和吸引力。

此外,女性的性别特征还使流动女性开展动员具有独特的优势。随着经济社会的发展,流动女性的精神面貌发生了较大的变化,她们更加自尊自信,容易接受新生事物,并勇于承担社会义务,越来越多的流动女性参与自我管理,成了自我管理动员的得力干将。女性的观察力和亲和力较强,具有情感丰富、有耐心、善解人意等特点,她们关注家长里短,与其他流动女性有着共同的生活体验和话题,容易与他人建立联系并取得信任,在此基础上的动员往往能深入人心。而且女性通常比较热心,重视细节,责任心也较强,在动员时可通过细致的沟通工作来获取他人的认同。正因为存在以上诸多优势,流动女性往往是自我管理中开展动员的重要力量。

2. 流动女性是实施动员的重要对象

从自我管理的客体来看,流动女性又是实施动员的重要对象,这首先是因为随着女性整体主体意识的提升,流动女性的主体意识也在不断增强。受传统父权文化的影响,我国女性长期生活在男权社会所圈定的家庭这一私人领域中,而随着改革开放以来制度性变革的不断深入,包括流动女性在内的女性主体意识日益增强。这主要体现在两个方面,一是女性个体的价值得到承认和尊重。在家庭中,女性逐渐获得了一定的"发言权",从对丈夫的完全依赖转变成为能够参与商讨的主体,有权利发表自己的独立见解,从家庭中分离出相对独立的自我。在社会生活中,女性得以走出家门参加生产劳动,彰显出"半边天"的重要力量,赢得了社会对她们的肯定和尊重。二是女性已具有一定的参与意识和权利意识。在新的文化价值观的冲击下,文化教育、劳动就业、婚姻生活等方面的权利观念在女性中逐渐普及,很多女性都不再依附于男性,而努力通过参与社会活动来充实、提高自己,实现自身的价值。在这一过程中,流动女性的独立、权利、参与等主体意识也得到了提升,主体意识的增强使她们在自我管理中具备了被动员起来的可能性。

流动女性特殊的需求是她们成为重要动员对象的另一原因。除了和流动男性同样具有教育培训、精神生活、加入组织等需求外,流动女性还具有更为突出的权益保障、生活照料、生殖健康保护等需求,如果能针对流动女性的这些需求开展活动,就可以在更大范围内动员流动女性的参与。首先,从权益保障来看,由于流动女性多在非正规部门或正规部门的临时性岗位就业,劳动权益保障滞后,流动女性不仅难以享受到《女职工劳动保护特别规定》对她们的特殊保护,而且往往会因生育、抚育等原因遭受到就业歧视,一些有损女性人格尊严的伤害也时常发生,因此,流动女性有着较强的稳定就业和权益维护的诉求。其次,从生活照料来看,当前有近 70％的流动人口是举家流动,受传统性别分工规范的约束,很多流动女性承担着照顾子女和家庭的重担,又由于年龄、文化程度和社会关系的局限,流动女性就业的难度较大,即便已经就业,其所承载的压力也不小,她们普遍存在着分担家庭照料和情感抚慰的需求。再次,流动女性还存在获得卫生保健和育儿知识的需求。流动女性的生理特征使其在流动中比男性面临更多的健康风险,她们自身又缺乏健康和育儿方面的知识,而目前城市政府和用工单位为流动女性提供的相关服务也很缺乏,还远不能满足她们的需求。因而,流动人口在自我管理中应充分了解流动女性的愿望,多开展符合她们需求的活动,以增进流动女性的参与兴趣,提高实施动员的有效性。

第四章

流动人口自我管理的资源整合机制

资源整合是优化资源配置获得整体最优的过程。流动人口自组织在政府规制和市场的狭缝中生存，其社会资本具有先天弱质的特性，流动人口的自我管理只有充分调配和整合外部的各种社会资源，才能实现为流动人口服务的使命。为此，本章主要探讨流动人口自组织对社会资源的汲取、配置和有效利用。通过考察流动人口自我管理中资源整合的渠道和方式，来剖析流动人口自组织与各个主体之间的互动，阐明其对资源的维持、管理和创新利用的策略，并进一步指出资源整合对流动女性成长的意义。

第一节　自我管理与资源整合

一、社会网络、社会资源和社会资本

流动人口的自我管理离不开各种社会资源，而社会资源嵌入在各种社会网络中，要实现对社会资源的摄取和整合，就需要建立一定的社会关系网络，从这个意义上说，流动人口自我管理的资源整合是一个汲取社会资源、拓展社会资本、构建社会支持网络的过程。理解流动人口在自我管理中整合资源的社会行动及其策略，离不开对社会网络、社会资源和社会资本这几个概念的整体把握。

社会网络是一个结构概念，指"一个由某些个体（个人、组织）间的社会关系构成的相对稳定的系统，而整个社会则是一个由相互交错或平行的网络构成的大系统"[①]。这个概念后来在社会学、心理学、统计学等不同的研究领域

[①]　赵延东."社会资本"理论述评[J].社会学（人大复印报刊资料），1998(4)：19-22.

不断深化,形成了一套系统的社会网络理论。美国学者格兰诺维特在20世纪70年代对人际交往中的强弱关系进行了区分,并提出了"弱关系力量"的假设和"弱关系充当信息桥"的命题。

林南在此基础上继而提出了社会资源理论。他认为,"社会资源是个体通过直接和间接的联系可以接触到的资源"①。社会资源是嵌入在社会网络中的资源,在社会的金字塔结构中,位置越高,占有的资源越多,离顶端位置越近,就越具有优势。当个体采取工具性行动时,如果弱关系行动的对象比行动者地位更高,那么,这种弱关系将给行动者带来更多的资源。林南还概括了社会资源理论的三大命题:"(1)社会资源命题,即社会资源(如在社会网络中接触到的资源)影响着工具性行动(如获得地位)的结果;(2)地位强度命题,即社会资源反过来受个体自我先前位置(以父母资源或原有资源为代表)的影响;(3)联系强度命题,即社会资源也受较弱联系的使用的影响,而且这种影响甚至还超过较强联系的使用。"②

关于社会资本,许多学者都对它进行了深入研究,代表性观点主要有资源观、组织特征观和能力观。持资源观的学者认为社会资本是与一定的社会网络相联系的资源。布尔迪厄最早正式提出"社会资本"概念并进行了初步分析,他指出社会资本是"实际的或潜在的资源的集合体,那些资源是同对某种持久性的网络的占有密不可分的"③。林南则对社会资本和社会资源的本质进一步做了区分,指出社会资源仅仅与社会网络相联系,而社会资本是从社会网络中动员了的社会资源。④ 持组织特征观的学者认为社会资本是社会组织的特征,帕特南是典型代表之一。他侧重于公民精神和公民自愿群体参与的研究,提出社会资本的重心应放在社群上,应为社会组织的发展创造条件,其内容主要包括社会信任、公民参与网络和互惠规范。⑤ 而社会资本的能力观则强调,社会资本是一种摄取稀缺资源的能力。如亚历山德罗·

---

① [美]林南.社会网络与地位获得[J].俞弘强,译.马克思主义与现实,2003(2):46-59.

② [美]林南.社会网络与地位获得[J].俞弘强,译.马克思主义与现实,2003(2):46-59.

③ [法]布尔迪厄.文化资本与社会炼金术:布尔迪厄访谈录[M].包亚明,译.上海:上海人民出版社,1997:202.

④ [美]林南.社会资本:关于社会结构与行动的理论[M].张磊,译.上海:上海人民出版社,2005:18-27.

⑤ [美]帕特南.使民主运转起来:现代意大利的公民传统[M].王列,赖海榕,译.南昌:江西人民出版社,2001:199-204.

波茨认为,社会资本是行动者嵌入网络中得到短缺资源的能力;在边燕杰等看来,社会资本也是"行动主体与社会的联系以及通过这种联系摄取稀缺资源的能力"[①]。

二、流动人口自我管理的资源整合

流动人口的自我管理为各种社会资源的介入搭建了一个共同参与的平台,其对社会资源的整合能力主要取决于流动人口自组织社会资本的强弱。社会资本不仅是一种资源,还是一种获取资源的能力,流动人口自组织社会资本的强弱将直接影响资源整合的渠道和方式,决定着自我管理中资源整合的水平和成效。

1. 流动人口自组织的社会资本

关于流动人口自组织的社会资本,我们可从自组织中的流动人口个体和组织整体两个层面来分析。

对自组织中的大部分流动人口来说,他们的社会资本呈现出以强关系为主、层次低的特点。大量调查表明,流动人口的流动尤其是初次流动主要依靠的是乡土社会资本,这种资本以血缘、地缘为基础,规模小,同质性强,层次不高,在相互交织中连接成一个初级社会关系网络。乡土社会资本在流动人口生活和交往的整个过程中都发挥了重要的作用。流动人口离开熟悉的家乡后,对流入地的生活较为陌生,又受城乡二元制度的影响,他们难以享受到城市居民的各种服务保障,面临多方面的需求;而依赖乡土社会资本,流动人口能从中得到工作、生活和精神上的支持,克服流动中的很多困难。因此,与格兰诺维特的研究得出的结论不同,西方社会中弱关系的作用很大,而我国流动人口更依赖的是强关系。只不过,因为流动人口在城市的社会资本层次较低,对于自我管理而言,这种同质性强的群体网络能整合到的外部资源比较有限。

值得一提的是,在城市的再社会化过程中,也有一部分流动人口扩展了自己的弱关系,特别是其中的流动精英,他们的活动能力较强,能在与外界的持续互动中发展出次级社会关系网络。这部分流动人口有意识地培育新的社会关系,社会网络的基础由传统的血缘、地缘向业缘、趣缘等转化。他们的

---

① 边燕杰,丘海雄.企业的社会资本及其功效[J].中国社会科学,2000(2):87-99.

社会网络触及许多异质的群体,与不同职业、不同地位的人建立了许多弱关系的联系纽带,他们拥有的社会资本不但拓展了自身的发展空间,而且也成了自我管理的资源整合得以凭靠的重要资本。

再从整个流动人口自组织层面来看,流动人口自组织的社会资本总体羸弱,较强的社会合法性和公益价值取向是其整合资源的重要资本。流动人口自组织社会资本的强弱很大程度上受制于组织成员社会资本的多少,组织成员的社会资本越强,组织整体的社会资本也会越强。流动人口先赋性社会资本不足,影响流动人口自组织社会资本的强度,制约着自我管理中资源整合的范围、数量和质量。此外,大多数流动人口自组织的结构比较松散,没有明确的规章制度,也没有刚性的社会网络,又不具备法律上的合法性,因而自组织的工作不如其他类型的组织稳定,难以获取政府的支持,也难以获得其他主体的持续资助,流动人口自组织的社会资本总体上较弱。然而,流动人口自组织的社会资本也有独特之处,自组织发展的动力主要来自流动人口的需求,较强的社会合法性,以及为流动人口这一困难群体服务的公益价值取向,使流动人口自组织能够吸引一批社会人士的关注,形成一个具有一定规模的社会支持网络。社会各界的主动、积极参与,是流动人口自我管理中资源整合的重要基础。

总的来看,不论是流动人口个体,还是流动人口自组织本身,社会资本的总体水平都不高,整合社会资源的能力较为有限。流动人口自我管理的资源整合更多依赖于流动精英个体社会资本的运用,以及流动人口自组织的社会合法性和公益价值取向,它们构成了流动人口自组织的主要社会资本。

2.自我管理对社会资源的整合

从"总体性社会"向"后总体性社会"的转型,不仅为流动人口自我管理的形成和发展提供了"自由流动资源",还决定了其资源配置和整合的基本特点。在改革前的"总体性社会"中,一切资源由国家统一调配,行政力量对资源的整合起着关键性的作用。任何社会组织要想得到资源,都必须在国家的体制内定位,嵌入国家的组织化网络,在这种社会结构下,真正意义上的民间组织往往难以立足。随着市场化改革的启动,整个社会向"后总体性社会"过渡,一部分资源从国家控制中释放出来,有的被很快纳入市场体系,有的被不同的社会主体所汲取。这一时期,行政力量在资源再分配中的地位逐渐下降,而市场在资源配置和整合中的作用则日益上升。

这种结构性的变迁对流动人口自我管理的资源整合产生了深远影响，一方面，流动人口自组织借以获得整合各种社会资源的机会和可能。另一方面，由于流动人口自组织的社会资本不强，既没有行政权力，又缺乏在市场交换资源的能力，因而流动人口自我管理的资源整合不能采取行政方式，也不能直接运用市场手段，而需要根据社会资源的供给情况灵活运用多种方式来进行。笔者对几个流动人口自组织调查后发现，它们对社会资源的整合主要运用四种方式：以项目整合资金、由公益价值聚集志愿者资源、由信任凝聚捐助资源、由社会企业创新自主资源。下面分别予以说明。

第一种方式，以项目整合资金，这是流动人口自我管理重要的资金来源。流动人口自我管理的活动基本以项目的形式运作，而其资金主要来自组织向基金会或其他组织申请的项目经费。双方确定合作时，一般会签订委托书或合同书，由正式的合约规范双方的权利和义务，使资源整合的互动关系相对稳定。

第二种方式，由公益价值聚集志愿者资源。志愿者资源是支撑公益活动的一种重要资源，它体现在个人不为功利目的，基于信念、道义、同情心、责任感等内心的情感驱动自愿贡献自己的时间、财物和智慧，以自身的参与推动社会进步。流动人口的自我管理倡导流动人口群体的自助互助，特别是对于流动人口自组织及其工作人员来说，其行为还具有公益性质，这在一定程度上迎合了部分公众的志愿愿望，从而得以聚集大量的志愿者资源。

第三种方式，由信任凝聚捐助资源。信任是社会资本的一种重要形式，也是流动人口自我管理中资源整合和运作的基础。流动人口自组织努力争取社会力量的信任和认同，与其他组织合作时也尽力遵守相关约定，有助于社会力量对流动人口自我管理的支持，为捐助资源的整合创造了条件。

第四种方式，由社会企业创新自主资源，这是部分流动人口自组织整合资源的一种新的尝试，能增强流动人口自组织的造血功能，使之获取更多的自主资源。关于这种方式后文还会具体分析，这里暂不详述。

第二节　资源整合的多元渠道：构建社会支持网络

在社会自主发展的舞台上，流动人口的自我管理是一股重要力量。流动人口在努力拓展空间发展自我管理时，实际上是在构建一个各种社会力量共同参与的社会支持网络,流动人口自组织处于这个网络的中心,起到了融合各种资源、搭台唱戏的作用。一般而言,社会网络的结构越合理,网络的联结节点越多,整合社会资源的能力也就越强,而在资源整合过程中形成的信任、互助和网络,反过来又会成为流动人口及其自组织的重要社会资本。下面将主要探讨以流动人口自组织为核心的资源网络所涉及的政府、企业、媒体、志愿者等几个关键主体,以及自组织整合这些主体资源的行动策略。

一、对政府资源的整合

流动人口自组织虽然是自下而上成立的民间性组织,其运作过程不受政府的支配,但在中国这样一个后总体性环境中,任何事物都必须在国家政策和法律体系的框架下运行,流动人口的自我管理同样不能超脱于政府权力的影响。如果流动人口自组织的活动不符合国家的有关规范,得不到政府部门的默认或许可,其活动的持续开展就会遇到重重阻力,甚至会危及组织的生存。相反,获得政府的认可和支持,则可为流动人口的自我管理带来各种丰富的资源。

流动人口自组织对政府资源的整合具备一定的基础。康晓光等曾提出国家对社会组织实行"分类控制"的两项不同分类原则:一是能否提供各种经济和社会服务,协助国家管理;二是是否具有集体行动的能力,并对社会稳定造成威胁。[①] 流动人口自组织为流动人口服务的价值理念与政府相同,其工作能够弥补政府流动人口服务的不足,又能自我克制避开敏感的政治议题,不会威胁到社会稳定,因而它们能与政府在"流动人口服务"这个领域展开一定程度的互动。对于政府来说,流动人口自组织提供的服务也具有一定的价值。流动人口自组织的工作人员都是流动人口出身,他们不仅了解流动人口的现实需求,还有着丰富的动员、服务流动人口的实践经验,这些因素为流动人口自组织争取、整合政府资源提供了可能。

笔者在调查中发现,尽管面临同样的制度和政策环境,但由于组织的理解、行动方式和能力不同,各个流动人口自组织对政府资源的整合程度存在较大的差异。有的与政府关系疏远,很少能整合到政府的资源;有的甚至还

---

① 康晓光,韩恒.分类控制:当前中国大陆国家与社会关系研究[J].社会学研究,2005(6):73-89.

面临来自政府的压力；有的则与政府互动相对较多，能得到政府一定的支持，获得较为充足的行政合法性。在笔者调查的组织中，"小小鸟"和"工友之家"整合政府资源的效果相对比较突出，它们采取了一系列策略性行动。

首先，积极主动，争取政府的信任。Spires 通过研究指出，中国草根组织与政府之间的张力源于相互的不信任。[①] 为了缓解与政府之间的张力，流动人口自组织往往采取积极主动的透明化策略，消除政府担心的不确定性因素。如"小小鸟"虽是一个帮流动人口维权的组织，相对比较敏感，但他们与政府的关系处理得比较恰当。当有农民工遇到维权问题前来咨询时，工作人员会告诉他们可以采取法律的手段，并给出一些实用的建议或直接出面帮助调解纠纷，而对那些欲采取罢工、威胁等手段的人极力予以劝阻。这种帮忙而又不添乱的工作方法赢得了政府的信任，北京市东城区司法局还授权该组织成立了"人民调解委员会"，为其维权调解提供了宝贵的合法身份。"小小鸟"还非常重视能与政府建立联系的各种机会，"小小鸟"深圳办公室是第一批"广东省职工服务类社会组织联合会"[②]的备案会员，其负责人表示当初之所以考虑加入联合会，主要是因为这是一个与政府加强沟通的窗口。

另一个组织"工友之家"与政府的交往也体现了积极主动的一面。例如：该组织举办大型活动时会邀请政府人员来参加；他们在工作中也表现得非常积极，当教委给打工子弟学校的老师举办培训时，他们总是会多要培训名额，给教委留下了努力上进的好印象；为了赢得政府的信任和下次合作机会，对于有关政府部门安排的工作，他们都会尽力把事情干漂亮。正因如此，同样是草根组织的"工友之家"能够得到来自团中央、朝阳区文化馆、朝阳区总工会等多个部门的资金和物资支持（前文已述），该组织和主要负责人也被政府授予多项荣誉，极大地增强了该组织的行政合法性。

其次，重视处理好与基层政府的关系。基层政府是日常秩序的重要管理者和社会事务的实际执行者，流动人口自组织的工作不可避免地要和相关基层管理部门接触，处理好与基层政府的关系，往往能减少很多工作上的麻烦，

---

① Spires, Anthony. China's un-official civil society: The development of grass-roots NGOs in an authoritarian state[D]. New Haven: Yale University, 2007.

② 该联合会 2012 年由广东省总工会牵头筹建，旨在联系更多职工服务类社会组织，创新社会管理。详见广东省总工会构建首个职工服务类枢纽型社会组织[EB/OL]. http://politics. people. com. cn/GB/70731/17912189. html, 2012-05-17.

并能整合到许多重要的资源。工友之家的一位主要负责人告诉笔者："我们比较注意处理好与基层政府的关系。比如早期我们在肖家河（社区）的时候，居委会做流动人口计划生育的宣教工作，想给打工的演节目，可专业人员的演出太贵，我们就愿意帮他们去唱歌。像我们演得都挺好，又不要钱，能帮他们把场面撑起来。这样，他们就知道我们在干什么，知道这些人是在做事的，而且是在做一件很有意义的事，因而对我们就不排斥。从居委会到街道都很明白这点，我们有组织能力，有现成的内容，所以他们在服务打工群体的时候，需要把活动搞好就会想到我们。"[①]

不光在肖家河，就是在现在的社区，该组织也会在各类安全检查、文化计生的工作中帮助基层政府做一些协助性的工作，由此，该组织的活动也经常能得到基层政府的支持。像以前在为工友们表演时，他们会担心因为是群体活动而遭到城管的干涉，而有了街道或居委帮忙与城管沟通，就不用有此顾虑了。这样的例子还有很多，该组织的同心实验学校加建大门、减免水费和卫生费等也都得到了所在社区的支持。可见，与基层政府处理好关系，有利于扫除流动人口自组织工作的障碍，并能为其争取到合法范围内的许可和便利。

再次，始终坚持自身的独立性。流动人口自组织可凭借其社会影响力和积极主动的行为来整合政府资源，但一如其他的社会组织，在与政府互动的过程中，流动人口自组织还需保持自己的独立，否则，就容易失去组织的自主性。"工友之家"与政府积极合作，但也非常看重自身的独立性。该组织的主要负责人表示："我们组织对政府的态度就是在坚持自己独立自主的基础上和政府保持友好互动的关系。第一，我们跟政府不是敌对的关系，这点很明确。第二，我们不是依附性关系。所以我们是独立自主，友好合作的关系，这是我们整个组织对外的原则。"[②]在此原则的指导下，"工友之家"在整合政府资源的同时又维护了自身的独立性和自主性。

综上所述，流动人口的自我管理有赖于政府的认可和支持，政府可为流动人口的自我管理提供资金、场地、培训、荣誉、合法性等多种资源。流动人口自组织与政府之间不是对抗的关系，它们采取各种策略积极建立和维护与政府的关系，有利于形成与政府互补互利的合作格局。

---

① 资料来源：笔者对"工友之家"WDZ 的访谈。
② 资料来源：笔者对"工友之家"SH 的访谈。

二、对媒体资源的整合

众所周知,媒体是传递信息、进行社会监督、引导舆论走向的社会公器。流动人口自组织的声音微弱,依托媒体力量能推动自我管理的发展,但流动人口自组织在借助媒体力量的同时,也应充分认识到媒体双刃剑的作用。一方面,媒体能提高组织的知名度,扩大社会影响力,增强流动人口自组织整合社会资源的能力。大多数媒体从业者都是受过高等教育的知识分子,知识分子的职业使命和强烈的社会责任感促使他们关注社会热点和现实问题,关注社会困难群体,他们的报道能增加公众和政府对流动人口自我管理的了解,提升流动人口自组织的社会合法性。另一方面媒体自身也有一定的诉求,如果对其把握不好,信息就有可能被削弱和曲解,媒体的报道有时甚至会起到负面的作用。自 20 世纪 90 年代以来,我国媒体进行了市场化改革,政府的财政拨款减少后,媒体也需要自筹经费来发展。为了在激烈的竞争中取胜,一些媒体只注重抓吸引眼球的新闻,这将有可能遗漏关键的内容,难以传达出被报道者真正想让公众知晓的信息,有时甚至还会适得其反。因此,流动人口自组织要想发挥媒体的正面作用,广泛传播自己的理念,争取更多社会资源,就必须重视对媒体资源的整合。

大多数流动人口自组织都是靠自己的行动去影响媒体,扎扎实实地把事情做好,媒体便会不请自来,笔者所调查的几个组织都有不少媒体对它们进行过报道。然而,这主要是一种被动接受报道的行为,真正做到在让媒体了解自己的同时,也去了解媒体,并做足功课来整合媒体资源的自组织并不多。应该说,"小小鸟"算是整合媒体资源比较成功的一个,它的发展壮大离不开对媒体资源的运用。该组织非常重视联络媒体来进行宣传,新华社、中央电视台《新闻联播》、香港凤凰卫视、《北京晚报》等 100 多家国内外媒体都对"小小鸟"的工作事迹进行过报道,这不仅提高了流动人口群体对"小小鸟"的认可度,还增进了公众和政府对它的了解和信任,其所获得的合法调解证书就是经媒体报道获得一定影响力后,地方政府部门主动予以颁发的。另一个组织"工友之家"也是有效整合媒体资源的典型代表。2012 年该组织能顺利化解"学校关停事件",保住同心实验学校,媒体在其中也起到了及时公布信息、集聚声援力量的重要作用。概括起来,这两个组织主要采取了如下策略来促进对媒体资源的整合。

第一,制造媒介事件,用好舆论武器。"小小鸟"在认识到媒体的作用后,积极寻找与媒体的契合点,制造媒介事件,起到了很好的宣传效果。如该组织注意到媒体对植树活动的关注后,就主动联系北京电视台的《晚间新闻报道》栏目,举办外来打工者义务植树的公益活动,成功策划了一次宣传活动。[①] 在替打工者讨薪维权的活动中,"小小鸟"也充分利用各种媒介力量,让媒体帮助发声,联合媒体对侵权老板制造舆论压力,最终迫使问题得以协商解决,这是该组织较为常用的一种工作手法。

第二,主动发布信息,发出自己声音。流动人口自组织不能一味地等待媒体找上门,尤其是在遇到突发、紧急或重大事件时,需要主动发布信息,利用媒体发出自己的声音。一般而言,主动发布信息,能通过媒体的报道形成强大的社会舆论,吸引公众的关注,媒体的这种"放大器"作用是其他力量所无法取代的。"工友之家"在学校关停事件中就采取了这一策略。同心实验学校不同于私人办学,它是"工友之家"集合社会力量共同创办的学校。该组织负责人在收到关停通知的当晚就将告知书放到了自己的微博上,使之成为一个公众讨论的话题。在后来事件的演变过程中,该组织工作人员分工明确,由专人负责媒体工作,不仅通过微博、网站等即时发布事件的进展,还接受了新华社、腾讯、网易等媒体的话题专访。媒体的密集报道形成全社会的关注之势,为该组织争取到了多方力量的声援。

第三,亲自写稿,积极引导媒体走向。虽然媒体的信息来源很广,但最直接的来源应是新闻事件的相关当事人。为了让媒体的报道更接近真实,在其为我所用的同时又不受其害,"工友之家"十分注意对媒体报道的引导。在学校关停事件中,该组织亲自写稿,为前来采访的媒体都提供一份专稿,引导媒体从同心事件本身提升至对教育公平的关注,媒体则可在此基础上对稿子进行发挥。这种做法有利于媒体迅速了解新闻主题,并在很大程度上将会朝着该组织预设的方向报道,提高了保留学校行为的正当性。

第四,加强对公开资料的审核。"工友之家"要求媒体的采访稿和其他社会人士对该组织的调研材料,在公开前都先给他们审核一遍,这是他们对自身外在形象的一种主动掌控,以防不实、歪曲,或不利于组织发展的信息扩散。笔者去该组织调研时,其负责人 SH 就向笔者明确提出,希望能在本研

---

① 魏伟.小小鸟让命运走开[M].北京:人民日报出版社,2012:35.

究公开前先发给他看一遍。当然,类似的要求能否真正落实,关键还在于外界力量的配合,虽然这仅仅只是一种很有限的约束,但却充分体现了流动人口整合外界资源的能动性。

三、对企业资源的整合

企业也是流动人口自我管理资源整合网络的重要节点。流动人口自组织对企业资源的整合不仅可获得企业的资金、物品等资源,还能提高其行为的社会合法性,为自我管理的进一步发展创造条件。作为生产经营性组织,利益对于企业是第一位的,自身资源存量并不丰富的流动人口自组织之所以能整合到企业的资源,主要是因为企业本身也有这方面的需求。近年来,越来越多的企业开始意识到社会责任,希望通过参与一些公益活动来回报社会。有的企业还设有专门的企业社会责任部或公共事务部,致力于塑造良好的企业形象,将社会责任内化到企业的文化中,成为可持续发展理念的一部分。有的企业会主动寻求一些公益项目的合作,让企业员工参与公益服务,在帮助员工实现社会价值的同时,增进员工对企业的认同。由于流动人口自组织既能为企业提供这样的机会,又能淡化其商业色彩,因而也就有了与企业互动的基础和可能。

笔者所调查的几个组织都有整合到一定的企业资源。从它们获取企业资源的途径来看,多是企业主动与流动人口自组织取得联系,并表明支持意愿的。每逢"三八"妇女节、"六一"儿童节、党员活动日等特殊节日,一些企业便会主动与服务流动女性或流动儿童等的组织联系开展活动。还有的企业与自组织合作开展企业 CSR(企业社会责任)项目,由企业购买自组织的服务。但由于各组织的公信力和沟通能力不同,它们从企业整合到的资源也存在差异,其中,"工友之家"是整合企业资源较多的一个组织。该组织获得企业资源的种类较为丰富:资金支持,其同心创业培训中心的教学楼就是企业出资捐建的,并且正准备新建的五栋教学楼也已从企业筹集到大部分资金;物资支持,像腾讯、微软等公司都为其同心互惠商店组织过衣物募捐,也有企业为同心实验学校捐赠课桌椅、学生用品、儿童玩具等;员工参与,时常也会有企业员工参与该组织的志愿活动。

对企业资源的整合,"工友之家"有一套较为成熟的做法。在接受企业捐赠方面,该组织设置了捐赠热线,每一次接受捐赠都会给捐赠者发放捐赠卡,并在其网站上发布图文信息,对捐赠的来源、数额、用途等做出详细说明,主动接受社会的监督。这既表达了对捐赠企业的感谢,又是对捐赠企业的一种信息反馈,有助于提高组织运作的透明度,从而赢得企业的信赖。除了以自身的服务特色吸引企业捐赠外,该组织还对参与企业给予一定的回报,以满足企业参与的需求。这种回报形式是多样的:如在可能的情况下对参与企业进行宣传,帮助企业谋求"广告效应",提升企业的市场价值;邀请企业参加该组织举办的一些比较重要的活动,像"打工春晚"就有邀请一些企业参加;为有需求的企业提供志愿者岗位和志愿服务信息;在年度总结时对为组织提供过资源的企业给予表彰,贡献突出的发放锦旗和证书,该组织的一名负责人表示,有的时候他们一次就要发放几十面锦旗。此外,该组织去年还专门申请了一个项目,用项目资金聘请一名专职人员来对企业进行电话公关,在拓展和整合企业的资源方面取得了很不错的效果。不难看出,该组织整合企业资源的一系列行为迎合了企业公益营销的理念,与企业的友好互动是其进一步汲取、整合企业资源的重要资本。

四、对志愿者资源的整合

志愿者资源是流动人口开展自我管理的重要支撑,它的作用主要体现在为流动人口自组织带来丰富的人力资源和广泛的社会资本。流动人口自组织的人力资源有限,而志愿者不仅能无偿奉献劳动,节约自我管理的成本,还能提供多样化的人力资源,帮助自组织解决本身无法克服的各种技术困难。此外,志愿者自身所拥有的社会资本对流动人口自组织而言也是一种重要的资源。社会学家齐美尔认为:当个人加入网络时,他不仅仅是这个网络中的一个点,也将其他网络关系带入了此网络。[①] 志愿者参与流动人口自我管理的活动,也在某种程度上带入了他们的社会关系网络,有助于增强自组织的社会资本和整合其他资源的能力。

参与流动人口自组织活动的志愿者主要有两个来源:一是高校大学生志愿者,他们的志愿参与有的是大学生个人行为,有的是由高校社团组织进行。二是社会志愿者。志愿者主要参与宣传、支教、募捐、法律咨询等志愿服务活动,发展较好的流动人口自组织一般都整合了大量的志愿者资源。如:"工友

---

① 周雪光.组织社会学十讲[M].北京:社会科学文献出版社,2003:114.

之家"的同心实验学校就是由来自全国的 100 多名志愿者经过一个多月的共同劳动建设而成,现在该校已成为北京多所高校的学生实践培训基地,学校的教学、学生课外兴趣小组、夏令营等活动都有大量志愿者的参与。其同心互惠商店的衣物募捐也主要依靠各高校社团的志愿者,他们往往是帮商店组织募捐的中坚力量。此外,在打工文化艺术博物馆的展品整理、同心希望家园的图书角借阅管理和三点半活动、"小小鸟"的维权咨询中都能看到志愿者的身影。难能可贵的是,志愿者除了自身的志愿服务,他们帮流动人口自组织争取其他资源的贡献也很突出。有的志愿者会向其单位宣传自己所服务的组织,为该组织寻求赞助和支持;当组织遇到困难时,有的志愿者还会调动自己的关系网络来帮助解决问题。在"工友之家"的学校关停事件中,就有两名志愿者帮忙争取到了国家发改委和北京市政府有关领导的支持,成了学校关停事件得以化解的关键性支持力量。

　　流动人口自组织的公益价值取向是吸引志愿者参与的一个主要原因,志愿者在志愿工作中体会到被需要、被尊重、被喜爱,体会到自身社会价值实现的快乐和满足。而流动人口自组织对志愿者的积极维护和管理则是吸引志愿者参与的又一个重要原因。下面以"工友之家"举例说明。该组织在每年 3 月都会召开一次志愿者大会,主要邀请北京的一些高校社团志愿者参加,向他们介绍各个项目的开展情况和组织的志愿需求,并请合作比较好的社团代表在会上现身说法,传授参与志愿活动的经验。该组织 2013 年的志愿者大会就邀请了 39 个高校社团的志愿者参加,每年一次的志愿者大会保证了即使社团换届,新一任社团干部也能对该组织的工作有所了解,有利于志愿资源的承续和补充。对志愿者的管理方面,该组织现已出版了《志愿者工作手册》,供志愿者参考。在志愿者人数较多时,该组织还会在志愿者服务的初期、中期和后期分别召开交流会,对志愿者进行组织认同和服务内容的培训,收集志愿者的反馈意见,解答志愿者的疑问并给予精神支持。对于一些表现不错的志愿者,工作人员还会长期跟进,经常给他们发送工作进展情况和问候短信,加强与志愿者的情感联系。为了回馈、支持志愿者的工作,2012 年该组织的同心互惠商店设立了一个资助型小额基金,基金额为 10000 元,主要用于支持大学生参与和打工群体相关的社会实践公益活动。"工友之家"的以上举措加强了组织和志愿者之间的互动,促进了自我管理对志愿资源的整合。但笔者在调查中发现,有的组织的志愿者资源并没有充分利用起来,志愿者资源的整合仍存在较大的空间。

五、对其他社会资源的整合

流动人口的自我管理除了可整合来自政府、企业、媒体和志愿者的资源外,还有一些其他的资源整合渠道:

一是对基金会资源的整合。和其他草根组织的境遇相似,流动人口自组织从境内基金会获得的资金支持微乎其微,其项目运作所需资金主要依赖"洋奶"。目前,境外基金会提供的项目资金是流动人口自组织主要的资金来源,如"工友之家"和"小小鸟"的第一笔外援资金就分别来自香港乐施会和加拿大国际发展署公民项目的资助;"打工妹之家"也先后与福特基金会、香港乐施会、法国助学行动、促进全球扫盲组织和环球妇女基金等都有合作;香港乐施会也是"同心希望家园"唯一的项目基金资助者。境外资金的进入不仅缓解了流动人口自组织的资源危机,还能为少部分工作人员提供出境参观学习的机会,提升了他们自我组织和自我管理的能力。但是对境外基金会资源的整合也存在一些问题,流动人口自组织与境外组织的接触,往往成为政府部门对其保持敏感和警惕的重要原因,与此同时,自组织还面临基金会目标与组织目标冲突、"洋奶"减少或断流等困境。未来如何减少对基金会项目资金的依赖,做到经济上的持续和自主,流动人口自组织尚需有较为长远的考虑。

二是对其他社会组织资源的整合。流动人口自组织经常与其他社会组织联系,有的还建立了很好的合作关系,彼此间进行信息交流,互相参与活动,共同开展协商和研讨,等等,特别是同类组织之间的交流往来更为密切。如"同心希望家园"的儿童活动中心的工作就得到了"四环游戏小组"(简称"四环")[1]的指导和帮助,该组织负责人最初就是受"四环"的启发,才决定在流动人口社区动员流动妇女来开展互助育儿活动的。在儿童中心正式运行后,"四环"每周三上午都派志愿者来各个班级支教,帮助妈妈老师开展教学

---

[1] 四环游戏小组是北师大教授张燕老师创办的一个服务流动儿童的草根组织。该组织一直在北京的农贸市场开展流动儿童家长教育互助活动,实施非正规学前教育实践,并倡导"妈妈是最好的老师",提倡流动人口育儿互助,树立了流动儿童教育"始于学前、重在家长、依托社区、社会参与"的理念。

活动,这种支教持续了好几个月。2012年"四环"接受北京市教委的委托开展"北京市城乡接合部学前儿童游戏小组师资培训项目",儿童中心也被该项目选为推广点,妈妈老师们又每周六去参加"四环"的培训,学习到了许多科学的育儿知识和技能,提高了儿童中心的育儿水平。"同心希望家园"还与和众泽益(一个专业从事企业志愿服务培训、咨询和研究的组织)合作,借助该组织的优势,在各个企业之间搭建募捐平台,有效地整合到了许多企业的闲置资源。

三是对公众资源的整合。这里的公众资源主要包括两类:普通公众资源和知名人士资源。普通公众的认可能增强流动人口自组织的社会合法性,他们手头的闲置物资、道义上的支持等都是资源整合的重要对象。知名人士的资源整合则可为流动人口自组织带来不可多得的优质资本,流动人口自身的社会资本薄弱,因而他们比较重视通过理事会、顾问团或其他方式整合更多知名人士的资源,以此来增强自组织的社会资本,甚至于为自我管理构建起政治的"防火墙"。从调查的情况来看,目前,流动人口自组织整合到的主要是知识精英的资源,如学者、律师、媒体工作者等,而整合到政治精英和经济精英的资源相对较少。虽然知识精英的支持离"防火墙"作用的发挥还有段距离,但对于这类草根组织来说,仍然是不可多得的重要资源。流动人口自组织一般也都乐于配合知识精英的工作,如为学者的调研介绍情况,提供资料,邀请学者参加它们的相关活动,等等,通过这些互动,可以与学者们建立起一定的交情,从而获得他们的指导、捐赠或其他帮助。最典型的例子莫过于前文所提及的"工友之家"学校关停事件,崔永元等五名专家联名致信教育部部长呼吁保留学校,这对于学校的最终成功保留起到了难以估量的作用。

综上所述,流动人口自我管理的资源整合渠道是多元的,流动人口自组织是各个主体与流动人口自我管理发生联系的中介和平台,流动人口自组织从各个主体整合资源的行动,构建了一个共同参与的社会支持网络。这个网络涉及多种力量的互动,流动人口自组织充分调动组织整体和组织中个体的社会资本,运用一定的行动策略整合来自政府、企业、媒体、志愿者、基金会、其他社会组织、知名人士等的资源(见图4),为流动人口的自我管理服务,发挥了单个资源所难以起到的作用。但是我们也看到,流动人口自组织整合资源的能力并不是整齐划一的,功能相似的组织,其发展状况和前景却可能大不一样。"工友之家"等发展较为成熟的组织表明,流动人口具有克服外部环境约束的主动性和能动性,独立自主、互惠合作的意识,灵活多样的行动策略是其积聚社会资源和扩充社会支持网络的关键。它们的经验也证明,体制内外的资源都是有可能撬动的,游走于国家和社会之间,创造一个更宽广的公共参与空间,是流动人口自我管理整合资源的现实选择。

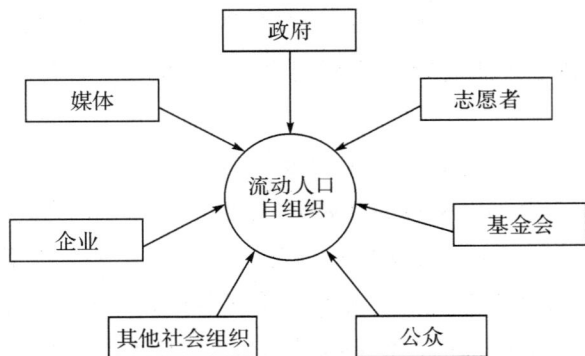

图 4   流动人口自我管理的社会支持网络示意图

说明:流动人口自组织可从图中所列各个主体整合到如下资源。

政府——提供资金、场地、培训、荣誉、合法性等多种资源;

媒体——发布信息、报道宣传等;

企业——资金、物资、员工参与等;

志愿者——参与宣传、支教、募捐、法律咨询等志愿服务活动;

基金会——项目资金、培训机会等;

其他社会组织——信息交流、活动参与、培训、协商和研讨等;

公众——捐赠、道义支持、知名人士的社会关系资源等。

第三节   资源整合的新型方式:创办社会企业
——以"同心希望家园"的爱心超市为例

大多数社会组织通常采用传统的"给予—获取"的被动式资源整合方式,这种方式是外界直接对组织的"输血",资源来源具有不稳定性。在流动人口自我管理的实践中,出现了企业化整合资源的新型方式。这种运作模式通过一定的经营性行为谋取盈利,主动用已有的资源去开发和创造新的资源,不仅实现了资源的增值,还能减少组织对外界资金的依赖,实现其自主"造血"

功能。与此同时,企业化方式整合资源进一步提升流动人口自我管理的社会意义,是对自我管理可持续发展的一种有价值的探索。

一、社会组织的变革与社会企业的兴起

长期以来,社会组织的发展主要以整合社会资源、服务社会为导向,社会组织的参与者首先需要考虑的是如何做好工作,为社会提供切合需求的服务,对服务对象来说,接受的基本也都是免费的服务,可以说,公益和非营利是社会组织给人们留下的核心印象。然而,在时代的变迁中,社会组织的经营管理发生了明显的变化。20 世纪 70 年代以来,发达国家的一些组织开始尝试通过"营销"来增进社会公众对其工作的认同,比如刊登有关公共服务的广告,通过销售筹集资金,等等,许多大的国际组织像联合国开发计划署、世界银行也都纷纷采用营销策略来救助困难群体,倡导环境保护,促进全球的可持续发展,营销的重要性在政府、市场之外的社会领域日益显现。

社会组织不时面临着成本增加、捐赠减少和资金不足的困难,草根组织因为难以得到政府的资助,在资金方面遇到的压力更大。在这种情况下,一些组织转而向商业领域拓展,通过创办社会企业,以市场化手段取得收入来弥补资金的不足,这种转型有效降低了组织对外界资金的依赖,提高了组织的独立性。作为一种全新的经营理念和形式,社会企业最早在英国出现,虽然学者们对社会企业的界定、运作模式等的认识尚有争议,但对社会企业的基本特点和作用的看法已基本一致。多数学者都认同社会企业是一种以市场化机制整合社会资源的方式,它同时追求社会公益和商业营利,但社会企业营利的目的是解决社会问题,所获利润不能用于股东分红,只能用于社会企业的再投资和社会公益。

目前,社会企业主要由两部分发展演变而来:一是私营企业为了履行企业社会责任,解决社会问题而主动创办;二是一些社会组织为了更好地发展而采用社会企业形态的市场化经营。流动人口的自我管理以社会企业的方式来整合社会资源,体现了流动人口发挥主体性适应社会环境的努力。市场机制的引入打破了传统的资源整合方式,能使已有资源发挥更大的效用,自我管理也能从中获得更多的自主性和更好的发展前景。本节主要以"同心希望家园"的爱心超市为例,详细论述爱心超市以社会企业方式整合资源的过程,以期从实践层面推进流动人口自我管理资源整合方式的创新。

二、社会企业方式整合资源的个案考察

1. 爱心超市的创立

爱心超市是"同心希望家园"以社会企业方式整合资源的成功尝试,它是一个由流动妇女发起成立、自我管理并服务于流动人口社区的二手生活物品连锁商店。它把从社会募捐到的废旧、闲置衣物,以低廉的价格出售给社区流动人口,超市盈利除了支付房租和工作人员的工资,维持超市日常运转外,所得盈余主要用于支持流动人口社区公益和流动儿童教育。2012 年,爱心超市因其效益性和创新性被北京大学中国政府创新研究中心等机构授予第二届"中国社会创新奖"。

爱心超市的最大亮点在于,对资源的整合引入市场因素,通过企业化经营来实现流动人口自我管理、自我服务的目的。其募捐来的衣物不是无偿赠送给流动人口,而是经过分类整理,在超市里以极低的价格出售给流动人口。爱心超市走营利经营的道路,这是流动人口在解决现实问题中的主动选择,充分体现了他们在自我管理中的创造性。传统观念认为,募捐的衣物就应该赠送,然而,"同心希望家园"在这样做后,发现其中存在一系列问题:很多流动人口都想要这些衣物,这就存在"募捐来的衣物到底该送给谁,怎样做到给予真正需要的人"的问题;而且在衣物送出去的时候,大家往往一窝蜂地去抢,可很多衣物拿回去后并不合适,只能扔掉或再次闲置在那里,导致社会捐赠的资源并不能得到合理的使用,这就违背了大家当初组织募捐的初衷;另外少部分人还对赠送存在抵触心理,觉得这是一种施舍,即使有需要也不愿意接受别人送的东西。

怎样既帮到流动人口,又让这些募捐来的衣物真正实现它们的价值?这曾经在相当长一段时间内都是"同心希望家园"的工作人员感到困扰的问题。问题解决的思路来自于组织内部会议的几次讨论,当时有几位妇女骨干出了个主意:能不能整理出一间屋子,将衣物以两三元一件的价格卖出去?主意提出来后,虽然也有人担心没人愿意买,对这个办法表示质疑,但最后大家还是决定尝试一下。几位妇女骨干开始积极地找房子,打扫卫生,自觉排班负责销售,在大家的辛勤劳动下,2006 年 8 月,第一家爱心超市在刘娘府社区顺利开张。此后,随着募捐衣物和自身管理经验的增加,爱心超市逐渐扩展到现在 5 个连锁店的规模。

2.爱心超市的运作和管理

爱心超市虽然采用商业形式运作,但与一般的企业管理不同,它的运作和管理较多地传承了其所属组织"同心希望家园"的特点。流动妇女骨干不仅是爱心超市各项工作的实际承担者,她们还集体参与超市的管理,经过多年的实践摸索,已经积累了一套成体系的运作和管理经验。

(1)一般运作流程

爱心超市的工作主要是把募捐来的衣物低价卖给流动人口,其衣物的来源有两个:爱心超市与许多高校社团都有长期的合作,在每学期的开学和每年的毕业这两个时间段,工作人员就会和各高校社团联系募捐,这是超市大部分衣物的主要来源,另外也有少部分衣物来自企业和城市社区居民的捐赠。所有募捐来的衣物都会先在库房进行消毒和分类整理,然后再定期发往各个店面销售。爱心超市结合该组织长期服务流动女性的特点和优势,在超市衣物的募捐、运输、入库、分类整理、上货、销售的各个环节都由社区的流动妇女骨干负责实施,具体运作流程如图5所示:

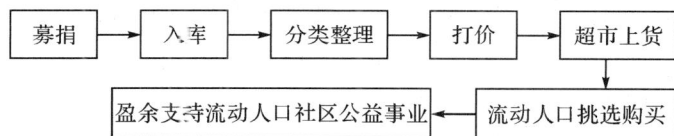

```
┌──────┐   ┌──────┐   ┌──────────┐   ┌──────┐   ┌──────────┐
│ 募捐 │ → │ 入车 │ → │ 分类整理 │ → │ 打价 │ → │ 超市上货 │
└──────┘   └──────┘   └──────────┘   └──────┘   └──────────┘
                                                        │
┌──────────────────────────┐   ┌──────────────────┐    │
│ 盈余支持流动人口社区公益事业 │ ← │ 流动人口挑选购买 │ ←─┘
└──────────────────────────┘   └──────────────────┘
```

图 5　爱心超市的运作流程

(2)流动妇女的参与式管理

与流动人口自组织的结构特征相似,爱心超市内部没有严格的上下等级之分,流动妇女之间彼此多以姐妹相称,共同商讨超市的各项事务,充分体现了流动妇女自我管理、自我服务的主动性和能动性。

爱心超市实行店长负责制,由各店长对本商店衣物的销售和管理直接负责,这种管理方式是流动妇女自己在实践中比较和选择的结果。为了让更多的流动妇女有参与的机会,商店管理最初采取的是妇女骨干轮流值班的模式,每个商店每天由两个妇女骨干轮流管理,但很快就出现了问题。有的人值班时会把账务写得清清楚楚,卫生搞得干干净净,这样第二天值班的人就能很方便地开展工作。可也有的人这些方面做得不好,甚至还有人把比较好的衣物挑出来,留给自己或亲戚朋友,引起其他人的强烈反对。发现这些问题后,妇女骨干们又一起开会讨论解决办法,最后商定由一个人负责管理一个商店,这样责任落实到人,就能避免参与人太多带来的问题。于是,爱心超市开始试行店长负责制,在实践证明切实可行后,才将之作为一种管理模式固定了下来。

同样的,超市的各项具体管理规定也都是通过妇女骨干的讨论协商来确定的。爱心超市每周六都召开一次例会,超市的许多具体事务如工作时间、工资待遇、破损和下架衣物的处理方法等,都会拿到例会上来讨论,广泛听取流动妇女的意见,使得制定出来的管理规定非常人性化。例如,在工作时间上,爱心超市实行弹性工作制。为了适应流动妇女家庭与工作内外兼顾的需求,超市只规定每位店长每天应工作 7 个小时,每周工作 6 天,而不规定具体的工作时间点。每位店主可根据本店顾客的需求、自己家庭接送孩子和做家务活的时间灵活确定上班的时间(见表 1)。流动人口下班后的闲暇时间相对较多,根据这一特点,大多数店面都是从下午才开始营业,而法海寺店,因为邻近早市,早上顾客比较多,所以该店的营业时间从上午八点就开始了。另外,各个店每周的休息时间也不一样,有的是周一休息,有的是周三休息,还有的是周日休息,这些都由店主根据自身的需求来安排。

表 1　爱心超市弹性工作时间一览表

工作地点	上班时间	周休时间
法海寺店	8：00—11：30,14：30—18：00	星期一
北辛安店	13：00—20：00	星期三
西黄村店	13：00—20：00	星期一
金顶山店	13：00—20：00	星期三
衙门口店	13：00—20：00	星期一
库　房	7：00—11：30,13：00—16：30	星期天

流动妇女骨干的参与式管理,既实现了超市的民主管理,又照顾到了流动妇女的实际需求。流动妇女参与跟自己有关的问题的商讨,除了能从中感受到他人的尊重和重视,也能在参与过程中受到激励和鼓舞。因此,流动妇女对爱心超市的这份工作相当认同,纷纷以主人翁的姿态投入到爱心超市的经营管理中。为了给流动人口提供更多方便,有的妇女提议可将募捐到的一些旧杂志放在商店里供大家翻看,或是将一些品相不太好或坏了的玩具拿到店里供小孩玩,还有的妇女主动帮顾客免费缝补衣服……流动妇女们的用心

经营,使爱心超市给顾客带去家一般的温暖,对流动人口产生的吸引力不亚于运用营销策略的效果,大大增加了超市的经济效益。

(3)财务和信息的公开透明

社会组织的企业化运作,较受公众关注的一个重要方面是其财务的透明度问题。只有具有良好声誉的组织,才能持续得到资助者和公众的认可,因而,运用社会企业方式整合资源,尤其需要注意主动及时地公开营利资金的数额和使用情况,争取经营活动得到更多人的信任和支持。

爱心超市在财务运作和信息的透明化方面做了大量工作,这主要体现在内部财务的相互监督和对外信息的公开上。一方面,爱心超市内部有非常严格的财务管理规定。在对货物的管理方面,每次衣物出库、上货、回库都会有专人清点,商店的货物每20天盘点一次,并且每个商店都有独立的账本,每卖出一件衣物都会要求顾客在上面签字。在对资金的管理方面,每周末开例会时,各店长要先汇报本周的营业情况,上报每日的营业额,再由三人组成的财务小组做好钱款的管理工作。爱心超市款账分离,账目、钱款、监督分别由三人负责,各自保持严格的独立性。当管钱的大姐把钱存到银行卡里时,存钱信息就会马上发送到负责监督的大姐的手机上,取钱也是如此,三人相互监督,不必担心钱款去向不明。另外,超市报销支出的手续也比较严格,每项支出都必须有票据,且要有两到三人签字才能生效,支出报销的钱由财务小组的会计和出纳一起当场结清。

另一方面,爱心超市的信息对外公开,主动寻求外部监督。首先,在衣物的定价上,爱心超市曾举行过社区妇女听证会,由大家商量定出能够接受的价位,社区消费者的参与在保证衣物价格合理的同时,又起到了社会监督的作用。其次,爱心超市的盈利、开支,以及盈余使用等情况都定期在博客中公布,力求做到信息的公开透明。再次,爱心超市还注重对捐赠者信息的反馈,每次的捐赠信息都会在博客中予以详细说明,他们还会热情邀请衣物的主要捐赠方——高校大学生社团的成员前来超市了解情况,监督衣物的使用和销售,这种公开透明的管理方式赢得了捐赠者的长期信任和支持。

一所高校社团的负责人对爱心超市给予了高度评价:"我们觉得他们很正规,别的组织对衣物的处理反馈不是那么有经验,捐给爱心超市我们就很放心。这里的人都很真诚、很朴实,跟他们合作特别愉快。其实,前几年我们有尝试联系过其他组织,包括XXX这样很大型的组织,后来还是觉得他们对衣物的上心程度不如这边高。我们可以确保我们的衣物捐到爱心超市后,每一件都发挥到最大用处,就我们捐赠者而言,还是愿意捐给像爱心超市这样比较值得信任的组织。现在衣物越来越多,我们也在尝试联系一下其他组织,但是这种组织不好找。"①正是因为具有良好的社会公信力,爱心超市才能够源源不断地获得衣物的捐赠,这已成为其企业化运作得以持续发展的重要保障。而对流动人口自我管理的发展而言,爱心超市社会企业的运作模式和独具特色的管理经验无疑是一笔宝贵的财富。

3.爱心超市的社会功能

爱心超市以市场手段来整合募捐到的二手衣物,其意义不仅在于使这些衣物资源再次得到了合理利用,还在于这种方式实现了资源的"增值",创造了比资源本身大得多的社会价值。

首先,爱心超市提倡有尊严的消费,降低了流动人口的生活成本。爱心超市把募捐来的衣物,以极低的价格卖给真正有需要的流动人口,买衣物的人不但省了很多钱得到了实惠,而且由于衣物是他们花钱买来的,他们并不会觉得是在接受施舍或怜悯,而能在有尊严的消费中感受到社会的关爱,对买到的东西也能更加爱惜。现在,每年都有上万人来爱心超市选购衣物,这种消费方式大大降低了流动人口在城市的生活成本。据统计,自2006年第一家超市开张至2012年的6年时间里,爱心超市共卖出衣物约14万件,即使按一件衣物为流动人口节约10元钱计算,也已经为流动人口家庭节约了140万元的生活成本。②

其次,爱心超市为流动妇女搭建了一个相互支持的平台。流动妇女因为要照顾孩子和家庭,往往不容易找工作,而爱心超市的门槛较低,相关的工作流动妇女一般都有能力承担。目前,爱心超市已为十来位流动妇女提供了较为稳定的就业岗位,这些妇女在赚钱补贴家用的同时,也锻炼了能力,增强了自信。随着彼此间感情联系的加强,流动妇女间逐渐形成了一个相互支持的网络,大大增强了她们的社会资本。流动妇女平常没有可以聊天解闷的地方,也很少有人愿意听听她们想说什么,而爱心超市就为她们提供了这样一个平台。每周超市开例会时,大姐们就有机会聚在一起聊天诉说心事,联络

---

① 资料来源:笔者对北大爱心社负责人 LSY 的访谈。
② 数据来源:"同心希望家园"社区活动简介,该组织的宣传资料第3页。

感情,有时会后还一起唱歌跳舞,非常开心。时间长了,大家都把爱心超市当成了她们的另一个家,哪位姐妹遇到了难事,大家都来帮忙出主意,爱心超市或者"同心希望家园"有什么事,她们不但自己会尽力参与,而且还会积极动员家人来帮忙做一些力所能及的事情。

再次,爱心超市发挥了社区中心的作用,改善了社区关系。流动人口在城市的生活不同于农村,大家平时多忙于工作,很少走家串户,人际关系相对比较冷漠。而爱心超市的存在,给流动人口提供了一个公共活动的空间。超市专门准备了小凳子、报纸杂志等供大家休闲时免费使用,超市大姐的服务也很热情,很多人下班后都愿意来超市坐一坐,即便不买衣服,也喜欢来这里聊天,放松一下心情。在这里,大家除了能买到价廉物美的商品外,还能收获到彼此的关爱,更有小伙子让超市大姐帮助介绍对象……爱心超市已成为一个小小的社区活动中心,流动人口之间的关系在这里显得格外密切与和谐。

最后,爱心超市支持流动人口社区的公益事业,能切实帮助流动人口家庭解决实际的生活困难。爱心超市从 2009 年起就实现了自负盈亏,目前盈余部分的资金主要用于支持流动人口社区的公益活动,如为流动妇女举办各类她们感兴趣的免费知识讲座,开展流动儿童亲子活动、小学生课后辅导活动等。另外爱心超市还对一些特别困难的流动人口给予教育和医疗方面的资助,如救助上不起学的流动儿童、白血病患儿、患子宫癌的妇女……给困难的流动人口带去了关心和温暖。

三、对社会企业化资源整合方式的分析

爱心超市以流动妇女为主体,通过市场销售把社会捐赠衣物变现成资金,再反哺到流动人口的服务中,摸索出了一条可持续的资源整合模式,是对传统资源整合方式的突破和创新。在传统模式下,社会组织主要通过申请项目、聚集公益价值、凝聚信任等方式整合外界资源,然后再直接使用和分配这些资源,这种资源的整合主要靠外界对组织的"输血",对外界依赖性较强,具有不稳定性,一旦供应端的链条断裂,就会威胁到组织活动的正常开展,甚至威胁到组织的生存。爱心超市社会企业方式的成功运作表明,流动人口自组织完全可以通过营利活动来拓宽资金的来源。这种方式打破了传统的资源整合方式,使其对资金的筹集由被动转向主动,它创新性地将经营行为嫁接进来,帮助流动人口自组织"造血",在增强组织自主性的同时,也推动了流动

人口自我管理的发展。

爱心超市运用社会企业方式整合资源,充分体现了这种运作模式的特点和优势:首先,能兼顾社会效益和经济效益。虽然爱心超市采用市场经营的办法来应对资金的需求,注重追求经济利益,但该组织始终秉承其宗旨和使命,坚持为流动人口群体服务,在开展经营的同时为流动妇女提供了十来个工作岗位,降低了流动人口的生活成本,支持了流动人口社区的公益……实现了社会效益和经济效益的双赢。其次,经营成本低,市场竞争力较强。爱心超市的资源主要是社会捐赠的废旧、闲置衣物,只要人们的消费在不断更新,这类资源就不会枯竭,就会有很大的挖掘潜力。尤其是大学生毕业时,许多衣物都需要处置,大学生一般又比较能支持这样一种二手物品再次利用的方式。而对于爱心超市来说,获得这些资源几乎只需要一些运输费用,更何况其中还有部分志愿者是义务服务。可见,爱心超市获取资源的成本很低,这样衣物上架时就能以价格优势来吸引顾客。第三,具有较强的可操作性和可复制性。爱心超市已经积累了一套成体系的较为成熟的管理经验,对于那些想开拓资金渠道、增强自主性的流动人口自组织来说,具有很强的借鉴意义。

不过,爱心超市的企业化运作也面临一些挑战:一是文化观念方面的挑战。从爱心超市的情况来看,公众对公益与商业相结合的理解还需要一定的时间,一些人认为衣物应该无偿赠送,而不应该售卖,这部分人一般也不愿意向爱心超市捐赠。目前,爱心超市从特定群体(主要是大学生)获得的支持比较多,募捐到的衣物品种也较为单一,难以完全满足流动人口的需求,社会支持面的拓展还有待人们观念的转变。二是政策法规方面的挑战。我国法律法规并没有对社会组织附属营利性机构的明确界定,一般在工商部门注册就认定为企业,这样所获盈余实属私有资产,不利于对公益资产的保护。另外,我国缺乏对社会组织的税收优惠政策,对利润不能分配的对象也没有明确规定,从而流动人口自组织创办的社会企业也难以享受到政策方面的实际优惠。

第四节　资源整合与流动女性的发展

流动女性与流动男性虽同是流动人口,但由于传统性别文化和性别分工的影响,流动女性在城市受到的压力和束缚远远大于男性,她们的工作和生活状况也处于相对劣势,因而,研究自我管理,特别需要关注其对于流动女性的意义。在流动人口整合资源、进行自我管理的过程中,流动女性从中得到各种锻炼,获得来自社会各界的鼓舞和激励,既促进了她们自身的成长,又促进了她们家庭地位和社会地位的提高。

一、社会反馈激发流动女性的自信

有学者专门研究过流动经历对女性的影响。其中,一部分学者肯定了流动对女性产生的正面影响。他们认为,农村的社会规范和文化比城市更为传统,对女性的制约更多,农村女性外出打工可以摆脱家庭和社区的直接控制,重新定位她们的性别角色。[1] 农村女性进入城市的劳动力市场,要比在家乡时更有能力把握自己的生活。而且,女性流动还将影响到她们在家庭、婚姻、保健、生育、夫妇关系等方面的观念和行为。[2] 另有一部分学者在流动对女性地位的持久影响方面持有不同的看法。他们认为,中国特色的流动模式实际上削弱了流动对女性的积极效果。流动并未从根本上改变女性在家庭和社会中的从属地位,只不过从对家庭中男性的臣服转变为对雇主的臣服;[3] 还有学者建议讨论流动对女性能力增长的中性甚至负面作用的可能性。[4] 笔者的调查表明,女性在流动中参与自我管理及其资源整合,其积极作用十分明显。

资源整合是流动人口与各社会主体持续互动的一个过程,在互动过程中外界社会的反馈必然会对流动人口产生一定的影响。就流动女性来说,这种反馈构成了重要的动力源泉,激励着她们在自我管理的道路上毅然前行。许多流动女性都跟笔者谈到了她们从社会反馈中获得的感动,她们既为奉献出爱心、给予其帮助的人们所感动,又为自己参与了自我管理这一伟大事业所感动。如 MXD 就感慨道:"社会的支持让我们很感动。有的社团 7 年来一直默默地支持我们,他们给我们募捐衣物,都没有喝过我们一口水,有的还在

---

① Lee,Ching Kwan. Gender and the South China Miracle: Two Worlds of Factory Women[M]. Berkeley,California:University of California Press,1998:84.

② 郑真真,解振明. 人口流动与农村妇女发展[M]. 北京:社会科学文献出版社,2004:2.

③ 刘伯红. 农村流动人口与性别——"中国农村劳动力流动国际研讨会"有关论点综述[J]. 妇女研究论丛,1996(4):53-56.

④ Hugo,Graeme. Migration and women's empowerment[G]//Presser, H. B. & Sen, G. (eds.). Women's Empowerment and Demographic Processes:Moving Beyond Cairo. Oxford:Oxford University Press,2000:287.

衣服口袋里夹张纸条,上面写道,'叔叔、阿姨,这衣服是干净的,你们放心穿吧',让我们感到很温暖,这纸条我们现在还保存着。有个叫XXX的,每个月月底在我们账上打600元,已经两年了,我们面都没见过。这些让我们感受到社会的正的积极力量,更让我们觉得要把这个事情做好!"[1]YJ也谈道:"社会各界的帮助让我们知道这个事不是一个人在做,大家只不过分工不同而已,其实都很关心这个群体,这是对我们很大的鼓舞,我们觉得这个事做得有意义,我们并不孤单。"[2]社会的支持使流动女性的自豪感和责任感被不断地再生产出来,成为她们克服困难、致力于追求群体发展事业的重要的反身性激励力量。

在与外界社会的交流和互动中,流动女性获得的肯定和认可也进一步激发了她们个人的自信。大部分流动女性来自农村,教育程度和社会阅历都比较有限,来到城市后,许多人内心深处存在一种自卑感,与人的交往也缺乏信心。而自我管理中资源的整合需要与不同的人和单位打交道,流动女性参与自我管理,经常能赢得别人对她们工作的大力肯定。通过与外界的持续互动,流动女性能从中获得一种成就感,慢慢地变得更加自信。像有的超市大姐以前害羞内向,不敢在大众面前发言,讲话也不流畅,现在已经能够自如应对来访者,自信熟练地回答他人的问题。同心儿童活动中心的妈妈老师们也是如此,刚进儿童中心时她们也不自信,觉得自己当不了老师,甚至连她们的丈夫和孩子对此也表示怀疑。然而,在整合到"四环"的培训资源后,这些流动妇女得以坐在大学的教室里参加培训,得到教育专家的鼓励和指导,她们的自我认同感越来越强,对育儿工作也变得越来越有信心。

二、流动女性能力和家庭地位的提升

如前文所述,正式流动人口自组织的女性化特征明显,流动女性在自我管理及其资源整合中承担了许多工作,尽管这在某种程度上是流动女性难以在正规部门就业的一种无奈选择,但客观上来讲,流动女性参与自我管理还是促进了她们能力和家庭地位的提升。

---

[1]　资料来源:笔者对"同心希望家园"MXD的访谈。
[2]　资料来源:笔者对"工友之家"YJ的访谈。

流动人口自组织为流动女性搭建了一个自我成长的平台,流动女性的参与不仅能够扩大她们的社会网络,还有助于发挥她们自身的潜能,全方位地提升自己的能力和素质。流动妇女 ZQL 是一位 1989 年出生的年轻妈妈,中专毕业后就结婚生子,来"同心希望家园"之前一直在家带孩子,生活单调没有变化。在爱心超市上班是她在北京的第一份工作,自上班的第一天,她就喜欢上了这份工作,能够与许多人一起工作交流,生活从此在她眼中变得有意思起来。她积极主动地承担了许多工作,不到两年,就成长为爱心超市的项目负责人,并协助承担"同心希望家园"办公室的工作。在这期间,她除了沟通和管理能力得到提高以外,写作水平也日益渐长,从最初只是为了完成任务简单地写点感想,到现在已越来越喜欢写,写的东西也越来越有思想了。[1] 同心儿童活动中心妈妈老师的潜力也被充分地挖掘了出来,有的流动妇女以前都不知道自己能跳舞、能表演,甚至还能上课,经过一段时间的学习和锻炼,现在基本上都能在自己负责的领域独当一面。能力增强后,这些妈妈老师变得更加自信,生活也更加充实了。妈妈老师 CJL 表示:"培训让我学到了很多东西,我去教委学习还被评为'优秀学员'。现在我知道了该怎么去教。以前为了确保孩子的安全,我尽量让他们待在教室里写作业或玩,参加'四环'的培训后,我认识到应该让孩子在玩中找到学习的乐趣,每天都会带他们在游戏和乐高玩具中学习。以前我也不知道什么叫美工区、阅读区,学习后就知道了要分区教,跳舞也不能想跳什么就跳什么,要选择适合儿童的舞蹈跳。去年一年可没少学,现在我已经越来越找到感觉了。"[2]

流动女性参与自我管理及资源整合的工作,还能提升她们在家庭中的地位。相当多的已婚女性跟随丈夫流动,为了照顾孩子往往只能待在家里,但即使她们承担了所有的家务劳动,由于家务劳动的价值得不到社会合理的评价,加之传统性别文化以男性为中心,贬低女性的能力和价值,流动女性的这部分贡献很容易被忽略或抹杀。在男性看来,这些女性是靠他们来养活的,女性应处于附属男性的地位。而流动人口的自我管理为流动女性提供了工作机会,有的工作安排还很灵活,便于流动女性在工作的同时兼顾到家庭。

---

[1]　资料来源:笔者根据调查了解到的情况整理而成。

[2]　资料来源:笔者对"同心希望家园"CJL 的访谈。

流动女性参加工作是对传统性别角色的挑战,经济收入的增加,使流动女性在家庭中的地位随之提高。在调查中,笔者看到了不少这样的例子。如:一位大姐的老公原来大男子主义特别强,家里什么活都不会干,烧水时连水有没有开都不会判断。大姐最初去上班时,他并不支持,抱怨没有人做饭洗衣服了,认为女人做不出什么事情,就应该围着锅台转。一段时间之后,他看到大姐工作得很开心,也能挣到钱补贴家用,以前的看法慢慢发生改变,现在他在家里勤快多了,提水、做饭等家务活也会帮帮忙。另一位大姐的丈夫为了支持大姐上班,把休息的时间从周末调到周三,白天在家洗衣做饭接送孩子,帮助减轻大姐回家后的负担。还有的流动女性因为上班之后见识变广,丈夫对其刮目相看,在家庭事务和小孩教育方面,更加重视她们的意见了……①流动女性走出家庭后,她们的丈夫也更多地开始分担家务,丈夫越来越多的尊重和支持表明了流动女性家庭地位的提升。可见,流动女性的一点点改变,往往能带动整个家庭的改变。

三、流动女性思想和价值观念的改变

流动女性参与自我管理及其资源整合,与各种社会人士的频繁接触,给她们的思想和价值观念带来的冲击是显而易见的。正如波伏娃在分析女性劳动问题时所述:"当她成为生产性的、主动的人时,她会重新获得超越性;她会通过设计具体地去肯定她的主体地位;她会去尝试认识与她所追求的目标、与她所拥有的金钱和权利相关的责任。"②流动女性在自我管理中开阔了眼界,增长了见识,思想和价值观念也随之发生了一定的改变。

这种改变突出地表现为流动女性主体意识的增强。在参与自我管理之前,许多流动女性并没有群体意识和群体概念,也基本上不会去关注和思考有关流动人口的问题和政策。参与自我管理后,流动女性的主体意识明显增强,有的已经开始反思自己所处的社会位置,关心底层人的生活,有的在个人权利意识觉醒后,已经具有较强的维权观念。一位流动女性告诉笔者:"一开始我都不知道,我自己是个流动妇女,我们家孩子是个流动儿童,我们家是个

---

① 资料来源:笔者根据调查了解到的情况整理而成。

② [法]德·波伏娃.第二性(全译本)[M].陶铁柱,译.北京:中国书籍出版社,1998:771.

外来流动人口之家。我也从来没想过这问题,我就觉着,生活所迫嘛,出来讨口饭吃,孩子跟着父母在这儿,没办法嘛。来到这里后(指到'同心希望家园'上班后),我才慢慢发现,像我这样,带着孩子外出打工的人太多了,不是我一个人,而且大家的处境都一样,都同样面临着住房难、孩子上学难的问题。我们现在的工作就是创造条件,为自己争取这些东西,尽管目前的能力还帮不了所有的人,但是能帮几个是几个,如果能够影响更多的人,事情就更容易了。"①

另一位流动女性也谈了自己的变化:"这边关注的人特别多,关注流动妇女儿童,认识到好多人,还能去外面交流学习,可以听到好多在别的地方听不到的东西。像国家大事、孩子的上学问题、妇女的就业问题。我感觉自己不像以前那么软弱了,有什么事,自己能争取的就得争取。例如孩子上学的问题就得自己去争取,以前不懂,别人说上什么学校就什么学校,说掏多少钱就掏多少钱,现在咱可以把声音发出去,你不会写有人会写,可以请人帮忙写。还有家庭暴力问题,现在才知道原来女人们也可以把家庭暴力拿出来,坐在一块讨论。以前我不自信,觉得自己没文凭,什么都不懂,什么都没有,现在跟大姐们在一起觉得挺自信的,可以唱唱跳跳,挺开心的,自卑都没有了,觉得挺好的。"②

流动女性的改变还体现在价值观的变化上。薪资工作赋予流动女性一定程度的权利和自主,有助于帮助女性逐渐摆脱对男性的依赖心理,并逐渐成为与男性共同商讨做出决策的独立主体。流动女性"自我"的分离,促使她们追求与男性平等的人格和尊严,有助于消解男主女从的两性关系,提高婚姻生活质量,促进家庭的和谐。ZQL对此就深有感触:"初来北京时,我老公白天要上班晚上很晚才回来,由于怕走丢或遇上坏人,给老公添乱,白天我基本不出门,经常一个人憋在十几平方米的出租房内看碟片,抱怨生活的枯燥乏味,整个就是一怨妇。我不喜欢这样的生活,但又不敢跟他说,怕他嫌我吵。他有时候上班累得很了,也不怎么说话,吃完晚饭倒头就睡,而我一天都没见这个人,好不容易晚上盼回来了,还在那呼呼大睡不理我,因此很多对他的埋怨就来了,那会儿两人老吵架。现在我有了喜欢做的事情(在'同心希望

---

① 资料来源:笔者对"同心希望家园"ZQL 的访谈。
② 资料来源:笔者对"同心希望家园"CJL 的访谈。

家园'上班），自己有了经济收入，就觉得也为家庭做了贡献，与他平等了。要是我有什么想法或不高兴，就会直接跟他说，我觉得你应该怎么做，你得改。另外，自己上班后也更能体谅他的辛苦，觉得他也挺不容易的，起早贪黑都是为了这个家嘛！他知道了也挺感动、挺开心的！"①

不难看到，流动人口的自我管理及资源整合对流动女性有着极其重要的意义，她们从中增强了自信，提高了能力，改变了对事物的看法和认识。与此同时，流动女性的成长和在自我管理中的参与还提高了她们在家庭中的地位，促进了两性的平等与和谐，也为流动女性的进一步发展创造了条件。

---

① 资料来源：笔者对"同心希望家园"ZQL 的访谈。

第五章

流动人口自我管理的发展困境

　　相对于三十多年来世界瞩目的经济发展速度,我国流动人口自我管理的发展显得极其缓慢。近年来,尽管自我管理的范围在不断扩大,参与和受益的流动人口也越来越多,但是,流动人口自主空间的成长仍然比较有限。在现有的社会环境下,流动人口的自我管理呈现出一定的不稳定性和脆弱性,既面临着政府管理上的缺失和压力,又面临着自身拓展方面的困难,来自政府、流动人口自组织、流动人口多方面的综合因素,影响着流动人口自我管理的发展进程。

第一节　政府管理方面的缺失和压力

　　不容否认,解决流动人口问题是我国政府非常重视的一项工作。为此,政府已经出台了多个相关文件,每年也都会在这项工作中投入大量的人力、物力和财力。然而,政府并没有充分认识到流动人口自我管理的积极作用,现有的流动人口工作基本还是从政府管理的角度出发,忽视了对流动人口自我管理力量的培育和支持,从而致使流动人口的自我管理面临一系列政府管理方面的缺失和压力。

一、对流动人口及自组织的管理理念滞后

1.流动人口管理理念转变不到位

　　随着政府职能的转变,我国政府对流动人口的管理方式也在不断地改革,管理理念从以前的拒绝管理、管理,向服务管理转变。但事实上,政府的管理理念尚未转变到位,在管理的很多方面忽视了对流动人口的服务和保

护。就拿城市拆迁来说,当前城市在制定拆迁政策时考虑的仅仅是城市居民的房屋产权和居住权益,基本没有考虑流动人口在拆迁后的稳定居住,以及流动儿童的入学等问题。流动人口成为最容易受到驱赶的群体,被迫在不同的城乡接合部之间迁徙流动,他们的地位在拆迁中被进一步边缘化,其自我管理的活动也容易因自身的流动性和边缘性而被迫中断或搁置。

不仅如此,目前城市特别是大城市的建设规划都提出了严格控制人口数量的目标,但在落实目标的过程中往往存在行政控制过强的倾向,低收入流动人口受到的挤压相当明显。如北京市实行人口总量控制的政策,其第十个、第十一个五年发展规划都相继提到要"严格控制人口总量","规范户籍人口迁入政策、控制人口机械增长",体现出把控制流动人口增长作为调控人口规模重点的思想。北京市第十二个五年规划更是明确指出,应"加强对低端业态的规范管理,加快低端业态的调整退出",这意味着北京将把减少对低端劳动力的需求,作为其控制人口增长速度的一个重要手段。毋庸置疑,流动人口的迅速增长会对城市资源、管理和治安等带来巨大的压力,因而很有必要对人口的流动予以合理引导和调节。但在调研中笔者发现,由于接纳流动人口贡献但排斥流动人口参与的传统思维没有转变,一些政府部门和基层工作人员往往过于看重城市容纳能力的限制,把流动人口视为各种城市病的根源和城市发展的包袱,将流动人口聚居的社区看成心腹大患,急欲去之而后快,有的基层干部竟然认为,流动人口搞自我管理,把低端的流动人口服务好了,这些人就更不想走了。在这种认识下,对城市人口总量的控制很容易被机械地理解为对流动人口的行政控制,流动人口自我管理的行为自然也难以得到这些地方政府的认同和支持。

其实,这主要是一个如何看待流动人口的问题。我们至少应该认识到以下两点:其一,以控制流动人口的规模来缓解城市资源紧张的办法难以奏效。以水资源为例,造成北京市缺水的根本原因是长期不合理的用水格局和体制,因而,提高水资源的利用率、限制耗水工业的发展、改革管水体制等才应该是解决问题的根本出路。[①] 过于强调对流动人口的限制,不仅没有抓住矛盾的主要方面,对流动人口也有失公正,甚至还会贻误城市资源管理体制改革的良机。其二,从事低端工作的流动人口在城市有其存在的必要性。许多

---

① 李强,刘精明,刘佳燕.北京市流动人口的管理[J].北京规划建设,2012(5):53-58.

城市都非常重视精英人才的引进,与此同时,又竭力减少对低端劳动力的需求。这种做法轻视了低端劳动力的作用,一个城市不仅需要有金融、信息等高端产业,还需要有物美价廉的服务业,城市的正常运转、精英人才的生活都离不开低端劳动力提供的服务。在北京,每逢春节大批农村劳动力返乡后,整个城市服务体系几近瘫痪,实惠的小饭馆不再营业,家里老人找不到人照看,就连牛奶送货上门也成了问题……方便的城市生活是城市宜居的关键所在,一个城市,不管如何现代化,都有对低端劳动力的市场需求,对这些人一味地挤压、非斥,逆劳动力供求的市场规律而行,并非明智之举。

2. 对流动人口自组织的管理理念落后

政府对流动人口自组织的管理源于对社会组织的管理思路。长期以来,在"大政府、小社会"的管理框架下,政府对社会组织存在不少偏见和错误的认识:一是习惯于全能政府的为民做主、包办一切,对社会组织的领导和管制过强,希望社会组织的产生、发展完全遵循政府选择的逻辑。二是忽略社会组织在社会管理和提供公共服务中的作用,把社会组织对政府资源的依赖视为一种负担。三是害怕社会组织的发展削弱政府的权威,害怕社会组织过于强大而失去控制,成为与公共权力相抗衡的因素。四是面对国际上意识形态的挑衅,政府担心国外势力的渗透,对社会组织与国外组织的联系非常警惕,表现出一种防范的态度。基于以上担忧,目前我国政府对社会组织的管理还没有摆脱防范、管控的思维,这在很大程度上限制了社会组织生存和发展的自由度。

对流动人口自组织的管理也不例外。政府并不是很信任流动人口自组织,一些政府干部往往容易将负面的因素放大,难以对流动人口自组织形成客观全面的认识。笔者在调查中就听到了不少类似这样的看法:"流动人口自组织啊?还存在许多问题,没有得到政府的许可,像我们这以前有个'新疆村',成气候后政府的人都进不去了,依我看,这样的组织还是应该规范一下,不规范反过来会成为很不好解决的社会问题。"[①]这位工作人员对流动人口自组织存有一种"一朝被蛇咬,十年怕井绳"的担忧。

又如,"工友之家"的新工人艺术团出版了一本收录歌曲的小册子,上面

---

①　资料来源:笔者对北京市某区流动人口办公室工作人员 LJ 的访谈。

记录了外来务工者的经历、心声和情感,是困难群体精神生活的自我表达,应该说,它体现了流动人口以文化方式塑造和认识自我、维护自身权益、平等融入城市的文化自觉。但一些官员对这类事物的认识容易先入为主,给流动人口文化上自我服务的行为贴标签,将之看成是社会潜在的不稳定因素。在一次地厅级干部的研讨课上,针对这个小册子,有的干部说:"这个小册子,我看这个打工文化已经到人脑了,它站在自己的一个非常特殊的角度,它有些诉求,但是这些诉求呢,如果没有经过引导,以后进一步扩散出去,或者传导出去,我觉得呢,会把我们城市、城市人和打工团体的矛盾更进一步扩大。"还有的干部讲道:"我感触挺深,政府一定不能回避这事儿,如果再回避这个事儿就会造成社会的动乱。因为什么呢?我刚才拿到这个小册子啊,我非常感慨,我感觉这里有很多的歌曲啊,实际上是在仇视城市人、仇富、仇市、仇官。已经形成了这么个情况,我感觉它有些像那个杨白劳和黄世仁讨账,这个事情真应该引起政府的高度重视,问问咋回事。"[①]在这些干部看来,流动人口自组织的活动牵涉到劳资关系和外来务工者的权益,牵涉到稳定发展的大局,应该严加监管。这种管理理念缺乏政治自信,缺少服务意识,仍然是一种管控思维,与政府职能转变和社会管理创新的要求背道而驰,从根本上制约着流动人口自组织功能的发挥。

二、现行法规对自组织法律合法性的约束

法规属于正式制度的范畴,它决定着流动人口自组织存在的法律合法性,影响着自我管理的动员、资源获取和服务提供等一系列行为的效果。流动人口自组织可以通过凭借其活动的正当性、积极响应国家的政治号召,以及一定的行动策略来赢得社会、政治和行政上的合法性,但由于现行法规的约束,它们却往往难以通过自身努力来获得法律上的合法性。

目前流动人口自组织的登记管理主要参照国家已经颁布的几个社会组织管理条例和办法。2000 年 4 月民政部发布了《取缔非法民间组织暂行办法》,对社会组织的登记和批准做出了明确的要求,规定未经批准或登记,擅自以社会团体或者民办非企业单位名义开展活动的组织,属于非法组织。据此,流动人口自组织必须在民政部门登记注册才能成为合法组织,否则就存

---

① 资料来源:部分地厅级干部在一次进修研讨中的发言。

在很大的被取缔的风险。然而,我国对社会组织的入口管理又非常严格,对社会组织的成立和登记设定的门槛很高,流动人口自组织一般难以达到。我国实行的是业务主管单位和登记管理机关双重负责的社会组织管理体制,依据《社会团体登记管理条例》和《民办非企业单位登记管理暂行条例》的规定,成立社会团体和民办非企业单位,应当经业务主管单位审查同意,并要到相应的民政部门登记注册。其中,有关行业、业务范围内的业务主管单位指的是国务院有关部门和县级以上地方各级人民政府的有关部门、国务院或者县级以上地方各级人民政府授权的组织。由于业务主管单位要承担相应的管理责任,很少有单位愿意充当流动人口自组织的"婆婆",为它们承担经济风险或政治风险。所以对流动人口自组织来说,要想找到一个主管单位是非常困难的事情。如"小小鸟"虽然曾以"互帮互助、公益社会"的宗旨,取得了某区团委的挂靠支持,并由此获得了合法的身份,但当其开始帮助外来务工者维权时,该区团委很快就解除了与它的挂靠关系,①有关部门通常不愿意为了一个流动人口组织而承担可能的风险。

《社会团体登记管理条例》还对申请成立社会团体的条件做出了详细的规定,如要求必须有 50 个以上的个人会员或者 30 个以上的团体会员,有与业务活动相适应的专职工作人员和固定的住所,地方性团体还必须有 3 万元以上、全国性团体则必须有 10 万元以上的活动资金等等。可流动人口自组织的规模一般较小,组织上比较松散,要满足以上登记注册的条件并非易事。此外,该条例还规定:在同一行政区域内已有业务范围相同或者相似的社会团体,登记机关不予批准筹备,这一限制也降低了流动人口自组织在民政部门注册的可能性。

综合以上原因,绝大部分自组织只得以不合法的形式存在,法律合法性的缺乏导致这些组织不够规范和稳定,既影响组织本身的发展,又不利于为流动人口提供持续和稳定的服务。另有一些流动人口自组织无奈之下只得绕开现行法规,转而采取工商注册的办法来取得独立运行的资格,但这样又会在一定程度上影响或降低自组织其他方面的合法性。由于没有合法身份,流动人口自组织不仅存在争取捐赠和税收优惠的困难,而且在进行动员和开展活动时还容易引起民众的质疑。如"同心希望家园"因为没有合法的组织

---

①　王春光.农村流动人口的国民待遇与社会公正问题[J].乡音,2004(6):9-11.

身份,其负责人在早期的动员工作中,只好先拿着自己家的户口本证明自己的身份,再跟别人解释自己要做的事情。尽管这样,仍有不少人怀疑她的动机,有的说她是骗子,有的说她是在搞传销、宣传邪教,给该组织活动的开展带来了很多麻烦。

三、政府部门无人主管与多头管理并存

由于登记注册困难,目前大多数流动人口自组织都没有在民政部门登记注册,没有纳入政府的管理体制,因而政府无法通过社会组织双重管理体制来对流动人口自组织进行管理,以自组织为载体的自我管理基本上处于一种无人主管的状态。即使有的自组织已在工商部门登记注册,但工商部门的管理一般也只是止于报税、年检等事务,根本谈不上其他方面的管理。而目前流动人口自我管理的发展还很不成熟,在发展目标、活动范围、资金等方面都需要政府的指导和支持,有的自组织发展比较盲目,也需要政府给予一定的引导和监督,长期无人主管的局面不利于自我管理的长远发展。

对于流动人口的自我管理,虽然政府没有一个明确的主管部门,但在实际操作中,由于自我管理的主体和客体都是流动人口,因而政府的管理又在对流动人口的管理中有所体现。当前我国政府对流动人口的管理政出多门、职责不清,直接导致了流动人口的自我管理也面临着政府部门多头管理的问题。

流动人口自我管理和服务的范围非常广,文化、教育、劳动权益、生活服务等都有涉及,他们的活动通常会与多个政府部门发生联系。如"工友之家"开展的社区教育文化服务,与乡教育科、区教委、区文委、团中央等部门都有联系;"同心希望家园"租住居委会的房子开展流动儿童的学前教育服务,与教委、居委会有一定的联系;"打工妹之家"开展流动女性的服务,与妇联的接触较多……以上这些政府部门都可以就本部门业务对流动人口的自我管理进行指导,而各部门又受制于各自的工作目标,很难从整体上来认识流动人口自我管理的意义,再加上没有一个统筹协调的得力平台,各部门对流动人口的自我管理尚没有统一的规划和政策,因而比较容易出现指导和监管不一、推诿责任、多头管理的问题,使自我管理工作处于比较尴尬的境地。

例如：冬天来了，为了安全起见，"同心希望家园"的儿童中心想对所租房子的电表增容，①将供暖方式由煤取暖改为电取暖，供电局表示只要房主出示证明就能增容。可当儿童中心的负责人去找街道开证明时（房子归街道所有，但委托居委会管理），街道说需找居委会，居委会又说要找街道，该负责人跑了好几个来回也没能把证明办下来。又如：儿童中心为流动儿童提供幼儿教育服务，但因达不到办园标准，没有办学许可证，教委一方面把它划为黑园，要求予以取缔；但另一方面，教委每周末又组织儿童中心的妈妈老师参加培训，帮助她们提高育儿能力，时间还长达半年，弄得老师们一头雾水，不理解教委的真正意图？再如："工友之家"举办 2013 年打工春晚时，曾向区文化馆申请晚会场地的帮助未果，然而却得到了团中央的慷慨相助，借到了团中央的礼堂来举办晚会……由此可见，当前政府部门对流动人口自我管理的认识和态度并不一致，不同部门、不同层级，甚至同一部门的不同科室之间管理不一、相互推诿，在无形中形成了较为混乱的管理格局。

四、政府缺少对流动人口自组织的支持

在"后总体性社会"中，国家和政府的权力不再像在"总体性社会"中那样无所不在，但不可否认，"总体性社会"的制度遗产今天仍然保持着巨大的效力，国家权威在社会经济生活的各领域仍然具有非常高的价值。流动人口的自我管理虽然是一种社会自主行为，但其产生和发展同样难以逾越整个制度环境，非常需要政府的扶助和支持。可就目前的情况来看，除了个别组织具有较强的公关能力，能采用一定的行动策略维护好与政府的关系，从而获得政府的支持外，其他组织一般很少能获得政府的支持，即便能，这种支持也相当有限。

首先，政府对流动人口自组织还存有顾虑，行政环境不是很稳定。由于流动人口自组织较多地受国外组织的资助，与国外组织联系比较密切，在国内的服务又涉及为劳工维权这类敏感的话题，而且流动人口自组织大都不具有合法的身份，政府部门出于政治风险和经济利益的考虑，往往对流动人口自组织持保守态度，有的部门即使认可流动人口自组织的活动，也多以默认、授予荣誉为主，愿意给予实质性的资金和物质支持的相当少。另外，政府的

---

① 房子的电表只有 4000 伏，需要增容到 6000 伏才能使用电采暖。

态度还受部门工作重点和领导者个人喜好的影响。当政府部门近期工作重点与流动人口自组织的工作相关,或领导者个人支持时,流动人口自组织面临的行政环境就比较宽松;反之就会紧张些。如:2007 年"同心希望家园"在苹果园街道的一个社区开展工作时,社区主任为他们提供办公场地,给予了他们很多方便,街道也很赞赏他们的做法,不仅帮忙挂牌流动人口阳光服务站,还把街道的居委会主任召集起来,集体学习他们开展社区服务的成功经验。但是当该组织因为拆迁搬到另一个街道的社区后,新的街道和社区干部并不看重他们的工作,反而更担心儿童中心的安全隐患问题(儿童中心租的房子归街道所有,但委托居委会管理),在房子租期到了后也不愿意给他们续租。该组织的工作人员告诉笔者,在这里,他们感受到的更多是被驱赶。行政环境的不稳定让该组织无所适从,直接阻滞了自我管理和自我服务工作的开展。

其次,流动人口自组织与政府的权力不对等,资源对接困难。虽然政府与流动人口自组织合作是一件对双方都有益的事情,但是,由于两者掌握的资源的稀缺程度和重要程度存在差异,双方实际上处于不对等的地位,这将直接影响政府对流动人口自组织的态度。[①] 对于政府而言,尽管流动人口自组织具有很强的整合社会资源和服务流动人口的能力,但它们并不是这些资源的唯一提供者,并不是不可替代的。而对流动人口自组织来说,政府和国家是其行政合法性和法律合法性的提供者,政府权威是其参与公共服务不可缺少的资源。流动人口自组织对政府资源的需求要远远大于政府对自组织资源的需求,从而在两者的互动中,政府总是占主导地位,双方关系难以有效预期,即便是合作,流动人口自组织往往也需要付出相对更多的心血和努力。

再次,政府对流动人口自组织的支持力度不够。伴随民营化运动的热潮,政府在公共管理和公共服务领域扮演的角色正在发生改变,政府开始把一些管不了、不便于管理的事务交给社会组织去做,并在许多领域购买社会组织的服务,但是对于大多数流动人口自组织来说,却很少能因此而受益。

---

① 赵秀梅.基层治理中的国家—社会关系——对一个参与社区公共服务的 NGO 的考察[J].开放时代,2008(4):87-103.

由于政府还没有建立起良好的服务购买机制,形式性购买和非竞争性购买①成为一种普遍现象,很多资金最终还是流向了官办组织。此外政府在购买服务时常常对社会组织提有一定的要求,以政府所谓的专业性来评判组织的能力,许多小规模的流动人口自组织根本就没有可能申请到政府购买服务的项目。比如:2010年北京市民政局、北京市社会建设工作办公室举办了一次较大规模的政府购买服务资源配置大会,但是这次会议面向的都是已经民政注册的组织,工商登记和没有登记注册的流动人口自组织根本就没有机会参与。② 从某种程度上说,对参与条件的限定,反而使流动人口自组织这类草根组织受到的挤压更大了。

五、政府规范化要求与非正规服务的矛盾

流动人口依托流动人口自组织开展自我管理和自我服务,但受资金、人力资源等条件的限制,他们所提供的流动儿童教育、法律咨询、权益维护、职业培训、文化娱乐等服务一般都不是很正规,也不是很专业,与政府规范化的标准之间往往存在差距,这给流动人口的自我管理带来很大的压力,有时甚至还会危及流动人口自组织的存续。下面以流动人口自组织对流动儿童的教育服务为例来说明。

在城市教育资源对流动儿童可及性较差的情况下,流动人口自己为流动儿童创造了一些适合他们的教育机会。2005年,"工友之家"用发行第一张唱片的7.5万元版税,集合社会力量在皮村建立了同心实验学校,旨在改善流动儿童在传统打工子弟学校能上学、却不能上好学的状况。目前该校共开设了16个班级,在校学生660余名,在满足流动儿童日常基本教育的基础上,该校还开办了家长学校、同心少年艺术团等,扩展了学校功能,为流动儿童提供了一个相对不错的学习成长环境。在学龄前流动儿童的教育问题上,

①　"形式性购买"指不少项目以政府购买公共服务的名义开展,实际上因"购买"政策而催生一大批机构和项目,这些机构产生前后均由"政府买单",和过去政府大包大揽相比,只是改变了形式而已。"非竞争性购买"指政府因找不到合适的社会组织来承接购买项目,而通过培育社会组织来承接购买服务。参见康晓光.冯利.中国第三部门观察报告(2011)[M].北京:社会科学文献出版社,2011:137-138.

②　"协作者"变身支持性组织 解NGO注册难题[EB/OL]. http://gongyi.qq.com/a/20100804/000014.htm,2010-08-04.

"同心希望家园"探索出了一条新路子。针对许多低收入流动人口家庭的儿童找不到合适的地方托管,只能让妇女留在家里带孩子的情况,2006年,该组织成立了儿童活动中心。她们将流动妇女儿童组织起来,邀请一些志愿者老师带大家做亲子活动,同时积极培养"妈妈老师",儿童中心后来逐渐发展到5位专职妈妈老师、3个班级、60名儿童的规模,每月仅对每位儿童收取300元的伙食托管费用,由此摸索出了一条互助自救、适合群体需求的非正规学前教育模式。2012年,北京师范大学学前教育问题研究中心接受北京市教委的委托,开展"北京市城乡接合部学前儿童游戏小组师资培训项目",儿童中心还被选为该项目的推广点。流动人口整合丰富的社会资源,以自身的实践为流动儿童教育提供了机会,也是对流动儿童教育方式创新的有益探索。

然而,由于这类民间办学难以达到政府规定的安全、健康、师资等方面的标准,不具备教委认定的资质,又存在安全隐患,地方政府常对此类学校采取一刀切的取缔关停的做法。2012年6月,同心实验学校收到了乡政府的关停通知,比较幸运的是,在多方力量的共同努力下,同心实验学校得以保留了下来。但同心儿童活动中心就没有这么幸运了,2013年4月,儿童中心所在街道和社区居委会以存在安全隐患为由,收回了租给他们的房子,虽然后来儿童中心又租到两间小的民房作为过渡,但半年后,由于找不到合适的场地,[①]儿童中心被迫停办,流动妇女们苦心探索七年的学龄前儿童互助教育的实践就此终止。

表面上看,有关政府部门停租或关停的做法是对民间办学的一种规范,既有助于提高流动儿童的受教育质量,又避免了可能出现的安全风险。但事实上,这里政府的规范化标准是值得探讨的。对于规范化,有关部门通常更多地强调像儿童中心这类民间办学机构的场地面积、教师学历、资金投入等硬件是否合格,而忽视了对老师有没有爱心、孩子满不满意等软件方面的考察,忽视了最重要的人的因素,这无疑是一种片面的规范化标准。如果政府不顾实际情况,一味拿所谓的规范化标准作为衡量的标尺,操作上实行一刀切,不仅会造成对流动儿童受教育权利的侵犯,还会给流动人口自我管理的

---

① 儿童中心难以租到房子的原因主要有两个:一是符合儿童活动场地的房子少;二是居民如果将房子租出去办幼儿园,需承担连带的安全责任,出于此考虑,很少有人愿意将房子租给他们。

行为以沉重的打击,实质上是一种消极作为。毋庸置疑,流动儿童的教育仍是政府目前无力解决的一大难题。据教育部的资料,在流入地接受了义务教育的 1167 万流动儿童中,还有 20% 的流动儿童未能在公办中小学就读。[①] 学龄前儿童的入托问题近些年则更加突出。2012 年,北京市社会科学院完成的《〈北京市学前教育条例〉实施情况评估》指出,目前全市共有近 6 万适龄儿童没有接受学前教育,至少缺 300 所幼儿园。预计到 2015 年北京适龄入园儿童将达 45 万,届时缺口 9800 余个教学班。[②] 在北京,政府解决户籍儿童的学龄前教育问题尚且存在困难,对流动儿童的学龄前教育自然更是难以顾及。

在目前教育资源短缺的背景下,流动儿童有着强烈的学龄前教育需求。就拿同心儿童活动中心所处的社区来说,该社区有学龄前流动儿童 300 多名,社区里虽有 4 所幼儿园,但只有附属于社区小学的学前班属于公办幼儿园,这个幼儿园只能招收 70 多个孩子,收费标准第一个月为 1170 元,之后每个月收 750 元。其他两百多个孩子都只能在另外三所私人办的幼儿园就读,收费标准为第一个月 800 元,之后每个月 450 元。这类私立幼儿园有的为了追求利益,一个班安排 30～40 个孩子,且只有一个老师看管,难以真正起到教育的作用。[③] 可见,该社区为流动儿童提供的正规学龄前教育机会非常有限,而同心儿童活动中心采取小班模式,收费低廉,并且动员孩子的妈妈也参与进来,构建起一个教育互助网络,正好满足了低收入流动人口家庭孩子的受教育需求。

与社会上其他民间办学机构不同,自我组织、自我管理和自我服务是流动人口为流动儿童提供教育服务的最大特点,是流动人口自主创造条件、融入城市生活的生动体现。应该说,在政府尚无办法解决好流动儿童的受教育问题时,流动人口所进行的互助探索非常有价值。倘若政府对这种非正规服务一味做片面的规范化要求,过于关注规范与否、有没有得到批准,过于强调技术上的工具理性,而忽视价值理性,这无异于舍本逐末,不仅会侵犯流动儿童接受非正规教育的权利,也会扼杀流动人口探索自我服务创新的积极性,阻滞流动人口自我管理的发展。

---

① 国务院社会发展司.流动人口服务管理存在的主要问题[Z],2011-10-11.

② 张然.2015 年北京适龄入园儿童 45 万缺口 9800 余个教学班[EB/OL]. http:// finance. people. com. cn/money/n/2012/1102/c218900-19472289. html,2012-11-02.

③ 数据来源于笔者的实地调查。

第二节 流动人口自组织工作的困难

流动人口自我管理的发展,除了受到制度政策的约束外,也受制于作为载体的流动人口自组织的发展程度和水平。当前,流动人口自组织的工作面临诸多困难,社会环境的影响、组织资金的短缺、组织人力资源的缺乏与部分成员的边缘化、组织制度化治理的欠缺等问题,都是制约流动人口自我管理持续稳定发展的重要因素。

一、社会环境对自组织发展的影响

流动人口自组织生存于一定的社会环境中,自然难以摆脱社会环境对组织的影响,眼下社会环境中的一些因素对流动人口自组织社会认同的获得,以及组织的累积性发展都有较大的影响,不利于流动人口自我管理的发展。

社会环境的影响首先体现在公众对流动人口自组织的认同上。公众是否认同直接关系到他们对组织的支持与否,如今流动人口自组织尽管已取得了一定的社会认同,但这种认同的程度仍然有待提高。尤其自 2011 年红十字会的郭美美事件、中国青基会的卢美美事件、中华慈善总会的尚德诈捐门事件等发生以来,公众对公益慈善组织规范运作和透明管理的质疑非常强烈,继而社会组织的公信力也由此成为全社会关注的焦点,面临同样严峻的拷问。对流动人口自组织而言,其社会影响力本身就比官办公益慈善组织低很多,在社会组织面临公信力危机的大环境下,流动人口自组织也极易招致公众的不信任。更何况在流动人口自组织中,即使是运行良好的组织也基本是工商注册,有的还运用社会企业的方式整合资源,一面希望得到社会捐助,一面又是工商注册,甚至还与商业相结合,很容易让人产生误解。除此之外,少数借为流动人口服务之名、行谋取私利之实的自组织,以及一些由同乡会演变而来的帮派组织的存在,也严重损害了流动人口自组织的整体形象,影响着社会公众对它们的认同。再加上流动人口自组织的服务对象特殊,有的单位对其组织的活动存有疑虑,不愿与之合作,这些都不利于自组织活动的开展。像"工友之家"就经常遇到这种尴尬,该组织的打工青年艺术团虽然总是主动联系义务演出,但并不是免费别人就会接受,特别在一些建筑工地,他们不时会遭到对方的拒绝。

社会环境的影响还体现在城市拆迁带来的问题上。为了便于服务流动人口,自组织的很多活动都安排在流动人口集中的城乡接合部开展,也有相当一部分组织干脆将办公地点设在城乡接合部,完全扎根于流动人口聚居的社区。随着城市化的推进,一个个城乡接合部被逐渐拆除。对于自我管理的发展来说,遭遇拆迁确是不小的挑战。拆迁后的流动人口四处分散,使得他们中参与了自我管理的那部分人的持续性难以保证,而分散后要再把这些人重新组织起来就比较困难。更重要的是,对于扎根在被拆迁社区的自组织而言,拆迁更是一种打击。一拆迁,自组织的很多基础性的工作都付诸东流,要在一个新的社区开展工作,基本相当于从零开始,场地必须重新物色,与当地政府和居民的关系也必须重新建立,这非常不利于自我管理的累积性发展。像笔者的调查对象之一——"同心希望家园",就因为拆迁在八年内搬了四次家,造成了该组织资源和精力的极大浪费,成为制约其扩展服务范围的瓶颈。

二、自组织的资金总体上较为短缺

资金是流动人口实行自我管理最重要的物质基础。资金对于一个自组织的功能,犹如血液对于一个生命体的作用。没有资金,流动人口自组织就会成为一个空壳,流动人口也根本无法进行真正的自我管理。由于社会发展尚不成熟、自组织自身的整合能力又有限,流动人口自组织普遍存在资金短缺的现象,即使是前述资源整合能力较强的组织,也不无这方面的担忧。

笔者调查的几个组织几乎都曾遇到过或正在面临着资金问题。如"打工妹之家"曾经因为经费问题不得不减少援助对象。"工友之家"早期在外面义演的时候,因为资金紧缺,常常一个人的生活支出供两个人用,乐器、交通等费用有时也需要由成员自己解决。现在名气大了后,虽然资金来源比以前广,但最近有两个三年的项目就快到期,他们也在担心项目续约和人员的安置问题。"小小鸟"在2004年得到第一笔项目款之前,组织的运转主要靠创办人一个人打工的收入在支撑,其时常遇到囊中只剩几元钱,而房租、工作人员的工资和自己的饭钱都没有着落的情况,日子过得相当窘迫。因为资金和待遇问题,这些年组织人员的流动一直较为频繁……

关于资金短缺的原因,我们可从流动人口自组织的资金来源来分析。我国社会组织的资金主要有以下几个来源:服务收费、政府资助、国内社会捐助、国外机构援助。① 而当前无论哪个资金来源，对流动人口自组织而言都是不足的。首先，就服务收费来看，低收入流动人口本身在经济上就处于弱势，他们基本上没有太强的消费能力，若仅靠收取会费或者组织者自筹经费来维持运转，将是件很困难的事情。

其次，从政府资助来看，政府支持的重点是像工会、妇联、共青团之类的官办组织，包括流动人口自组织在内的草根组织一般很难得到政府资金的支持，目前上海、北京、深圳等地政府购买服务的活动，也很少把草根组织考虑在内。

再次，从国内社会捐助来看，资源配置的结构失衡。根据中国慈善捐助信息中心发布的《2011 中国慈善捐助报告》，2010 年我国共获捐赠 871 亿多元，其中 58.3% 的捐款都流向了政府部门，以及有政府背景的红会和慈善会，而流向慈善会之外的社团组织和福利院的捐款只有 1.3%，流动人口自组织和其他草根组织能从中得到的捐款更是微乎其微。② 而社会上个人和企业对流动人口自组织的直接捐助，也因缺乏适当的制度和政策支持，数额较小且不太稳定。

最后，从国外机构的援助来看，这是许多流动人口自组织最主要的资金来源，但要获得此类资助也不容易。国外机构的资金多以项目方式支付，资助方通常会对组织的资质、做项目的经历、项目报告书的专业性等提出要求，这对不少流动人口自组织而言是一个挑战。这类资助一般资金有限，项目到期后，资助也会随之终结，随着中国经济的发展，国外机构逐渐减少了对我国社会组织的资助，流动人口自组织的国外资金来源显得越发狭窄。总之，各种资金获取渠道的不稳定，使流动人口自组织始终都存在一定的危机感，对资金保持着强烈的渴求。

三、自组织人力资源的缺乏与部分成员的边缘化

在调查中，几乎每一个组织都认为，人的问题是困扰他们的一个大问题。有的组织直呼招人难、留人也难，有的组织感慨能做事的人太少了，"同心希

① 邓莉雅，王金红. 中国 NGO 生存与发展的制约因素——以广东番禺打工族文书处理服务部为例[J]. 社会学研究，2004(2)：89-97.
② 2010 年近六成捐款流入政府 民间公益组织呼吁公示[EB/OL]. http://news.xinhuanet.com/fortune/2012-02/06/c_111489515_2.htm，2012-02-06.

望家园"的负责人曾在得知可以去区社工委登记注册的消息后,非常高兴,可在欣喜之余却又担心,因为组织内没有一个人有这方面的经验,如果注册需要填各种各样的表格、需要工作人员具有专业资格,甚至以后还需要提交各种工作报告,他们担心即使注册了,以后应对这些事情也存在困难。而在"工友之家"的总干事看来,工作人员的素质和能力、认识和意识的提高就是他们最大的挑战。由此可见,流动人口自组织中人的问题主要是人力资源缺乏的问题,而这种缺乏主要体现在人员队伍的不稳定和人才的匮乏上。

这里主要有三个方面的原因:第一,流动人口本身具有较强的流动性,从而导致他们在自组织工作的流动性也很大,不像在企事业单位上班,工作人员基本长期就职于一个单位。第二,流动人口自组织的工作主要是为本群体服务,这种工作具有一定的公益使命和奉献价值,工作人员只有对组织的目标和宗旨有一定的认同后,才能保持持久的工作热情。可笔者在访谈中了解到,不少专职人员只是把这份工作当成一个谋生的手段,缺乏对组织和工作的认同,一旦有更好的工作机会,就很容易跳槽。而且流动人口自组织的工作属于体制外就业,工资不高,又不能提供完善的社会保障,这不仅是导致人员队伍稳定性差的一个重要原因,还是导致其对高素质专业人才缺乏足够吸引力的主要原因。即使有一些人因为认同而留了下来,在工作一段时间后,也往往会在家人的反对或与朋友的对比中做出比较现实的选择。第三,对于志愿者这一宝贵的人力资源,有的自组织还没有充分利用起来。经过非典、汶川地震、温州动车事故等大型公共危机后,我国的志愿精神已经有了相当大的提升,在流动人口的自我管理中,同样也能经常看到许多学生、律师、工友等志愿者的身影。然而,许多流动人口自组织对志愿者的管理维护做得不好,对零散的志愿行为缺乏登记、反馈,对潜在的志愿者缺乏组织,不少志愿者甚至找不到恰当的志愿参与途径,这些因素都会影响志愿者效用的最大限度的发挥。

对流动人口自组织来说,还可能会出现部分成员的边缘化问题。目前流动人口自组织的人员补给主要有两个来源:一是从组织活动的主要服务对象——低收入流动人口中培养,二是从社会上招聘,招聘来的大多是已大学毕业的青年。这两类人员各有优劣,低收入的流动人口与服务对象有共同的语言,相同的情感体验,在他们心里,这不仅是一份工作,更是一种自救行为,是自己在帮助自己。再加上自组织的工作条件通常要好于体力打工或小本经营,因而低收入流动人口往往对进入组织工作有较强的认同,能较长时间地坚守这份工作,但是他们的文化素质和专业能力一般要相对薄弱些。相比较而言,从社会招聘的大学毕业的青年工作能力较强,其综合素质整体上要高于低收入的流动人口,是自组织专业化和规范化发展不可或缺的人才。但是,大学毕业的青年工作者往往更注重工作待遇和自身发展的空间,对工作的认同比从服务对象发展来的成员的认同度低,他们不但流动性大,而且在实际工作中还很容易滋生优越感和官僚习气,与第一种来源的工作人员之间容易产生隔阂,给自组织的工作带来负面影响。

"同心希望家园"曾经就有这么一段经历。该组织的工作人员主要是从服务对象中培养起来的骨干,其中,爱心超市的大姐和儿童中心的妈妈老师占多数,她们之间的关系一直都很融洽,工作也比较开心。为了提高组织的专业服务能力,2011年,该组织招聘了几个比较能干的大学毕业生,他们来了后确实做了不少事情,如办公室布置得更加美观了,规章制度更加健全了,组织的管理也更加规范了……但与此同时,之前比较平等的人员关系开始出现层级分化,几个学历高、能力强的大学毕业生成了领导者,出谋划策、发号施令似乎是他们的权利;而那些大姐俨然成了被领导的下级。大姐们一方面羡慕和佩服大学毕业生的能力,另一方面,她们又听不太懂大学毕业生所宣讲的工作理念和管理知识,当组织内部开交流讨论会时,她们不能像大学毕业生那样,头头是道地谈论一些显得高深的道理。慢慢地,开会时大姐们不再那么愿意说话了,以前可以表现和展示自己的平台给她们带来了巨大的压力,她们开始变得小心和拘束,对自己也越来越不自信,工作氛围变得跟以前大不一样。该组织的负责人表示,那段时间她明显感觉到大姐们在参与中变得越来越弱。[①]

原本流动人口组织起来进行自我管理,主要是为了服务低收入的流动人口,给他们提供锻炼的机会,可现在却让大姐们感到越来越自卑,这已经背离了当初创办组织的初衷。有意思的是,后来当这几位大学毕业生因故离开组织后,大姐们又恢复到了以前的状态,该组织又重新面临专业能力建设的问题。毋庸置疑,照顾到低收入流动人口的参与,为困难群体赋权是流动人口自组织的使命所在,然而,自组织要想发展更大、服务更多人,同时也离不开

---

① 资料来源:笔者根据对"同心希望家园"MXD 的访谈整理而来。

高素质的专业人才。可是,两种人员的思想、能力和心理认知都存在较大的差距,如何协调好不同类型的人力资源,避免高素质人才的"官僚化"和低收入流动人口的边缘化,真正实现自我管理的目标,无疑是流动人口自组织需要解决的一个问题。

四、自组织的制度化治理还很欠缺

制度化治理是以制度规范为基本手段协调组织或集体行为的一种治理方式,它是一个组织乃至一个国家持续稳定发展的重要保障。邓小平同志就十分重视制度的作用,他指出"制度好可以使坏人无法任意横行,制度不好可以使好人无法充分做好事,甚至会走向反面"[①]。反观流动人口自组织的内部治理,它们基本采用的是精英治理模式,制度化治理还比较欠缺,这将不利于流动人口自我管理的长远发展。

作为自我管理的主导力量,流动精英是流动人口自组织的主要组织者和管理者,他们在自组织中承担着广泛动员公众参与、整合各种社会资源、加强组织建设等大量的工作,这在组织发展的早期往往能较好地支撑各项活动的开展。但随着组织规模的扩大和组织事务的增多,自组织的凝聚力可能会减弱,这时如果还停留在精英治理的阶段,组织的风险和不可预测性就会增强。精英治理模式建立的基础是精英个人的超凡品质和个人魅力,具有不稳定性,一旦精英对组织管理不善,组织很可能就无法正常运转,自我管理也无法继续进行。更有甚者,如果领导者被个人私利和不良江湖习气所迷惑,缺乏制度对他的约束,很可能会使整个组织的发展偏离正确的方向,向黑社会性质组织等非法组织转化。因此,流动人口自组织很有必要加强组织的制度化治理。

流动人口自组织制度化治理的欠缺突出体现在理事会和顾问团职能的虚化上。理事会和顾问团(相当于监事会)是两个重要的决策和监督机构,可有些流动人口自组织根本就没有设置这样的机构,有的组织虽然设置了这样的机构,但真正能履行职责的相当少。从理事会来讲,很多组织的理事并未真正对组织的发展战略、决策起到指导作用,有的仅仅只是在每年度的理事会上听取组织的报告而已,实际起作用的还是组织的创办人,决策的科学性

---

① 邓小平文选(第二卷)[M].北京:人民出版社,1994:333.

难以保证。从顾问团来讲,按照组织章程,设置顾问团的目的是让顾问主动监督自组织的各项工作,而事实上顾问团被动监督和不监督的现象很常见。由于自组织中类似顾问团的机构一般聘请的都是资深专家、律师等社会知名人士,这些知名人士平时的工作很繁忙,有的还同时担任多个组织的顾问,如果自组织不主动要求监督,或把财务报告送给他们查阅,他们就很有可能失职,从而导致顾问团这个机构基本形同虚设。

实际上,制度化治理欠缺带来的问题已经在流动人口自组织身上有所体现。由于管理幅度过大(有的组织人手也不够),许多工作都需要流动精英亲自处理,精英治理极易导致核心管理层的负担比较重。笔者在调查中经常看到,一些流动人口自组织的主要负责人都是身兼数职,既要负责组织内部的日常管理,又要承担组织的外联、财务监管等工作,角色冲突十分严重。多种角色同时对承担者提出要求,使得这些流动精英非常辛苦。有个组织的负责人在跟笔者聊天时谈道:"我每天早上出来上班,经常要到晚上七八点才能动身回去,有人来访时还要更晚些,这里内部的事情我要操心,外面我还得经常出去跑,有这么多事情,没办法。这些年家里我也基本顾不上,觉得挺亏欠他们(指家人)的,幸亏孩子还比较独立,不过真的挺累。"[①]而与之相反,由于职责划分不是很明确,组织机构和人员设置的弹性较强,又缺乏制度化的约束和激励,一些自组织的工作环境显得过于宽松,普通成员如果自我约束力不强,工作拖拉,会对整个组织的工作效率产生影响。

制度化治理欠缺还会影响到组织的规范、民主和透明运行。流动人口自组织在组织管理和制度建设方面存在不少问题,很多组织在财务管理、工作人员绩效考核、志愿者管理等方面基本没有成文的规章制度,有的即使制定了一些管理制度,也多不健全,且运作欠规范。从目前情况来看,流动人口自组织的精英治理虽然尚未造成组织成员的等级化,工作氛围比较宽松,内部管理看起来也比较民主,但由于缺乏科学的管理程序,没有规范的制度可以遵循,组织内部民主协商时并不容易达成一致意见,再加上部分人对精英存在依赖心理,很多事都等待精英来拿主意,他们自己没有也不愿意表达想法,因而即使是民主决策,其过程也容易被流动精英主导,重大决策通常由精英做出,民主的实质意义在流动人口的自我管理中大打折扣。

---

① 资料来源:笔者对"同心希望家园"MXD 的访谈。

第三节　流动人口群体特性的制约

一、流动人口的主体意识还不是很强

如前所述,近年来我国流动人口的主体意识日益增强,是流动人口开展自我管理的内在动力之一。但客观地分析,目前流动人口群体的主体意识还不是很强,仍然存在着诸多有待提升的方面,这突出表现为流动人口的自主意识、参与意识和维权意识都不够强,影响了流动人口参与自我管理的主动性和积极性。

第一,流动人口的自主意识不是很强。历史上长期的封建君主专制统治,使我国民众受"依附权威""等级""人治"等的影响较大,他们缺乏自主参与的意识,并在某种程度上形成了对政治权力的顺从和依附心理。这种思想对人们今天的观念都有深刻的影响,在国家权力的长期侵蚀下,人们对国家与社会边界的认识比较模糊,往往寄希望于政府包办一切,自身的主动性和能动性不强。以农民工为主体的流动人口,不仅受到传统思想的影响,还受到城乡二元结构的刚性排斥,因而容易滋生出一种无力感,对社会产生疏离和冷漠的心态,这些都影响着流动人口自主意识的提高。

第二,流动人口的参与意识不是很强。由于以农民工为主体的流动人口文化素质不高,又受传统小农求安求稳思想的影响,他们中相当一部分人目光较为短浅,群体意识不强且缺乏进取的精神。在流动精英的组织和带动下,流动人口尽管已经成立了一批自组织,并且也开展了不少自我管理和自我服务的活动,但还是会经常出现流动人口参与度不高的情况。有的流动人口不相信这些活动能有什么实质性的作用,因而对参与活动不感兴趣;有的流动人口可能开始有参与一些活动,但持续性不强,尤其在遇到困难时容易打退堂鼓,不能以主人翁的姿态去面对。究其原因,这与这部分人的价值观念密切相关,他们更多注重眼前能否立即受益,认识不到自我管理的重要意义,缺乏长远眼光和参与意识。

第三,流动人口的维权意识不是很强。随着社会公众权利观念的增强,流动人口的维权意识相比以前也有了一定的提高,但这种意识仍更多地停留在意愿的层面,要切实转化为维权行为还需要一个过程。一方面我国传统文化中民众的厌诉情绪比较严重,另一方面流动人口自身的法律知识还比较缺乏,他们对自己在法律上到底拥有哪些权益,以及该如何正确地维护权益并没有清晰的认知,他们中有些人甚至已在一定程度上默认自己是"弱势群体",即便正当权益受到了侵害,往往也是采取忍气吞声的做法。况且当前我国通过法律维权还需要较大的时间和金钱成本,迫于这方面的考虑,流动人口不到万不得已,一般不会愿意拿起法律武器来维护自己的正当权益。所以综合来看,流动人口的维权意识还有待进一步增强。

二、流动人口整体素质和社会资本的局限

以农民工为主体的流动人口大部分来自农村,因农村教育资源相对欠缺,教育条件相对落后,流动人口的文化水平总体偏低,专业技能不高,整体素质低于城市人口。进入城市后,尽管流动人口的职业角色、劳动对象和工作环境均发生了变化,但是由于缺少适当的继续教育机会,流动人口的技能水平和文化涵养事实上并没有完全跟上城市生活的步伐。流动人口的思想仍然较为保守,他们接受新事物、新思想的意识不强,大多数人还不具备现代组织管理能力,这些都直接制约着其自我管理的水平。

流动人口社会资本的不足也会影响自我管理的发展。流动人口的自我管理不仅需要广泛的社会力量的参与,还需要大量的社会资源的支撑,流动人口拥有的社会资本越丰富,其动员参与和整合资源的能力就会越强。然而,当前流动人口的社会资本还比较薄弱,表现出同质性较强、层次较低的特征。除了少部分流动精英外,流动人口的社会交往多以强关系为主,血缘、地缘和业缘是流动人口生活圈子的主要联系纽带,他们与城市市民之间的交往不多,难以通过与市民的人际互动来扩展其社会资本。这样,流动人口在自我管理遇到困难时,其社会资本的不足和关系网络的狭窄都不利于困难的成功解决。

三、流动人口的流动性和理性选择的限制

流动性是流动人口主要的群体特征之一,也是制约流动人口自我管理发展的重要因素。对流动人口来说,增加收入是他们外出就业最根本的动力,工资的高低是他们选择就业的主要风向标,哪里有活干、哪里工资高,流动人口就会流向哪里。正因如此,流动人口的工作不是很稳定,他们经常在城乡

之间,不同城市、不同单位之间,随不同季节来回流动,这给流动人口的自我管理带来了较大的阻力。流动人口很可能因为工作地点的变更不得不中断已经参加的活动,而新的工作地点也不一定有类似的自组织可供他们加入,极大的流动性显然不利于流动人口自我管理的持久稳定开展。

流动人口的就业具有理性选择的特征,这一特征同时也是制约流动人口自我管理发展的重要因素。流动人口之所以愿意背井离乡地流动,主要是因为家乡生产劳作的比较收益较低,甚至不足以维持自己或者家庭的生计,而外出务工或经商则能改善他们的经济生活状况。流动的初衷使流动人口往往把主要的精力放在增加收入上,而对他人和社会事务都不太关心,这实质上是他们经济理性的体现。这种经济理性直接削弱了流动人口参与自我管理的内在动力,尽管他们也有其他需求得不到满足,但与经济利益相比,其他需求都退居其次了。犹如马克思所言,"人们为之奋斗的一切,都同他们的利益有关"①。流动人口更为关注眼前利益的获取,参与自我管理和自我服务的动力不足,他们有的认为自己的力量微不足道,参不参与自我管理都没有什么影响;有的倾向于"搭便车",不太愿意为集体的利益付出自己的成本。尤其当现实选择与流动人口的理性考量发生冲突时,他们就会趋向于做出一种不影响个体利益的理性选择。笔者在调查中所见到的情景也说明了这一点:同心儿童活动中心在遭遇居委会停租的困境时,为了争取续租居委会的房子,儿童中心大力动员孩子们的家长签字,希望能借助家长的诉求向居委会表明儿童中心存续的意义。有意思的是,虽然在家长会上,几乎所有家长都对儿童中心的工作表示认同,都非常希望儿童中心能继续办下去,可等到需要签字时,一些家长却不愿意签字。笔者了解后得知,这些家长之所以不愿意签字,其中很大一部分原因是怕签字后需承担责任,担心给自己惹上麻烦。可见,流动人口个体理性选择的行为比较明显,这与自我管理互助自助的理念背道而驰,不利于群体意识的培养和自我管理的发展。

---

① 马克思恩格斯全集(第一卷)[M].北京:人民出版社,1995:187.

促进流动人口自我管理的对策

在现代化和城市化进程中，大量农村人口融入城市都要经历一个过程，世界各国莫不如此。其中，许多国家能成功化解农村人口的市民化问题，但也有一些国家未能有效处理好这一问题，有的甚至演变成"城市贫民窟"的结构性难题。目前我国的城市化正在快速推进，流动人口的自我管理为流动人口问题的解决进行了宝贵的探索，这种探索对于满足流动人口公共服务的需求、扶助弱势人群、优化社会结构，使我国城市化沿着成功国家的路径发展起着重要的建设性作用。针对流动人口自我管理的发展困境，政府应在借鉴国外经验的基础上，调整流动人口管理思路，与流动人口共同努力，为流动人口的自我管理开辟更加广阔的发展空间。

第一节　借鉴发达国家迁移人口管理的经验

我国大规模的人口流动是在城乡分割的二元结构体制下出现的人口迁移现象，与之相比，西方发达国家并不存在类似于我国的制度鸿沟，他们通常称这部分人为迁移人口。西方发达国家存在的迁移人口问题，除了涉及国内人口的流动外，还主要涉及国际移民。发达国家在迁移人口的服务管理方面已经积累了许多成功的经验，下面以美国和欧盟为例进行分析。

一、美国迁移人口的管理和自我管理

1. 美国对迁移人口的管理

作为全球经济最发达的国家，美国的人口流动率一直居世界前列，美国人口的流动主要包括国内人口的流动和国际人口的迁移两部分。和世界上

多数国家一样,美国国内实行的是人口自由迁徙的政策,美国公民不分种族可按自己的意愿在不同城市间流动,并能同时完成职业和身份的双重转换。随着美国劳动保障和社会福利制度的完善,美国国内人口在流动中的障碍一般不大。相对来说,国际移民,尤其是非法移民在工作、生活和文化等方面面临的困难往往更多。

在对国内迁移人口的管理方面,美国政府非常重视人口的登记管理。与我国严格的户籍管理制度不同,美国的人口登记主要实行生命登记和社会保障号制度。其中,生命登记承担着人口信息记录和整合的功能,美国政府对个人出生、死亡、结婚、生育、迁移等生命事件都进行详细的记录,形成较完整的登记册。社会保障号则由美国社会保障总署颁发,它记录了公民的居住、工作、信誉等信息,并且在全国范围内实现了联网,各部门或单位都能通过这个号码迅速查阅个人的情况,美国政府从而也能较为全面、动态地掌握人口流动的情况。[①] 值得一提的是,美国政府还非常重视解决城市低收入迁移人口的住房问题。20世纪60年代时,美国就实施了以租房补贴为代表的新型住房援助政策,解决迁移人口高额房租的困难。到了70年代中期,时任美国总统的约翰逊建议暂停公共住房的建设,对住房的补贴从供应商直接向住房需求者转变,成了美国政府至今对低收入家庭施以援助的主要方式。

在对国际移民的管理方面,合法移民后代的融入问题是美国移民政策的重点之一。政府在这方面采取了许多积极的措施来帮助移民后代逐步融入美国社会,如从法律上保障移民后代的出生公民权、平等就业权,以及教育和医疗的权利;提倡双语教育,帮助移民后代尽快掌握英语;鼓励同化,为移民提供相关的信息和资源;让"肯定性行动"等民权运动的成果惠及移民,在招生、招工等方面对移民及其后代予以适当的照顾。[②]

2. 美国迁移人口的自我管理

在美国迁移人口的融合过程中,包括迁移人口自建组织在内的各种组织发挥了非常重要的作用。美国的个人主义文化价值观使美国人对政府的依赖感不强,更愿意通过志愿活动来满足公共需要,因而美国的社会组织非常发达,迁移人口自发组建组织的情况也很常见,正如托克维尔所观察到的,

---

① 杜放,郑红梅. 美国流动人口管理及对我国的启示[J]. 特区经济,2006(8):157-159.
② 姬虹. 美国新移民研究[M]. 北京:知识产权出版社,2008:141.

"美国人不论年龄多大,不论处于什么地位,不论志趣是什么,无不时时在组织社团。在美国,不仅有人人都可以组织的工商团体,而且还有其他成千上万的团体"①。美国的各种社会组织每天都为需要帮助的人提供援助,其中,教会尤其普遍,他们会经常举办一些慈善救助活动,如果有需要,迁移人口也能从教会得到物质上或精神上的帮助。

美国的移民也会自发组建教会或互助组织,以此来满足自身的需求。美国历史上就有移民自我管理的传统,早在 1620 年,一批英国清教徒移居美国新大陆时就签署了一份《五月花号公约》,他们明确立誓"自愿结为一民众自治团体",为此后在新大陆上的自治打下了基础,《五月花号公约》也被后人视为美国宪法的两大基石之一。在随后来自各个民族的美国移民中,犹太移民的自我管理较为突出。19 世纪的美国犹太移民非常热衷于创建犹太社团,尽管这些犹太社团没有严密的组织结构,但是它们在联合犹太个体相互帮助中扮演着重要的角色。一旦谁生病了,或是遇到什么困难,都可以向自己的乡邻寻求帮助,新犹太移民也可以来社团寻找朋友、住宿或者有益的发展建议,一些单身汉还可以在这里找到结婚对象。犹太社团常常举行聚会,有的社团还创建了独立的犹太教堂,社团及其教堂不仅给贫困的犹太人以物质上的援助,还为其成员提供了一个娱乐和交际的场所,许多犹太人都能从中获得一种归属感。因而,犹太社团对犹太移民始终保持着一定的吸引力。尽管二战以来的第二代和第三代犹太移民在很大程度上已经融入美国社会,但是他们仍然希望社团能给他们提供一个社交平台,能帮助培养犹太儿童的民族感情,提高他们的民族认同感。② 在美国,像犹太社团这种具有自我管理性质的组织,已成为迁移人口融入美国社会的重要支持力量。

二、欧盟移民的管理和自我管理

随着欧洲一体化的推进,自 20 世纪 90 年代以来,欧洲出现了新的移民浪潮。北欧和西欧国家较为宽松的移民政策,吸引了世界各地的大量移民,同时伴随欧盟的东扩,欧盟区域内部的移民数也快速增长,在此背景下,欧盟积极探索与移民之间的良性互动,较好地推动了一体化的进程。

---

① [法]托克维尔.论美国的民主[M].董果良,译.北京:商务印书馆,1988:635.
② 姬虹.美国新移民研究[M].北京:知识产权出版社,2008:186,206.

1. 欧盟的移民融合政策

移民的涌入有助于缓解欧盟人口的老龄化问题,弥补欧洲国家劳动力的缺口,但也给欧盟国家的移民和社会管理带来了不小的挑战,目前,欧盟已把促进移民的社会融合作为人口发展的重要战略之一。一方面,在欧盟内部,欧盟着力于清除各个区域之间的人口流动障碍,促进区域移民的融合。欧盟政策的核心是力保各国社会保障政策的衔接,避免内部移民因流动而造成福利损失,确保内部移民在欧盟区域内的国民待遇。根据《欧洲联盟条约》,欧盟内部移民享有以下广泛的权利:一是自由流动权和居住权,在欧盟国家,公民可以自由流动,并且只需出示相关证件就可以免费办理居住证,获得居住的权利。二是平等就业权,欧盟禁止成员国对内部移民设置包括国籍在内的任何歧视性规定。三是受教育权,任何成员国公民都可以与迁入国国民接受同等条件下的教育。四是社会保障权,一个成员国的公民迁移到另一个成员国后,其社会保障待遇可以继续累加。五是各项政治权利,内部移民在居住地享有同等的选举权、被选举权、申诉权和申请保护等权利。六是家庭团聚权,在欧盟区域内,劳动者的直接家庭成员有与劳动者团聚的权利,并享有在东道国定居和享受该国公民待遇的权利。①

另一方面,对于欧盟外的移民,在提高移民门槛的同时,欧盟也大力鼓励新移民的社会融入。欧盟以向移民后代提供平等的机会为重点,实施"移民流动团结和管理"项目,在 2007—2013 年间的总投入达到 40.2 亿欧元。同时,一些欧盟国家也积极采取措施推进移民的融合。如:德国 2005 年正式生效的《新移民法》,对移民壬徙居住的权利、移民的程序、政府的责任等都做了明确规定,形成了比较完善的移民融合政策。②

2. 欧盟国家移民的自我管理

欧盟国家移民公共服务的供给主体呈现出多元的状态,除了国家的政策和相关福利保障外,各类社会组织也为移民提供了丰富多样的社会服务。一些社会组织和教会专门为移民提供场所,举办各种活动,如组织出游,提供免

---

① 尹德挺,苏杨.建国六十年流动人口演进轨迹与若干政策建议[J].改革,2009(9):24-36.

② 国家人口和计划生育委员会流动人口服务管理司.中国流动人口发展报告 2012[M].北京:中国人口出版社,2012:169.

费课程,开办缝纫班、手工课,等等,让移民能够有更多的机会融入社会。其中,移民自建的社团组织也发挥了不可低估的作用,移民在欧盟国家并不是被动地等待政府的政策,而是在自我组织和自我管理中互帮互助,寻找合适的生存和发展手段,相互促进了他们在当地经济社会生活的融入。

华人移民社团是移民自建社团组织的典型代表之一,欧洲的华人移民社团主要以区域性社团、行业性社团和同乡性社团为主,区域性社团和行业性社团主要指生活在某一地域或工作在某一行业的社团,同乡性社团在法国、西班牙等地都很普遍,尤以温州人和青田人成立的占多数。自 20 世纪 80 年代末以来,参与华人移民社团的人数急剧增加,据不完全统计,到 20 世纪末,全欧范围内的华人社团已经达到 500 多个,规模最大的欧洲华侨华人社会联合会的成员已经覆盖了 20 多个国家的 200 多个组织。① 华人移民社团在联系华人网络、维护华人权益、沟通华人与当地社会关系等方面都发挥了巨大的作用。华人移民社团不仅是促进华人移民信息交流、帮助华人移民应对现实生活困难的重要支持性组织,还是协调华人移民与当地居民和政府关系的重要纽带。社团会经常举办"中国文化周""春节大游行"等活动,让当地社会对中国文化和华人移民有了更多的了解,进而更加接纳华人移民。社团还会积极协助当地政府的工作,并参与当地政府和社会各界的交往活动。 如:2006 年西班牙 10 多个华人社团的侨领和代表与当地最大在野党领袖举行会谈,就华人与当地居民的关系、华商店铺屡遭突击检查、华人移民的融入等内容做了坦诚交流。华人移民面对现实,向当地社会表明融入诚意的积极行动引起了欧华社会的广泛关注,也得到了欧盟国家一些政府官员的肯定和欢迎。② 显而易见,移民社团的诸多行动较好地迎合了移民的需求,极大地促进了移民的融合进程。

三、欧美国家对社会组织的管理

在美国和欧洲的一些发达国家,迁移人口有良好的自治习惯,互助组织和移民社团在这些国家较为普遍。作为迁移人口实行自我管理的重要载体,互助组织和移民社团能发展为服务迁移人口的一支重要力量,这与这些国家

---

① 李明欢.欧洲华侨华人史[M].北京:中国华侨出版社,2002:672.
② 傅义强.欧盟移民政策与中国大陆新移民[M].广州:暨南大学出版社,2008:215.

为整个社会组织创造的有利发展环境是分不开的。欧美国家对社会组织的管理主要体现在以下方面。

第一,宽松的准入制度。欧美许多国家对社会组织实行宽松的准入制度,降低准入门槛、引导社会组织自愿登记,是他们基本的管理思路。西方国家的市民社会发育较为成熟,大多倡导结社自由,社会组织登记与否并不是判定一个组织是否具有合法性的依据,登记注册只是取得法人地位和获得税收减免资格的条件。在美国,自愿组成社会组织完全是公民的自由,如果需要申请登记注册,手续非常简单,申请者只需在申请表上填写好姓名、地址和申办组织的有关信息,缴纳一定的手续费,提交有关部门审批即可,通常绝大多数申请都能得到批准。① 在德国,社会组织的登记注册主要是对公益性的认定,登记了的组织可以享受税收优惠,但即使是那些不进行法律登记的组织,像非公益性组织、市民小协会、民众团体等也同样受到法律的保护。这种宽松的准入制度较好地保障了社会组织的合法地位,也最大限度地将社会组织纳入了政府的管理视野。

第二,严格的过程监管。尽管欧美一些国家社会组织的入口比较宽松,具体管理制度也不一样,但在管理上普遍具有一个共同的特点:对社会组织的过程监管都较为严格。这些国家基本形成了比较完备的法律体系,对社会组织的筹资、经营和财务税收等各方面都做出了明确的规定,政府依据法律进行监管,社会组织一旦出现违法行为,将受到严厉的处罚。如英国有专门的《慈善法》,要求所有社会组织公开透明运作,由英国的慈善委员会对社会组织实行分类监管。年收入在 1000 英镑以下的组织不需要注册登记,也不必年度审查;但年收入在 1000 英镑以上的组织每年必须提交年度报告和财务报告,尤其是大型的组织,必须实行推荐会计制度,慈善委员会定期对其风险、资产和财务进行评估,还可能随时调查了解组织的相关情况,进行重点监管。② 德国的《联邦德国结社法》也对社会组织的监管和处罚做了详细的规定,社会组织如果从事非法活动,除了必须接受相应的法律惩罚外,相关责任人还将被禁止成立类似的组织,警示作用非常强。欧美发达国家对社会组织

① 王绍光.多元与统一——第三部门国际比较研究[M].杭州:浙江人民出版社,1999:86.

② 樊欣欣.对外国社会组织规范管理的国际比较研究[EB/OL]. http://www.chinanpo.gov.cn/1831/32362/yjzlkindex.html,2009-01-04.

的监督管理,不仅在法律上固定了下来,而且已成为对社会组织日常管理的重要内容。

第三,大力支持社会组织的发展。在西方发达国家的公共服务领域,社会组织是政府的重要合作伙伴,对于满足基本需求的服务、特殊照顾和对困难群体的帮扶服务,政府一方面通过税收上的优惠,对社会组织给予支持,另一方面,政府还大量购买社会组织的服务,来自政府的经费已成为社会组织资金的主要来源。其中,德国社会组织有近70%的收入来自政府,法国社会组织的收入中政府资助的比重也占到了60%。英国政府在布莱尔执政时期提出了"合作政府"的理念,将社会组织和政府的合作关系在政策层面上确定下来,政府拨款与收费收入已达到社会组织总收入的90%。[①] 在美国,联邦税法有关社会组织的税收减免规定,不仅社会组织自身的收入可以免缴所得税,为公益性服务组织捐款的个人和单位也可少缴部分所得税。从20世纪60年代初期起,美国联邦政府就开始大力推动社会服务,由政府出钱购买社会组织的服务,在满足迁移人口的需求方面也不例外。如针对非法移民的生存状况以及由此带来的社会问题,2005年赫顿市的社会组织——"希望与和谐工程"向政府申请建立一个临时工中心,向非法移民提供招工、培训等必要的帮助,当地政府不仅批准了该申请,还出资帮助成立了这样一个临时工中心,[②]既支持了社会组织的工作,又为非法移民集中提供了一定的基本保障,维护了当地社会秩序的稳定。

在这种积极稳定的政策环境下,欧美发达国家的社会组织几乎无处不在,对迁移人口来说,其自发组建组织、进行自我管理的行为也基本不存在来自政府方面的阻力。相反,政府对社会组织的支持肯定了社会捐赠者的公益心,鼓励了迁移人口之间的互助行为,对迁移人口的自我管理具有很大的促进作用。

四、欧美迁移人口管理对我国的启示

虽然我国的基本国情、经济发展水平和历史文化传统都不同于欧美国

---

① 王绍光.多元与统一——第三部门国际比较研究[M].杭州:浙江人民出版社,1999:132,142,151.

② 郝幸田.国外怎样对待农民工[J].企业文明,2007(5):56-58.

家,对于流动人口的管理,我国不可能完全套用他国的模式,但欧美发达国家在迁移人口服务管理中所形成的先进理念、成功做法和经验,对我国政府的流动人口管理仍具有很强的借鉴意义。

首先,迁移人口资源配置的一体化。欧美发达国家人口的流动性很强,在一个国家或区域内部,人口的流动基本都不受限制,公民的"户籍"身份主要用于信息登记,较少承载管理之外的其他功能,因而不存在因户籍而产生的待遇差别问题。更重要的是,在这些国家和地区,政府制定的政策将迁移人口纳入了统一的管理框架,所有国民在就业、公共住宅和社会保障等方面享有同等的待遇,迁移人口享有与当地居民一致的权利和福利,公共资源和服务也基本能覆盖现住居民。即使是国际移民,根据所在国的法律,也能享受相对稳定和明确的社会保障。总体来看,这些国家的资源配置方式已经形成相对一体化的格局。相比较而言,我国以户籍为基础的流动人口管理体制区别身份和待遇的功能太强,当前虽然有部分城市正在进行将流动人口纳入城市公共服务和社会保障体制的实践,但依然任重而道远。

其次,迁移人口服务的社会化。欧美发达国家社会组织的发育水平较高,在对迁移人口的服务方面,已经形成各社会主体共同参与、公共服务社会化的格局。其中,迁移人口的自我管理是一支重要的力量,互助组织和移民社团等迁移人口自己成立的组织承担了相当一部分对迁移人口的引导、服务和培训等责任,它们积极介入迁移人口的宗教和经济生活,弥补了政府管理上的缺位和不足。有的社会组织在迁移人口的服务中还投入了大量的人力、财力和物力,既灵活多样地满足了迁移人口的许多需求,又减轻了政府部门的压力和负担。我国流动人口数量庞大,流动频繁,政府服务管理的难度很大,需要学习国外迁移人口服务社会化的管理经验,发展流动人口自我管理、互相扶持的互助体系,促进流动人口的城市融入。

再次,学习西方国家社会组织管理的经验。社会组织和政府具有不同的特点和局限性,政府在规模和经济实力上有优势,但灵活性不够,也不可能照顾到所有人的需求,而社会组织则正好在灵活服务和特色服务等方面具有一定的优势。西方发达国家对社会组织实施宽松的准入制度和严格的过程监管,并且政府在资金上给予大量资助,为社会组织的发展营造了良好的政策环境。我国的社会组织起步晚,水平低,与发达国家差距较大,还需要不断地拓宽发展的空间。流动人口自组织作为社会组织的一种类型,其活动领域和功能的发挥也大有潜力可挖。而且,与国外社会组织不同,我国的流动人口自组织并不是政府的压力集团,正如前面所分析的,它们更多是采取与政府相呼应的办法来争取组织的合法性,并在合法的范围内开展活动。对于这样的组织,政府需要扮演好培育者和支持者的角色,探索建立政府、流动人口自组织和流动人口之间的良性互动机制。

第二节　政府流动人口管理调整的思路

我国从"总体性社会"向"后总体性社会"的转变、国家与社会的分离是一个国家主动撤离的过程。在这个过程中,社会领域的兴起以及社会组织的发展都在国家的主导下进行,其生存空间多为国家已经放权或默许的领域,因而,国家与社会的良性互动,尤其需要代表国家力量的政府制定和实施一系列积极政策,来激发社会领域的活力与潜力。流动人口自我管理作为社会兴起的一股积极力量,尚处于初步发展的阶段,化解流动人口自我管理中的困难,政府应该积极作为,对不合理的流动人口管理政策做出适度调整,尽可能地创造条件,推动流动人口自我管理的发展。

一、转变对流动人口及自组织的管理理念

理念是行动的先导,科学的执政理念有利于政府制定合理的政策,从而实施高效的管理。促进流动人口的自我管理,政府必须转变对流动人口及其自组织管理的落后理念,以服务流动人口为先,增强对流动人口自组织的信任和认同,促进流动人口自组织更好地发挥作用。

1. 真正树立服务流动人口的理念

流动人口自我管理的目标是为流动人口提供服务,帮助流动人口克服困难从而更好地融入城市生活。促进流动人口自我管理的发展,要求政府必须真正树立服务流动人口的理念,以服务为先,从根本上改变管控、排斥流动人口的思维,将流动人口纳入城市资源配置和公共服务体系。只有这样,政府才能真正鼓励并支持流动人口参与自我管理和自我服务,促进流动人口与城市居民共同发展。

为此,从宏观战略上来讲,政府首先应该转变管控、排斥流动人口的思

想,以产业结构升级和城市规划来优化人口结构,实现对流动人口的真正接纳。一些地方政府面对城市人口控制和资源环境方面的压力,往往想通过以行政手段控制流动人口数量的办法来缓解压力,实际上,这种对流动人口实行总量控制的做法现在已经难以奏效。《北京城市总体规划(1991 年—2010年)》曾提出,2010 年北京市常住人口规模控制在 1250 万左右,流动人口控制在 250 万左右。然而,据北京市第六次人口普查数据,2010 年全市常住人口已达到 1961.2 万,其中外地来京人员为 704.5 万[1],已远远超出了这一总体规划设定的目标。其实,解决问题的关键并不在于直接控制流动人口的规模,而在于促进流动人口在素质、产业和空间上的合理分布。[2] 引导城市人口的流动应重视产业政策和城市规划的作用,需通过产业结构的升级换代和城市的规划布局来引导企业和市场,再由企业和市场来间接引导人口流向需要他们的地方。在这个过程中,一些低附加值、低科技水平的人员也会跟随产业的转移而转移出去,而另一些符合发展需求的人员将被吸纳进来,从而实现一个地区劳动力资源的优化配置。在这种机制的作用下,政府必须确保服务好"留下来的流动人口",即便是对于过渡性的社区,也应该充分考虑到流动人口的需求,应该有提供公共服务的办法。

真正树立服务流动人口的理念,政府还应该为流动人口的多元需求提供多样化的服务,大力鼓励流动人口自我管理的行为。马斯洛的需求层次理论认为,人有生理、安全、被爱和归属、获得尊重以及自我实现五种不同层次的需求,在获得生理和安全的低层次需求后,人们就会产生归属、尊重等更高层次的需求。流动人口的需求也不例外,随着社会经济水平的提高,在基本需求得到满足后,流动人口对自己的生活和工作有了更高的预期,他们还存在权益维护、社会保障、教育培训、精神生活等多方面的需求。而且流动人口内部的不同群体还存在特殊的需求,像流动女性在生育保健、灵活就业等方面与流动男性的需求就不同,这些都要求政府必须考虑到流动人口的不同需求,为他们提供多样化的公共服务,促进他们在城市相对稳定地工作和生活。与此同时,政府还要充分认识到流动人口的主体能动性,流动人口已经在一些政府无暇顾及的流动人口服务领域,开展自我管理和自我服务,显示了一

---

① 数据来源:北京市发展和改革委员会网和北京统计信息网。
② 李强,刘精明,刘佳燕.北京市流动人口的管理[J].北京规划建设,2012(5):53-58.

定的自主自治的能力,政府应该充分信任并鼓励流动人口自我管理和自我服务的行为。

2.增进对流动人口自组织的信任和认同

正确认识流动人口自组织是政府对该类组织实施科学管理的前提。受制于对社会组织的传统管制思维,我国政府对流动人口自组织的管理理念同样比较滞后。政府对流动人口自组织的认识不全面,关注和重视不够,还有一些官员过于忧虑流动人口自组织的发展,担心流动人口的组织化力量对政府造成压力,这些管理理念都必须加以转变。

首先,政府需要认识到流动人口自组织存在的合理性。我国流动人口规模庞大,流动人口的需求也日益复杂和多元,仅靠政府的单一管理只会导致严重的政府失灵,因而迫切需要政府将一部分具体事务交给社会组织去承担,通过社会组织灵活、专业的服务来满足流动人口的各种需求。流动人口自组织就是这样一种社会组织,它是在流动人口自身的现实需求得不到满足的情况下出现的,具有一定的社会基础,是社会发展的必然产物。

其次,政府需要充分认识到流动人口自组织的积极作用。流动人口自组织在维护流动人口合法权益、给予流动人口精神支持、提供切合流动人口需求的服务方面发挥了重要作用,流动人口自组织还为社会资源的整合提供了一个搭台唱戏的平台,企业、媒体、社会公众和其他社会组织围绕流动人口自组织的活动,形成了一个共同支持流动人口的社会网络,多种资源的整合发挥了单一资源所难以起到的作用,有效地克服了政府服务能力不足的问题。此外,流动人口自组织还是政府对流动人口进行有效组织和管理的重要形式。流动人口规模大、分布广,要对原子化的流动人口进行管理难度比较大,且将他们组织起来也不容易,而流动人口自组织为政府管理提供了现成的联结中介,政府可以充分利用这一组织形式来为流动人口服务,提高工作效率。

再次,一些政府官员对流动人口自组织的过度担忧并无必要。我国政府职能转变的方向是建立一个"大社会",政府逐渐还权于社会,社会组织和社会自主力量的不断壮大是社会发展的趋势。流动人口自组织不仅不会削弱政府的管理能力,相反还会使建立在社会自主管理基础上的政府更有力量。正如列宁所说:"一个国家的力量在于群众的觉悟。只有当群众知道一切,能判断一切，并自觉地从事一切的时候，国家才有力量。"①况且，流动人口外出流动主要是为了求富，而不是求生，一般不会采取"孤注一掷"的过激行为，他们组织起来主要是为了满足自身的各种物质和精神需求，不是以对抗政府为目的的。因此，政府应增强对流动人口自组织的认同，改变不信任态度下的管制方式，并立足于培育和引导，在资金、政策等方面给予流动人口自组织尽可能多的支持，促进流动人口自组织更好地发挥作用，更好地协助政府做好服务。

二、完善有利于自我管理发展的体制机制

1. 降低自组织准入门槛，加强过程监管

流动人口自组织法律合法性的缺乏是阻碍流动人口自我管理持续稳定开展的重要因素。我国对社会组织实行的是登记管理双轨制，社会组织的成立既要经业务主管单位审查同意，又要到相应的民政部门登记注册，非常强调"入口"的登记限制，将包括流动人口自组织在内的大批社会组织挡在了合法的大门之外。促进流动人口自我管理的发展，就需要改革严格的注册登记制度，降低流动人口自组织的准入门槛，并强化制度约束和过程监管，为流动人口自我管理的发展营造良好的环境。

目前，一些地区已经在社会组织登记注册的改革上进行了有益的探索。自 2008 年起，深圳就率先开展了对部分社会组织实行"无主管直接登记"的试点探索，之后，上海、北京、山东等地也相继推出了新政策，尝试取消双重管理制度。2013 年，党的十八届三中全会通过的《中共中央关于全面深化改革若干重大问题的决定》也明确提出，"重点培育和优先发展行业协会商会类、科技类、公益慈善类、城乡社区服务类社会组织，成立时直接依法申请登记"②。应该说，这些探索为流动人口自组织法律合法性的获得带来了前所未有的机遇，但遗憾的是，到目前为止，流动人口自组织合法登记注册了的还是很少。由于政府对于组织类别的认定、注册流程、注册标准、注册后社会组织的身份和独立性等问题的细则规定并不明确，再加上流动人口自组织本身在业务范围、资金来源、组织运作等方面的情况各异，它们或是尚不符合政府

---

① 列宁选集（第三卷）[M] 北京：人民出版社，1995：347.
② 中共中央关于全面深化改革若干重大问题的决定[M].北京：人民出版社，2013：50.

规定的审查条件,或是自己对登记注册一事存有疑虑,事实上,因为个别政策的突破而获得了合法身份的自组织并不多。

针对流动人口自组织的现实状况,降低准入门槛,政府可建立一个以科学分类为基础的双层准入制度,促使流动人口自组织最大限度地获得合法身份。一是备案注册:借鉴国外的备案制,为流动人口自组织提供一个备案注册的平台,所有流动人口自组织只需提供基本的信息,就可以通过备案获得最基本的合法性。二是登记注册:如果流动人口自组织在活动领域、活动地域、财政和税收优惠等方面有特别的要求,可以向有关登记管理机关提出申请,经过认可的组织就能获得相应的法律保障,但也必须接受更为严格的监管。而对于那些不主动注册又对社会发展有利的流动人口自组织,只要是在法律范围内活动,可默许其存在。

与此同时,政府还应加强对流动人口自组织的过程监管,引导流动人口自组织规范健康地发展。政府需建立和健全相关的规章制度,不仅应对流动人口自组织的性质、地位、职能、权利和义务等基本属性做出明确界定,还应对流动人口自组织的组织管理、财务管理、募捐与税收政策、评估和监督体系、违规惩处等做出较为细致的规定。这既有助于政府加强对流动人口自组织的统一管理,增进社会对自组织的了解和支持,促进流动人口自我管理的发展,也有助于对偏离方向的流动人口自组织及时进行引导和监督,促进它们的规范运行。当前社会上有少部分流动人口自组织还存在帮会化、黑社会化等倾向,对于这类组织,政府更要完善监督机制,特别是对那些性质已经发生蜕化变质的组织,必须坚决予以取缔。

2.完善管理体制,避免无人主管和多头管理

完善对流动人口自我管理的管理体制,主要是解决政府对自我管理无人主管和多头管理的问题,具体可以从两个方面着手。

一方面,以流动人口自组织作为抓手,解决无人主管的问题。流动人口自组织是流动人口实行自我管理的载体,把流动人口自组织纳入政府的管理体制,就可依托流动人口自组织来指导流动人口的自我管理。对此,政府可以采取两项措施:一是继续深化社会组织管理体制改革,降低流动人口自组织的准入门槛,把更多的流动人口自组织纳入政府的管理范围。与此同时,合理界定政府与流动人口自组织之间的职能边界,关于流动人口的管理和服务,政府的职能主要在于建立有效的综合协调机制、提供相关信息、规范劳动

力市场等等，而流动人口自组织主要着眼于微观服务，像政策和技术咨询、法律宣传、心理疏导等等。政府与流动人口自组织应该各司其职，共同做好流动人口的管理和服务工作。二是可借鉴北京市枢纽型社会组织管理模式，明确或建立联系流动人口自组织的枢纽组织。从 2009 年开始，北京市相继认定了一批社会组织作为枢纽型组织，让枢纽型组织为其他组织提供引领和支持，发挥它们在同领域和司性质组织中的桥梁和纽带作用。政府可借鉴这一模式，明确或专门建立一个联系流动人口自组织的枢纽组织，来管理和指导流动人口自组织的工作，进而构建一个以枢纽组织为核心的流动人口自组织支持网络。通过这个网络，流动人口自组织能够获得平等的资源竞争和共享机会，自组织之间也可以进行横向的交流和合作，促进彼此能力的提升。

另一方面，由于对流动人口管理的政出多门是造成多头管理的重要原因，为了避免各职能部门的多头管理，政府还需要完善现行的流动人口管理体制。我国大多数省区市采用的是治安管理拓展型的流动人口管理体制，这种管理体制由政法委或综治委牵头，劳动和社会保障、教育、卫生、计划生育等部门参与管理，主要办事机构设在公安局或政法委下。① 如北京市流动人口管理的日常工作由设在各公安局下的流动人口管理办公室，或由设在区政法委下的综合治理办公室负责统筹协调。囿于行政权限，流动人口管理办公室和综合治理办公室往往缺乏协调各个部门的权威，极易导致各职能部门对流动人口事务的多头管理。因此，政府需要不断完善现行的流动人口管理体制，科学界定各部门的管理职能，并对相关部门的职能进行综合协调和科学划转，努力做到职能清晰、权责明确，改变对流动人口自我管理的多头管理状况。

3.改进对流动人口非正规服务的管理方式

流动人口开展的自我服务大多是非正规的服务，与政府的规范化要求存在一定的距离。由于政绩考核的导向作用，地方政府对流动人口非正规服务的考量常以专业、规范、安全等为标准，更多强调自我服务的不专业、不正规，以及存在安全隐患的一面，有些政府部门急于推卸责任、实行简单化管理的现象比较常见，阻碍了流动人口自我管理的发展。这就需要政府部门重新审

视并调整对流动人口非正规服务的评判标准,改进对流动人口非正规服务的管理方式。下面以学龄前流动儿童的非正规教育服务为例来说明。

如前所述,同心儿童活动中心在实践中摸索出了一条互助自救、适合流动儿童需求的非正规学前教育模式,但街道和居委会出于安全考虑,从 2013 年 4 月起不再将房子续租给儿童中心,因为租房困难,半年后儿童中心最终被迫停办。在这里,地方政府的做法很值得反思。在政府力所不及的情况下,流动人口自发组织起来为流动儿童提供适合需求的学龄前教育服务,他们不花政府一分钱,通过自助的方式在流动人口社区服务方面探索出了一条新路,是社会自我成长的体现,可以说,具有很强的创新性和可推广性。作为政府部门,重视儿童中心的各种安全隐患,这一点确实很重要,也值得肯定,但发现问题后政府到底应该怎么做,是一个值得深思的问题。

对于这类非正规服务,政府首先应有一个正确的评判标准。调查期间,笔者亲历了儿童活动中心在面临停租困境时召开的一次议事会,这次会议邀请了家长代表、街道和社区工作人员、妈妈老师以及部分学者参加。会上,一位曾在私立幼儿园工作过的妈妈老师谈到,自己通过参加儿童中心提供的各种培训,提高了育儿的能力,现在已不再采取以前那种排排坐的教学方式了。几位家长也都表示,儿童中心的妈妈老师对孩子很好,不像有的私立幼儿园打骂孩子,导致孩子不愿意去幼儿园,自己的孩子在这上学没有厌学情绪,而且孩子们在儿童中心和老师吃的是相同的饭菜,饮食上也很放心。甚至还有家长主动提出,愿意每月多交 100 元托管费,希望通过涨些房租将儿童中心保留下来。显而易见,儿童中心虽然非正规,但却得到了孩子、家长和老师的充分肯定。作为管理者,进行评判时就不能只重视硬件,而忽视软件,不能只重视儿童中心的场地够不够、有没有门卫、有几个教师拿到了教师资格证等硬件方面的问题,正确的评判更应该以当事人为主体,以老师有没有爱心、家长认不认可、孩子愿不愿意去上学作为主要标准,应该尊重孩子的选择权,认识到通过多元教育可以让生长在不同环境中的孩子受益。尤其在流动儿童需求强烈,政府暂时又没有能力为他们提供更好的教育条件时,我们无疑要慎用过于重视硬件的规范化标准。

面对流动人口非正规服务中的不规范问题,地方政府不能以推卸责任为先;相反,政府应该更有担当,应该事先考虑怎么把一件事情做好。当发现安全隐患和不规范之处时,政府有责任想办法帮助其规范和完善,对于具有创新性的自我服务探索,政府更应给予其财政、场地和技术上的支持,以服务来促管理,充分调动流动人口的主动性和创造性,鼓励他们更好地为自身群体服务。

三、加大对流动人口自我管理的扶助

流动人口自己已经摸索出了一条自我管理的道路,政府在工作中应该看到,对于流动人口的服务还有这样一种有效的方式,因而需要加大对流动人口自我管理的扶助,着力帮助流动人口解决自我管理中面临的资金、能力等不足的问题,具体可从以下三个方面来开展工作。

第一,积极培育扶持流动人口自组织的发展。政府对流动人口自组织的培育和扶持,是一项直接促进流动人口自我管理的有力举措。从国外经验来看,政府的资助是社会组织收入的主要来源,加强对社会组织的财政支持是许多国家的共同做法。我国的流动人口自组织普遍存在资金短缺的现象,政府更应该强化对它们的直接资助和补贴,如政府可以通过场地提供、运营补贴等多种形式来支持流动人口自组织的发展。其中,政府购买服务应该成为扶持流动人口自组织的一项重要措施。近年来,政府购买社会组织服务的大度虽然在不断加大,但受法律合法性和专业性评判标准的限制,流动人口自组织能够申请到的资金微乎其微。对此,政府应该根据流动人口自组织的实际情况,适当调整专业性的要求。对于流动人口自组织来说,真正能和流动人口群体打成一片,并服务好他们也是一种专业性,政府不能单纯地、机械地依据工作人员的学历以及拥有社会工作师证的数量来评判。有很多从工友中发展起来的骨干,他们虽然学历不高,也考不到证,但却是能真正走近流动人口、服务好流动人口的一群人,在这种情况下,政府对流动人口自组织申请项目的条件就可以适当放宽一点。政府也可以在财政支出上建立专项基金,根据流动人口的需求,设立一些能够进行社会化运作的服务项目,专门用于扶持流动人口自组织的发展。除此之外,政府还可以在税收上给予流动人口自组织一定的减免和优惠,并鼓励各类公益支持性组织加大对流动人口自组织的培育。

第二,提高流动人口的主体意识和自我管理的能力。一方面,政府应该进一步改革户籍、就业和社会保障等制度,着力清除侵犯流动人口平等权利的制度障碍,帮助消除流动人口的消极心态,为流动人口主体意识的增强创

造条件。与此同时,政府还应多为流动人口提供学习培训的机会,有条件的地方可把流动人口培训纳入各地的成人教育规划,提高流动人口的文化素质和权益意识,增强流动人口有序解决自身问题的主体能动性。另一方面,政府还可对参与了自我管理的流动人口进行培训。一是对自组织的领导者进行培训。流动人口自组织的领导者是自我管理的主导力量,他们掌握着相对丰富的社会资本,对领导者进行法律、管理等知识的培训,不仅能激励他们更好地发挥对其他流动人口的带动作用,还有助于提高其管理水平,直接促进流动人口自我管理的发展。二是开展对流动人口自组织工作人员的培训。政府可尝试突破单纯的高校社工培养模式,按照社工模式来对自组织的工作人员进行培养,简化其培训教材,更加注重实际能力的锻炼,在提升他们工作能力的同时,促使自我管理向专业化和正规化发展。

第三,倡导社会各界共同支持流动人口自我管理的发展。社会各界的广泛支持是流动人口得以开展自我管理的力量源泉,倡导社会各界的共同支持,关键要做到:其一,引导人们正确认识和看待流动人口。当前社会上有一部分人对流动人口,尤其是农民工仍然持有排斥心理,不能正确认识他们为城市、为社会经济发展做出的贡献。政府应该引导媒体多对流动人口及其自我管理进行积极正面的宣传,消除人们对流动人口的心理忧虑。其二,营造多元参与的志愿文化氛围。公民参与意识的增长、志愿精神的壮大是社会自主成长与发展的土壤,政府可通过宣传、激励志愿服务行为等方式,来增强公民参与公益事业的热情,动员媒体、企业、各种社会组织都来关心和支持流动人口的自我管理。

四、探索促进流动人口自我管理的模式

流动人口的自我管理是流动人口管理创新的重要路径,也给社会发展注入了巨大的活力。促进流动人口的自我管理,政府除了可直接加大对流动人口自我管理的支持外,还可根据各地特色,积极探索促进流动人口自我管理的其他模式。笔者从全国各地的实践中,总结了政府促进流动人口自我管理的三种典型模式:社区自治互助模式、党团支部模式和工会引导模式。这三种模式分别从社区服务、党员带动、组织引导角度入手来促进流动人口的自我管理,它们的实践经验对于其他地区探索如何调动流动人口的主体意识和主人翁精神、激发流动人口自我管理的活力具有重要的启发意义。

1.社区自治互助模式:北京市石景山区新居民互助服务站

社区是流动人口城市生活的基本单元,促进流动人口的自我管理可以利用社区这一平台,在社区为建立各种流动人口自治组织,吸纳流动人口参与到社区事务和自我服务中,帮助提高流动人口自我管理的水平。北京市石景山区在探索流动人口社区自治互助模式上做出了很好的尝试。

石景山区地处北京西部,具有承接吸纳北京市中心人口的区位功能,流动人口数量占该区常住人口总数的 1/3 多,尤其一些城乡接合部聚集了大量的流动人口。多年来,石景山区采用区、街道、社区三级流管工作模式,虽然取得了一定的成效,但仍无法解决流动人口主动登记意识弱、基层管理力量弱、管理缺位等问题,创新流动人口服务管理的模式成为该区迫切需要推进的一项工作。

2009 年 8 月,石景山区以苹果园、老山等街道的 10 个出租大院为试点,成立了 7 个新居民互助服务站,探索流动人口社区自治互助模式。新居民互助服务站是政府引导、新居民自愿参与的互助服务管理模式,其内涵主要有三点:一是居民式待遇,将流动人口看成新居民,与本地人口同管理、同教育、同服务。二是互助式服务,在服务站内设立互助服务队,由热心公益的流动人口担任队员,开展互助服务。三是自治式管理,在街道和社区的指导下,引导流动人口开展自我管理、自我教育和自我服务。在组织体系方面,新居民互助服务站建立了站长、副站长、互助服务队员的工作人员队伍,站长由街道流管员担任,副站长由出租大院房东担任,服务队员由新居民志愿报名参加,协助开展流动人口计生服务、矛盾调解、卫生监督、综合治安等事务。街道还明确了新居民互助服务站的工作宗旨和职责,统一了互助队员的服装、袖标和服务站站牌。2010 年年初,新居民互助服务站模式开始在全区范围内推广,一年后,全区共建立 188 个新居民互助服务站,发展服务队员 1822 名,流动人口自治形式也更加多样化,先后成立了新居民治安小组、新居民文艺队、新居民志愿者协会等自治组织。新居民自觉组织社区治安巡逻、看护放学后无人看管的流动人口子女、维护社区环境卫生、开展防火防盗安全检查等工作,促进了流动人口由被动接受管理向自我管理的转变。政府也利用新居民互助服务站这个平台,融入一系列流动人口服务管理活动,如开展就业培训、建立流动人口阅览室、推行"新居民一卡通"等等,引导流动人口积极参与社区各项活动,切实帮助流动人口解决各类工作生活问题。[①]

新居民互助服务站立足于流动人口的社区服务,发挥流动人口熟悉群体成员的优势,建立各类流动人口自治组织,发动流动人口进行自我管理和自我服务,是对社区自治互助模式的一种探索。除北京外,我国其他地区也进行了类似的探索,如上海松江的外来人口管委会、江苏无锡的新市民亲情理事会、大连的外来人口管理服务协会等等。这一模式既能促进流动人口的自我管理,弥补政府服务管理的不足,又能增强流动人口对所在社区的情感认同,对于流动人口数量较多的社区具有重要的借鉴价值。

2.农民工党团支部模式:哈尔滨市三姓摊农民工党团支部

哈尔滨市南岗区荣市街道位于市中心,属于该市的一个老城区。该辖区下的三姓街早市自 20 世纪 90 年代形成,共设有六百多个摊位,是一个农民工聚集的场所。这个市场虽然能够为居民生活提供便利,但也鱼龙混杂,如何加强对市场的管理、维护农民工的权益、保持市容清洁等问题是摆在当地政府面前的一系列难题。

2004 年,街道党工委决定在当地成立农民工组织。在辖区领导的鼓励下,有三位农民工亮明了自己的党员身份,他们分别把党员组织关系从外地迁入,并成立了黑龙江省第一个农民工党支部。2005 年 3 月,南岗区团委和社区党支部又帮助他们成立了农民工团支部。三姓摊党团支部成立后,在街道和社区的帮助下,相继开展了一系列维护市场诚信、维护农民工合法权益的活动:其一,党团支部带领摊主们与摊区管理所签订合同,明确了双方的权利和义务。要求摊主诚信经营,不能短斤缺两,也明文规定管理员不能"吃拿卡要",使市场秩序发生了很大的改观。其二,开拓增收渠道。通过多方协调,党团支部帮助摊贩在黄金地段开辟了"农民工夜市",并且对农民工免除摊位费,增加了农民工摊贩们的收入。其三,为农民工争取权益和利益。据统计,自党支部成立以来,共帮助农民工解决各种纠纷十余起,追讨回资金近十万元。团支部还帮助 20 多个农民工子女免除了辖区内就读小学的借读费。其四,丰富农民工的精神生活。党团支部开展了一系列活动,如开办农民工子女家长学校和农民工夜校,举办农民工子女和市民子女的交流会,组织农民工专场演出和其他文娱活动,等等。通过这些服务活动,三姓摊农民

---

① 资料来源:笔者对北京市石景山区相关部门的调研资料。

工党团支部很快便将农民工凝聚了起来,党支部已发展成六名党员、五名入党积极分子的规模,另还有十名农民工积极提交了入党申请书。

九年来,在农民工先进分子的引领下,三姓摊的农民工相互帮扶,慢慢摧毁了与城市间的壁垒,渐渐地,他们把所生活的社区当成了自己的家园,并主动为新家园添砖加瓦。他们成立了农民工志愿者服务队,自动承担租住大院的绿化义务,主动参加社区清理冰雪、小广告的义务劳动,积极参与为地震灾区捐款的活动……他们的行为赢得了当地居民的广泛赞誉,增进了农民工与城市居民之间的相互信任和支持。①

在三姓摊农民工党团支部模式中,街道和居委会改变了单纯依靠自己的做法,从最容易动员的流动党员着手,帮助成立农民工党团支部,并积极支持党团支部组织的活动,充分发挥了流动党员和先进分子的模范带动作用。该模式在促进流动人口自我管理的同时,更取得了反哺社区的良好效果,不失为一种好的经验。

3. 工会引导模式:义乌市总工会职工法律维权中心

浙江义乌的小商品经济非常发达,从事小商品生产和外贸产品加工的中小型非公企业林立,吸引了大批外地人来这里务工。由于劳动关系较为复杂,外来务工者权益受侵犯的现象时有发生,并且往往有一部分矛盾纠纷因维权渠道不畅通、维权成本太高而得不到及时解决。在这种情况下,部分外来工转而通过非常规方式来维护权益,他们依靠地缘关系组成了各种自发组织,借助老乡抱团来弥补个体力量的不足。然而,一些老乡团体帮会化特征明显,像"浙江开化帮""江西玉山帮""安徽定远帮"等帮会在义乌的企业中一度十分活跃。许多老乡一有"麻烦"就找帮会,维权的问题虽然在一定程度上得到了缓解,但帮会组织的实际操作容易演变成"有理没理都得成"的局面,一些黑恶势力也乘机强行向外来工收取保护费,给社会稳定带来了不小的压力。

面对深刻变化的劳动关系,2000 年,义乌市建立了专门的维权工作机构——义乌市职工法律维权中心,由市总工会直接领导。维权中心与义乌市法律援助中心、律师事务所等建立起广泛的联系,实施社会化维权服务,曾被

---

① 宋永超.哈尔滨市南岗区荣市街道农民工党建工作纪实[EB/OL]. http://dangjian. people. com. cn/n/2013/0722/c_17092-22278239. html,2013-07-22.

作为一个典型得到中央领导的批示并在全国推广。除此之外,该维权中心的设立对于促进外来人口的自我管理还具有一层重要的意义。维权中心成立后,不断加强市工会对"开化帮""定远帮"的联系和指导,鼓励由外来工民主选举产生他们的工会主席,促进外来帮会的自我管理纳入法治的轨道。像"开化帮"的领袖不仅被选为自己公司的工会主席,还被推选为维权中心的重要联络员和调解员。这种做法改变了民间自发组织的维权方式,以前帮会更多的是采用谈判,甚至恐吓的办法,而现在新当选的工会主席一般都是带领老乡去找维权中心协助解决问题,他们的自我维权服务基本走上了合法和理性的道路。①

义乌的经验表明,少部分流动人口自组织的发展可能比较盲目,其自我管理的行为也可能存在蜕化的风险。对于这类组织,政府可以借助工会进行引导,将组织领袖吸纳到工会管理层,再通过他们来开展相关流动人口的管理和服务工作,既能防范社会风险,又能为流动人口提供更加有效的服务。这种借力工会引导的模式,为解除一些政府官员对流动人口自组织的担忧,更好地发挥流动人口自我管理的作用,提供了一条切实可行的途径。

第三节 流动人口自组织工作改进的建议

流动人口自组织是流动人口进行自我管理的重要载体,可以说,流动人口自组织的发展程度直接决定着流动人口自我管理的发展水平。促进流动人口自我管理的发展,除了需要政府调整管理思路、创造良好的制度和政策环境外,同样也需要流动人口自组织努力克服前进中的困难,通过不断地自我建设和自我完善,提高组织获取各种资源以及适应不断变化的环境的能力。

一、争取政府对自组织工作的支持

在我国"强国家、弱社会"的体制环境下,社会组织与政府的关系是影响

① 徐建丽.农民工自力维权组织与工会引导[J].中国劳动关系学院学报,2011(5):43-46.从"老乡会"到工会,义乌模式初具雏形[EB/OL]. http://zgh. yw. gov. cn/ghxw/zxdt/201007/t20100702_102300. html,2010-04-02.

社会组织作用发挥的主要决定因素。社会组织与政府的关系主要有四种类型：或是自行其是，或是依赖于政府，或是与政府合作，或是与政府对立。草根组织的行为方式将直接影响政府对它的态度，甚至在一定程度上还决定着草根组织的兴衰存亡。学者们对草根组织行动策略的研究取得了一些代表性的成果：赵秀梅揭示了草根组织如何利用行政权威来增强自身合法性，并影响政府政策的过程。[①] 朱健刚通过对上海和广州两个志愿者组织的长期跟踪调查，指出草根组织内部已经形成了做实事、平民化且与政府合作、不讨论政治的共识和规范。[②] 张紧跟等以广州业联会为个案，分析了业联会通过寻找代言人、和官员交朋友、确保行为的合理、创制选票市场等方式，来获得政府认可的"非正式政治"行动策略。[③] 虽然以上研究选用的案例各异，但都清楚地表明：争取政府的支持是草根组织求生存谋发展的一大现实策略。

　　流动人口自组织虽然具有贴近底层，能深入了解流动人口需求，并能以灵活的方式对这种需求予以回应的优势，但资金、核准设立和开展活动的许可、税收优惠政策等重要资源还是都掌握在政府手中，因此，流动人口自组织要发挥好凝聚流动人口开展自我管理的载体作用，同样需要它们像其他草根组织一样，去积极主动地争取政府的了解和支持。首先，流动人口自组织在政治上必须拥护政府的政策，不能抱有对立情绪，并且在各项活动中必须遵守国家的法律法规，这是流动人口自组织应该坚持的一条基本原则。其次，流动人口自组织还需对组织进行科学合理的定位。流动人口自组织是流动人口实行自我管理和自我服务的组织载体，组织必须坚持不参与政治、主要为流动人口及其家庭服务、促进流动人口城市融入的目标。再次，流动人口自组织要多与政府交流沟通，积极协助、配合政府的工作，尽可能多地争取政府的支持。流动人口自组织可以充当政府与流动人口之间的桥梁，把流动人口的想法和需求及时反馈给政府，也可以力所能及地配合政府开展一些计生、治安等方面的工作。当然，在实际工作中，流动人口自组织的行动策略也很重要，与政府部门的交流沟通要采取政府易于接受的方式。一方面，自组织需加强自身的公信力建设，尤其是关于财务及项目活动的信息，自组织应

---

　　① 赵秀梅.中国 NGO 对政府的策略：一个初步考察[J].开放时代,2004(6):5-23.

　　② 朱健刚.草根 NGO 与中国公民社会的成长[J].开放时代,2004(6):36-47.

　　③ 张紧跟,庄文嘉.非正式政治：一个草根 NGO 的行动策略——以广州业主委员会联谊会筹备委员会为例[J].社会学研究,2008(2):133-150.

该最大限度地透明化，以消除政府部门的疑虑。另一方面，自组织不光要把事情做好，还要懂得宣传，适度的宣传也是让政府了解支持自己的重要方式。比如：自组织可主动将整理的一些资料、组织的活动动态上报给有关政府部门；多参加政府举办的开放性活动，多发出自己的声音；努力争取关心流动人口群体的领导的认同……总之，面对政府支持较少的困境，流动人口自组织自身积极主动的争取无疑是十分重要的。

二、提高自组织人力资源管理的能力

人员问题是流动人口自组织普遍遇到的挑战，这是一个与工资待遇、发展前景、组织日常管理等因素相关的综合性问题。针对组织人员队伍不稳定、人才匮乏以及部分成员可能边缘化的问题，流动人口自组织需要努力提高其人力资源管理的能力，以缓解和克服人员困境。

第一，多从服务对象中发展工作人员，营造良好的团队关系。流动人口自组织的服务对象因为参与过组织活动，享受过其他流动人口提供的服务，对自我管理的活动更有体会，也更能认同，如果能多从服务对象中发展工作人员，将有利于保持流动人口自组织人员的稳定性。此外，团队关系的建设也很重要。流动人口自组织需要为组织成员创造和谐的工作环境，营造良好的团队关系，和谐、平等、互助、团结应是流动人口自组织团队关系构建的目标。流动人口群体同质性较强，都来自异地他乡，对城市生活心里难免会有一种漂泊感，对此，流动人口自组织可以多组织一些聚会、游玩之类的活动，加强组织成员彼此间的情感交流，增强成员对组织的归属感。同时流动人口自组织还应注意协调好从服务对象中发展起来的工作人员和招聘的大学毕业生工作人员间的关系，对从服务对象中发展起来的人员应多鼓励，多给予锻炼的机会，帮助提升他们的能力，对大学毕业生成员也要注意引导，增进他们对低收入流动人口的尊重和情感认同，防止出现部分成员边缘化的现象。

第二，通过培训提高组织成员的素质。专业能力是流动人口自组织需要突破的一个瓶颈，由于工资水平不高，流动人口自组织很难吸引到大量专业人才，对它们来说，较为现实的一个途径是通过培训提高现有人员的综合素质。从培训的形式来看，可以有组织内部的培训、外部培训、参观学习、与其他组织间的交流互访、实践学习等多种形式，自组织可以根据实际情况，为成员安排不同的学习机会。为了扩大培训的效果，自组织还可建立培训学习的反馈制度,要求在外面接受了培训的成员回来后做一个内部的分享交流,促进员工的共同发展。从培训的内容来看,可以就员工的社会责任感、对群体的认同感、文化素质、业务能力等方面展开培训,提高他们自我服务的能力。

第三,通过激励增强组织成员的凝聚力。正如激励在动员流动人口参与自我管理中的作用一样,激励也是调动组织成员工作积极性的一种重要方法。激励有精神激励和物质激励两种形式。在精神激励方面,流动人口自组织可以从两个角度入手,一是通过设定组织目标将组织成员凝聚在一起,增强组织的向心力。比如:"工友之家"提出将来要建立一个互助合作的公社,自己解决公社成员的工作、孩子入学、养老等问题,在此基础上号召大家一起努力,共同为组织的发展做贡献。这虽然是较长远的目标,但对于漂泊不定的打工者来说无疑是个美好的愿景,事实上,该目标对组织的一部分成员也确实起到了激励的作用。二是对组织成员个人予以激励,自组织的领导者应多关心组织成员的生活,在力所能及的范围内帮助解决成员的困难。在物质激励方面,虽然流动人口自组织的经费并不充裕,但也有必要设置一些人性化的小额奖励项目,维护和激发组织成员的工作热情。如"小小鸟"设立的"小小鸟伙伴增孝基金"就是一个很好的奖励项目,对于在"小小鸟"工作满三年且顺利通过评估的组织成员,此后在该成员的每个入职纪念日,"小小鸟"都会给他的父母邮寄 2000 元现金和一封慰问信,这种帮助组织成员回报父母的做法,对于增进组织成员情感认同的意义是不言而喻的。

三、探索自组织破解资金困境的办法

破解流动人口自我管理过程中的资金困境,需要流动人口自组织加强公信力建设,不断拓展筹资渠道,同时灵活采用多种筹资策略,发展社会企业化资源整合方式,提高自组织整合各种社会资源的能力。

对于流动人口自组织而言,良好的公信力无疑是赢得外界资金资助的重要基础,而财务管理的公开透明则是公信力建设的重中之重。流动人口自组织应该及时公布有关捐赠信息,不管捐赠者是组织还是个人,都需要与他们就捐款的使用情况进行沟通,让他们了解活动的进展和效果。在组织内部,应该建立起规范的财务预算、收支和监督等管理制度,对资金实行分类管理,对于专门用于某个项目的资金做到专款专用,不得随意调配,将无特定目标的资金、盈余和服务收入纳入组织资产统一管理,并主动接受社会的评估和

监督。在加强公信力建设的基础上,流动人口自组织还应该注重宣传,积极与新闻媒体合作,扩大组织的影响力,以争取更多社会资金的支持。

筹资渠道单一是造成许多流动人口自组织资金不稳定的主要原因,流动人口自组织急需灵活采用多种筹资策略,在拓展筹资渠道上多下功夫。当前,国外机构的资助是流动人口自组织最重要的资金来源,这种资金来源渠道单一,对外依赖性强;流动人口自组织应该处理好与政府、企业、媒体和其他社会组织等主体的关系,提高自己利用本土资源的能力。这里,有两个最关键的主体,除了上文提到的政府外,企业应该成为流动人口自组织争取资源的重要主体。一项调查显示,2005 年这一年,"公益捐赠超过 10 万元的占工商企业的 21% 以上,超过 1 万元的占 50% 以上,只有 10% 的企业没有捐赠行为"①。由此看来,关注社会责任、有较强的公益参与意愿的企业并不少,然而,目前流动人口自组织能够从企业获得的资金支持却非常少。因而,流动人口自组织应重视与企业的双赢合作,加强与企业的沟通,在接受企业捐赠的同时,策略性地给予企业一定的宣传和反馈,以吸引更多的企业捐赠。

流动人口自组织的筹资方式也需多元化,应重点增加市场化经营收入的比重。根据自身情况,流动人口自组织可灵活采用接受社会捐助、组织义演和义卖、收取合理的会员或服务费用、媒体宣传动员、市场化经营等多种筹资方式。但解决资金短缺问题,最根本的途径是发展以市场化经营为主的筹资方式,通过创办社会企业来增强组织的自主造血能力。而要做好这一点还需重点把握好几个环节:在创办社会企业前,流动人口自组织需要进行市场调查,从中选择和开发较好的创业项目。其次,流动人口自组织还应该明确创业理念,清晰地向公众表达自己的目标和使命,以争取社会公众的理解和支持。更为重要的是,在运作过程中,所得盈余的使用和管理必须严格遵循社会企业的公益规范,以此促进市场化经营项目的可持续运行,增强流动人口自组织自筹资金的能力。

四、形成自组织制度化的发展机制

流动人口自组织的良性健康发展是流动人口自我管理持续稳定开展的

---

① 微软(中国)有限公司,清华大学社会学系.农民工:社会融入与就业——以政府、企业和民间伙伴关系为视角[M].北京:社会科学文献出版社,2008:214.

重要基础。当前,我国流动人口自组织的管理明显具有精英治理的特征,流动精英凭借他们的独特影响力和社会资本,往往就能使组织维持运转,这在一个组织的初创阶段优势比较明显。而流动人口自组织要想进一步发展壮大,为流动人口的自我管理提供更高更宽的平台,还需它们根据内外环境的变化,加强组织的制度化建设。

首先,加强日常管理的制度化建设。俗话说,"没有规矩不成方圆",制度化的运作机制既是一个组织良性发展的必要条件,也是一个组织规范化、有序化发展的重要标志。流动人口自组织大多没有成文的规章制度,有的即使有也没有很好地得到执行,导致很多日常事务的管理无章可循,影响组织的规范、民主和透明运行。这就要求流动人口自组织健全日常管理制度,形成制度科学合理、程序运行扬通、执行切实可行的规范化运行机制。流动人口自组织的分工明确、按章办事,既有利于规避精英管理的多变性和随意性,又有利于减轻组织内领导精英的工作压力,发挥一般组织成员的才干,提高自组织的工作效率。加强日常管理的制度化建设,还需要真正落实理事会、顾问团或监事会等的职能,发挥这些机构的决策和统筹谋划作用。与此同时,流动人口自组织也需要重视对志愿者的制度化管理,提高志愿者资源的利用效率,引导志愿者更好地发挥作用。

其次,建立制度化的精英选拔和更替机制。目前流动人口自组织几乎都停留在流动精英治理的阶段,并且其中的流动精英还主要指自组织的创办人,组织内外的很多事务都主要依赖创办人来管理,这会给组织本身带来一些不确定因素,不但创办人个人信念的持久性会成为这个组织能坚持多久的最关键因素,而且组织将来的持续发展也存在一个精英继替的问题。解决这些问题,流动人口自组织需建立制度化的精英选拔和更替机制。自组织的创办者应注意多吸纳一些能力强的流动精英到领导层和管理层,促进决策的民主化和科学化,防止出现家长制的情况;并可根据组织的实际情况,对精英的选拔、培养、制约和晋升做出规划,促使精英个人的社会资本同时转化为组织的社会资本,增强自组织应对复杂环境和突发事件的能力。

再次,健全组织自律监督机制。社会各界的信任和支持是流动人口自组织生存和发展的生命线,不管外界对自组织工作的监督是否完善,自组织本身都应该建立严格的自律监督机制,这样才能确保自我管理活动的顺利开展。具体而言,流动人口自组织可内外结合,双管齐下。一是构建有效的内部监督机制。自组织可制定一套自我评估和监督的指标,由组织内的工作人员对组织行为进行监督。组织内的成员对自己组织的情况比较了解,具有"近水楼台先得月"的信息优势,组织内的监督有利于发挥自下而上的民主监督功能。二是主动争取外部监督。自组织可成立专门的监督工作组(设有监事会的,落实监事会的作用),邀请社会热心人士担任监督组的成员,以财务监督为重点,对组织章程的遵守和流动人口利益维护等情况进行监督,促进自组织良性透明运行。

五、培育流动人口的主体意识

主体意识是流动人口开展自我管理的内在思想动力,流动人口的主体意识越强,参与自我管理的意愿和行为就会越积极主动。面对流动人口主体意识还不是很强、容易受理性选择制约的现状,流动人口自组织可采取灵活多样的方法来培育流动人口的主体意识,促使其在自我管理中发挥更大的作用。具体来说,可采用以下方法。

第一,教育培训。流动人口主体意识的培育主要靠教育培训。有效的教育培训能转变流动人口的观念和行为,增强他们的自主、参与和依法维权意识,提高他们的整体素质。因此,流动人口自组织应针对流动人口的需求,灵活采用宣传、培训、讲座、讨论等不同类型的教育形式,吸引流动人口的参与。就拿举办培训和讲座这种最传统的教育形式来说,如果纯粹做一个有关主体意识的讲座,流动人口理性选择的思维可能会让他们觉得这没什么实用价值,因而不愿意参加这样的讲座。但如果能把有关主体意识的内容添加到健康、英语、技能培训等流动人口所关注的讲座中,把主体意识的教育与流动人口的兴趣、需求结合起来,效果肯定会更好。再比如,流动人口自组织也可以在每周的例会中安排一些有关主体意识内容的学习和讨论,改变简单说教、以经验传授为主要内容的灌输方式,提高教育培训的有效性。"工友之家"就是这样一个非常重视主体意识培育的组织,该组织每周都规定半天时间专门进行集体学习,内容包括学习时事、欣赏电影,以及交流对一些社会问题的看法等等,让大家在相互讨论启发中提高主体意识和认识能力。

第二,文艺引导。流动人口的娱乐生活比较贫乏,有较强的精神文化需求,文艺是一种精神食粮,是丰富流动人口精神生活的重要形式。流动人口自组织在提供此类文艺服务时可加入一些积极向上、团结互助、理性维权的因素,让流动人口在潜移默化中受感染,在不自觉中增强主体意识。音乐和诗歌虽然不能改变现实,但它们却能影响人的观念和思想,坚定人内心的信念,流动人口自组织就可以利用这些艺术形式来培育流动人口的主体意识。"工友之家"的负责人就明确表示,他们在进行艺术创作时就有唤起工友主体意识的意图,①包括新工人艺术团、新工人文化艺术节、博物馆、"打工春晚"等项目在内,他们都希望新工人能够通过这些艺术形式和活动看到或意识到自身的权益,对现实生活有些思考,从而更加自尊自信,学会依法理性自主地解决生活中的许多问题。

第三,骨干带动。流动人口规模很大也很分散,每一个流动人口自组织的活动都只能辐射到一部分人,要想扩大活动的覆盖面,让更多流动人口的主体意识得到提高,仅靠泛泛的推广效果不一定理想。流动人口自组织可采用先重点培养骨干,提高骨干的主体意识,再通过骨干来带动其他流动人口主体意识的滚雪球策略。任何说教都无法代替直接经验和体会,骨干们在有了切身感受后,对其他流动人口的现身说法往往更有说服力,也更能打动人。运用骨干带动的方法,很重要的一点就是要找好骨干、培养好骨干。要选择那些既有一定能力、又有较强爱心和奉献精神的人做骨干,给予骨干锻炼的机会和平台,让他们不但有意愿有能力为流动人口服务,而且也能带动身边一批流动人口主体意识的成长。

第四,情感激发。流动人口中大部分农民工都从事建筑、餐饮、环卫、家政类的工作,他们的社会地位和自我认同感并不高,很多人骨子里有一种自卑心理,难以正确审视自己,当然也就很难谈得上发挥主体性来参与自我管理了。因此,培育流动人口的主体意识,需要引导流动人口走出认识误区,注重情感上的鼓励,激发他们的主动性和能动性,从而积极参与到自我管理中来。例如:2012 年元旦,"同心希望家园"举办了一场别具一格的表彰总结

---

① 其中,"工友之家"的负责人之一 SH 告诉笔者:"我们在创作时就有唤醒工友主体意识的这种意图,但我不一定能保证有效果。因为我希望工人有团结意识,以及对工人自身的一种认同。我觉得这种认同十分重要,而且是我们音乐当中传递的意义所在。当一个人不知道自己是谁的时候,他就会很痛苦,只能活在别人的体系,别人的衡量标准当中。严格意义上讲,这不是一个独立完整的人。真正一个人的标准是他具有独立自主的意识,知道自己是谁,我觉得这特别重要。所以我们在歌里,比如说《天下打工是一家》中很明显的意思就是希望大家看到工人不是个体,我们来自五湖四海,天下打工是一家,应该像兄弟姐妹一样团结。所以说我们的歌曲是有这种意图的,但具体有没有效果,我们不知道。"

会。该组织为这一年来在流动人口服务中做出贡献的每个成员都颁发了荣誉证书,并且根据每个人的特点,在每张证书都写上了非常贴切的贺词。烧锅炉的杨师傅夫妇勤勤恳恳、细心负责,获得了"劳动光荣奖";爱心司机黄师傅和刘师傅积极参与、随叫随到,被授予了"最佳奉献奖";组织负责人MXD凝聚志同道合者、百折不挠,获得了"胡杨花伯乐奖"……领到证书的人无不感到自豪和幸福,无论从事的是什么工作,在这里都能得到集体的认可和赞扬,都能找到互帮互助的成就感。有位大姐发表获奖感言时,就说了一句话:"感谢自己加入了同心这个团队!"由此可见,恰到好处的情感认同与鼓励,无疑是激发流动人口主体意识、聚合自我管理热情的重要方式!

　　流动人口主体意识的培育是一个循序渐进的过程,流动人口自组织需在实践中边探索边总结,充分挖掘流动人口的潜能,不断提升他们的主体意识,为流动人口自我管理的发展奠定良好的思想基础。

结论与前景

一、结　论

　　流动人口的自我管理是一种重要的社会自主管理形式,在这个充满活力、多元发展的社会,越来越多的流动人口正在以自己的方式,促进着流动人口问题的解决,推动着社会的发展。他们自我管理的规模由小到大,人数从少到多,范围不断地得到拓展。然而,因受政府、流动人口自组织和流动人口多方面因素的综合影响,流动人口的自我管理总体还处于初步发展的阶段,它的进一步发展还面临不少挑战。本研究通过对流动人口自我管理的系统研究,主要形成了以下结论。

　　其一,流动人口的自我管理是一项重大的社会管理创新。对政府部门来说,流动人口管理是一项极具挑战性的工作,流动人口数量多,流动性大,活动复杂,牵涉面广,管理和服务的难度很大。而流动人口自己在社会互动和关系纽带的基础上,创造了一种自我组织、自我管理和自我服务的模式,帮助群体成员获得工作、生活和情感支持,为流动人口问题的解决提供了新的思路。这启示我们,对于流动人口问题,应从政府管理转向多种力量的社会治理,政府并不是流动人口管理的唯一主体,流动人口自己也可组织动员起来进行自我管理,成为多元治理主体中的重要一员。不仅如此,流动人口的自我管理还能有效整合各种社会资源,克服政府服务能力的不足。作为自我管理载体的流动人口自组织已经成为一个搭台唱戏的平台,研究人员、大学生、企业、媒体、律师等都可通过这个平台来参与流动人口服务,这为聚合社会力量,促进流动人口服务的社会化提供了宝贵的经验。

　　其二,流动人口的自我管理已具备一定的发展基础。流动人口的自我管理并不是美好而不能实现的乌托邦,当前,流动人口的自我管理已具备内外两方面的发展基础。从内在动力来看,新时期流动人口存在就业和劳动权益维护、住房和社会保障、教育培训、精神生活、组织化等多方面的需求,这是流动人口开展自我管理的重要驱动力。同时流动人口主体意识的增强是他们自己组织起来改善境况的思想动力,尤其是一些流动精英在自我管理中扮演了重要的角色,他们既是自我管理的发起者和引领者,又是自我管理的组织者和推动者。从外在环境来看,全球性结社革命使得组织化成为社会发展的一种趋势,我国国内"后总体性社会"的形成也为流动人口的自我管理创造了条件,不但政治经济体制的改革拓展了社会自主的空间,为流动人口自我管理提供了可利用的资源和机会,而且相关的政策和法制环境也在不断地完善中。

其三,流动人口已具备开展自我管理的能力。笔者以北京市五个流动人口自组织为案例的研究表明:流动人口虽然不能和城市居民享有同等的待遇,是人们眼中的"弱势群体",但他们却同时也是一个能动的群体、一个具有一定的自我管理能力的群体。在自我管理中,流动女性同样发挥了重要的作用,促进了自身的成长。首先,流动人口已经具备一定的组织能力。为了解决在流动中遇到的问题,流动人口成立各种正式或非正式的自组织来开展自我服务,他们以流动精英为中心形成组织的"核心圈"层,并通过对社会知名人士的吸纳,来强化组织的社会资本。在自组织难以获得法律合法性的情况下,流动人口采取灵活的策略来争取更广意义上的合法性,体现出了较强的组织管理能力。其次,流动人口已经具备一定的动员能力。有效的自我管理离不开流动人口和社会力量的广泛参与,尽管流动人口没有动员社会参与的政治资本,但流动精英所表现出来的个人能力和人格魅力、精英在社会化动员中对各种动员策略的运用,以及流动人口对宣传、激励、说服和服务动员方法的实施,无不彰显出他们动员社会参与的能力。再次,流动人口已经具备一定的资源整合能力。资源整合能力的强弱是影响自我管理能否持续开展的关键,流动人口及其自组织充分调动自身并不丰富的社会资本,采取不同策略开拓了多元的资源整合渠道,并构建起以政府、企业、媒体、其他组织等为关键节点的社会支持网络,显示了流动人口整合体制内外资源的能力。尤其像爱心超市这样的社会企业化运作方式,更是流动人口摆脱内部资源缺乏的约束,实现自主"造血"功能的有价值探索。

其四,流动人口自我管理的进一步发展需要政府和流动人口的共同努力。毋庸置疑,流动人口的自我管理在补充政府职能、满足流动人口的需求上已经发挥了巨大的作用。但由于自我管理还只是处于初始阶段,发展还不成熟,不管是在制度政策层面,还是在组织内部运作和流动人口群体特性层面,其自我管理的进一步发展还存在许多尚需克服的困难。促进流动人口自我管理的发展,一方面有赖于政府调整管理思路,清除管理理念和管理体制机制上的障碍,积极探索促进流动人口自我管理的各种模式,并加大对流动人口自我管理的支持和扶助。对于流动人口自我管理中出现的一些好的做法,政府应该加以推广,甚至可以借鉴到自己的工作中来。另一方面,还需要流动人口自组织从主动争取政府支持、完善内部管理和培育流动人口的主体意识等方面来加强自身建设,提高应对各种现实困境的能力。

二、前 景

任何一个社会事物的产生和成长都离不开一定的社会背景,它未来的发展也都难以超脱形塑它的社会结构的影响。流动人口的自我管理是我国国家与社会关系的变化在流动人口领域的微观体现,"国家—社会"关系的结构性变动既是流动人口自我管理成长的社会背景,又必将在某种程度上影响和规制着自我管理未来的发展方向。

改革开放以来,我国国家与社会的关系发生了实质性的变化,国家逐渐从社会领域撤离,社会自主的力量也开始步入成长的轨道。如果说改革前我国的社会结构只见国家不见社会,那么,现代转型过程中的社会结构则不同,市场和社会都已从国家这个整体中抽离出来,获得了独立发展的机会。而就今天的情况而言,这种嬗变的过程还远远没有结束,未来的社会领域正面临着新的发展机遇:自政府机构改革推进政社分开以来,我国政府就确立了"小政府、大社会"的职能转变目标;创新社会管理,促进自治共治一度成了改革热点;2013 年党的十八届三中全会又进一步提出要改进社会治理方式,激发社会组织活力,"鼓励和支持社会各方面参与,实现政府治理和社会自我调节、居民自治良性互动"[①]。这一系列政策动向表明,社会的自主发展已经成为一个方向,并已获得了较大的政治空间。与此同时也要看到,社会自主力量在发育但还不成熟,社会组织发展的环境在改革但还不完善,政治力量在减弱但还很强大。我国国家与社会的分离是一个政府行政主导的过程,国家对社会的渗透力仍然比较强,"国家允许公民享有有限的结社自由,允许某些

---

① 　中共中央关于全面深化改革若干重大问题的决定[M].北京:人民出版社,2013:49.

类型的社会组织存在,但不允许它们完全独立于国家之外,更不允许它们挑战自己的权威"①,政策制度仍然在很大程度上影响着社会组织获取资源的能力。强国家不仅存在于过去,也存在于当前的中国。

　　流动人口的自我管理是一股重要的社会自主力量,它不仅表明了流动人口较强的组织管理能力,还表明了社会自主意识和自治能力的提高。能够预期的是,至少在未来的一二十年时间内,我国流动人口还将大规模存在,这意味着流动人口对自我管理仍将有十分强劲的需求。在不断推进的城镇化过程中,我国每年都将有大批人口从农村流入城市,如何帮助数亿流动人口在城市安居乐业、幸福生活,无疑是一项系统工程,在依靠政府力量之外,还需要充分发挥流动人口自身和社会的协同作用。基于中国特色的"国家—社会"关系,流动人口自我管理的前途不在于对政府构成西方意义上的压力,而在于与政府之间的良性合作互动。自我管理应该发挥的是为流动人口提供公共服务的功能,流动人口自组织也应该扮演的是政府合作伙伴的角色,从而帮助流动人口满足需求、解决问题。随着改革的进一步深入,我国社会将会为流动人口自主力量的成长创造出更有利的条件,社会的需要和选择将成为决定社会组织生存和发展的更重要的因素。在此背景下,流动人口的自我管理将有非常广阔的发挥作用的空间,它的进一步发展也将会为社会的自主发展提供更多可资借鉴的经验!

---

　　① 康晓光,韩恒.分类控制:当前中国大陆国家与社会关系研究[J].社会学研究,2005(6):73-89.

参考文献

一、中文参考文献

（一）著作类

邓小平文选(第二卷)[M].北京:人民出版社,1994.

列宁选集(第三卷)[M].北京:人民出版社,1995.

马克思恩格斯选集(第二卷)[M].北京:人民出版社,1995.

马克思恩格斯选集(第三卷)[M].北京:人民出版社,1995.

马克思恩格斯选集(第四卷)[M].北京:人民出版社,1995.

马克思恩格斯全集(第一卷)[M].北京:人民出版社,1995.

中共中央关于全面深化改革若干重大问题的决定[M].北京:人民出版社,2013.

费孝通.人的研究在中国——个人的经历[G]//北京大学社会学人类学研究所.东亚社会研究.北京:北京大学出版社,1993:15.

傅义强.欧盟移民政策与中国大陆新移民[M].广州:暨南大学出版社,2008.

郭海龙.现代化与自我管理问题研究[M].北京:中国社会科学出版社,2007.

郭湛.主体性哲学:人的存在及其意义[M].昆明:云南人民出版社,2002.

国家人口和计划生育委员会流动人口服务管理司.中国流动人口发展报告2012[M].北京:中国人口出版社,2012.

国务院发展研究中心课题组.农民工市民化:制度创新与顶层政策设计[M].北京:中国发展出版社,2011.

何增科.中国社会管理体制改革路线图[M].北京:国家行政学院出版社,2009.

黄晓勇.民间组织蓝皮书:中国民间组织报告(2011～2012)[M].北京:社会科学文献出版社,2012.

姬虹. 美国新移民研究[M]. 北京:知识产权出版社,2008.

金一虹. 父权的式微——江南农村现代化进程中的性别研究[M]. 成都:四川人民出版社,2000.

康晓光,冯利. 中国第三部门观察报告(2011)[M]. 北京:社会科学文献出版社,2011.

李慧英. 社会性别与公共政策[M]. 北京:当代中国出版社,2002.

李明欢. 欧洲华侨华人史[M]. 北京:中国华侨出版社,2002.

李强. 农民工与中国社会分层(第二版)[M]. 北京:社会科学文献出版社,2012.

李银河. 妇女:最漫长的革命[M]. 北京:生活·读书·新知三联书店,1997.

陆学艺. 当代中国社会结构[M]. 北京:社会科学文献出版社,2010.

吕途. 中国新工人:迷失与崛起[M]. 北京:法律出版社,2013.

马金海,谈焕兴,冯重庆,等. 自我管理初探[M]. 北京:解放军出版社,1987.

秦晖. 农民中国:历史反思与现实选择[M]. 郑州:河南人民出版社,2003.

任剑涛. 社会的兴起:社会管理创新的核心问题[M]. 北京:新华出版社,2013.

孙立平. 转型与断裂——改革以来中国社会结构的变迁[M]. 北京:清华大学出版社,2004.

孙立平,等. 动员与参与——第三部门募捐机制个案研究[M]. 杭州:浙江人民出版社,1999.

王绍光. 多元与统一——第三部门国际比较研究[M]. 杭州:浙江人民出版社,1999.

王思斌. 社会学教程(第二版)[M]. 北京:北京大学出版社,2003.

微软(中国)有限公司,清华大学社会学系. 农民工:社会融入与就业——以政府、企业和民间伙伴关系为视角[M]. 北京:社会科学文献出版社,2008.

魏伟. 小小鸟让命运走开[M]. 北京:人民日报出版社,2012.

向春玲,等. 加强和创新社会管理18个经典案例[M]. 北京:中共中央党校出版社,2011.

项飚. 跨越边界的社区:北京"浙江村"的生活史[M]. 北京:生活·读书·新知三联书店,2000.

熊光清. 中国流动人口中的政治排斥问题研究[M]. 北京:中国人民大学出版

社,2009.

徐永祥.社区发展论[M].上海:华东理工大学出版社,2000.

闫加伟.草芥:社会的自组织现象与青年自组织工作[M].上海:上海三联书店,2010.

杨贵华,等.自组织:社区能力建设的新视域——城市社区自组织能力研究[M].北京:社会科学文献出版社,2010.

俞可平.治理与善治[M].北京:社会科学文献出版社,2000.

虞崇胜.政治文明论[M].武汉:武汉大学出版社,2003.

张建东,陆江兵.公共组织学[M].北京:高等教育出版社,2003.

郑杭生.中国特色社会学理论的应用[M].北京:中国人民大学出版社,2005.

郑真真,解振明.人口流动与农村妇女发展[M].北京:社会科学文献出版社,2004.

周雪光.组织社会学十讲[M].北京:社会科学文献出版社,2003.

朱启臻,张春明.社会心理学原理及其应用[M].北京:中国社会出版社,2000.

[德]哈贝马斯.合法化危机[M].刘北成,曹卫东,译.上海:上海人民出版社,2000.

[德]韦伯.经济与社会(上)[M].林荣远,译.北京:商务印书馆,1997.

[法]布尔迪厄.文化资本与社会炼金术:布尔迪厄访谈录[M].包亚明,译.上海:上海人民出版社,1997.

[法]德·波伏娃.第二性(全译本)[M].陶铁柱,译.北京:中国书籍出版社,1998.

[法]孟德拉斯.农民的终结[M].李培林,译.北京:中国社会科学出版社,1991.

[法]托克维尔.论美国的民主[M].董果良,译.北京:商务印书馆,1988.

[美]阿尔蒙德,鲍威尔.比较政治学:体系、过程和政策[M].曹沛霖,等译.上海:上海译文出版社,1987.

[美]查特奇.关于泰勒的"公民社会模式"理论的一些看法[G]//苏国勋,刘小枫.社会理论的政治分化.上海:上海三联书店,2005:611.

[美]德鲁克.后资本主义社会[M].上海:上海译文出版社,1998.

[美]林南.社会资本:关于社会结构与行动的理论[M].张磊,译.上海:上海

人民出版社,2005.

[美]默顿.社会理论和社会结构[M].唐少杰,等译.南京:译林出版社,2006.

[美]帕森斯.现代社会的结构与过程[M].梁向阳,译.北京:光明日报出版社,1988.

[美]帕特南.使民主运转起来:现代意大利的公民传统[M].王列,赖海榕,译.南昌:江西人民出版社,2001.

[美]汤森,沃马克.中国政治[M].顾速,董方,译.南京:江苏人民出版社,1994.

[以]艾森斯塔德.现代化:抗拒与变迁[M].北京:中国人民大学出版社,1988.

[意]莫斯卡.政治科学要义[M].任军峰,等译.上海:上海人民出版社,2005.

(二)期刊类

鲍静.应把社会性别理论纳入我国公共管理的研究与实践[J].中国行政管理,2006(8):33-39.

边燕杰,丘海雄.企业的社会资本及其功效[J].中国社会科学,2000(2):87-99.

蔡昉.劳动力流动、择业与自组织过程中的经济理性[J].中国社会科学,1997(4):127-138.

陈丰.城市化进程中的流动人口管理模式研究[J].求实,2008(12):43-45.

陈丰,纪晓岚.流动人口管理的一种体制创新:从准社会组织到自治组织[J].内蒙古社会科学(汉文版),2006(4):89-94.

陈菊红.我国流动人口自我管理研究综述[J].成都行政学院学报,2013(5):93-96.

陈菊红,谢志强.流动人口自我管理的动力问题研究[J].科学社会主义,2014(1):108-111.

陈旭峰.农民工NGO何以可能——基于理论思考与个案观察的分析[J].山西师大学报(社会科学版),2010(3):47-51.

程蹊.从典型个案看农民工NGO的建立——基于海南外来工之家、北京打工妹之家的实证对比分析[J].武汉科技大学学报(社会科学版),2005(2):17-20.

邓莉雅,王金红.中国NGO生存与发展的制约因素——以广东番禺打工族文书处理服务部为例[J].社会学研究,2004(2):89-97.

第三期中国妇女社会地位调查课题组.第三期中国妇女社会地位调查三要数据报告[J].妇女研究论丛,2011(6):5-15.

杜放,郑红梅.美国流动人口管理及对我国的启示[J].特区经济,2005(8):157-159.

傅宝第,马骏,李军岩.寻找农民工自组织的维权途径[J].理论界,2005(6):36-37.

高丙中.社会团体的合法性问题[J].中国社会科学,2000(2):100-109.

郭开怡.流动人口自组织论析[J].重庆师范大学学报(哲学社会科学版),2005(2):105-108.

郝幸田.国外怎样对待农民工[J].企业文明,2007(5):56-58.

何萍.性别理论与社会发展[J].探索,2001(6):73-75.

何艳玲.西方话语与本土关怀——基层社会变迁过程中的"国家与社会"研究综述[J].江西行政学院学报,2004(1):58-62.

和经纬,黄培茹,黄慧.在资源与制度之间:农民工草根NGO的生存策略——以珠三角农民工维权NGO为例[J].社会,2009(6):1-21.

胡仙芝,罗林.社会组织化与社区治理研究[J].中共福建省委党校学报,2007(11):36-41.

康晓光,韩恒.分类控制:当前中国大陆国家与社会关系研究[J].社会学研究,2005(6):73-89.

李德成,郭常顺.近十年社会动员问题研究综述[J].华东理工大学学报(社会科学版),2011(6):46-54.

李强,刘精明,刘佳燕.北京市流动人口的管理[J].北京规划建设,2012(5):53-58.

李尚旗.农民工非政府组织的生存困境及其建设路径——以利益表达为研究视角[J].北京工业大学学报(社会科学版),2010(4):6-11.

李姿姿.国家与社会互动理论研究述评[J].学术界,2008(1):270-277.

林凌辉.农民工公益组织浅析及建议[J].学会,2011(1):37-40.

刘冰,谭界,符铁成.NGO与农民工就业:互动效应及其改进路径[J].湖南农业大学学报(社会科学版),2011(5):44-48,60.

刘伯红.农村流动人口与性别——"中国农村劳动力流动国际研讨会"有关论

点综述[J].妇女研究论丛,1996(4):53-56.

罗观翠,顾江霞.华南农民工 NGO 的组织环境分析[J].青年研究,2008(10):1-11.

"农村劳动力流动的组织化特征"课题组.农村劳动力流动的组织化特征[J].社会学研究,1997(1):15-24.

欧阳兵.论农民工非政府组织的缘起及应对[J].江西行政学院学报,2008(4):14-17.

邱泽奇.在工厂化和网络化的背后——组织理论的发展与困境[J].社会学研究,1999(4):1-25.

苏国勋.社会学与文化自觉——学习费孝通"文化自觉"概念的一些体会[J].社会学研究,2006(2):1-12.

孙春苗.论农民工民间维权 NGO 在社会转型期的发展空间[J].调研世界,2006(10):14-18.

孙立平.改革前后中国大陆国家、民间统治精英及民众间互动关系的演变[J].中国社会科学季刊(香港),1994(1):37-53.

王春光.农村流动人口的国民待遇与社会公正问题[J].乡音,2004(6):9-11.

王道勇,郧彦辉.改革以来中国流动人口管理理念变迁及发展趋势[J].城市观察,2011(5):44-52.

王红芳.非正规就业对女性利益的影响及对策[J].浙江学刊,2006(3):220-224.

王宁.代表性还是典型性？——个案的属性与个案研究方法的逻辑基础[J].社会学研究,2002(5):123-125.

王义,许姗姗,郭开怡.流动人口自组织问题及政府管理对策探究[J].甘肃社会科学,2003(6):91-95.

王政.国外学者对中国妇女和社会性别研究的现状[J].山西师大学报(社会科学版),1997(4):47-51.

吴忠民.重新发现社会动员[J].理论前沿,2003(21):26-27.

徐贵宏,贾志永,王晓燕.从制约因素看农民工 NGO 的建设[J].开发研究,2008(2):90-93.

徐建丽.农民工自力维权组织与工会引导[J].中国劳动关系学院学报,2011(5):43-46.

徐伟明.城市流动人口管理模式的演变与前瞻——基于国家与社会关系的视角[J].湖南行政学院学报,2009(4):11-14.

杨龙.经济发展中的社会动员及其特殊性[J].天津社会科学,2004(4):52-54.

杨敏.公民参与、群众参与与社区参与[J].社会,2005(5):78-95.

杨廷钫,凌文辁,江虹.自我管理理论研究现状——基于组织行为学视角[J].科技管理研究,2009(3):560-563.

杨永杰.自我管理思想的演进[J].甘肃省经济管理干部学院学报,2006(2):44-46.

尹德挺,苏杨.建国六十年流动人口演进轨迹与若干政策建议[J].改革,2009(9):24-36.

余章宝,杨淑娣.我国农民工维权NGO现状及困境——以珠三角地区为例[J].东南学术,2011(1):59-69.

袁海平.农民工自我管理的现状、障碍及对策[J].农业经济,2009(12):71-73.

袁岳,张守礼,王欣.北京流民组织中的权威[J].社会学研究,1997(2):113-122.

张海东,赵雅轩.隐性组织化:街角劳力的边缘化生存逻辑[J].社会科学战线,2009(2):194-200.

张紧跟,庄文嘉.非正式政治:一个草根NGO的行动策略——以广州业主委员会联谊会筹备委员会为例[J].社会学研究,2008(2):133-150.

张龙平.农民自组织:社会参与的有效选择[J].理论与改革,1998(2):18-20,24.

赵秀梅.基层治理中的国家—社会关系——对一个参与社区公共服务的NGO的考察[J].开放时代,2008(4):87-103.

赵秀梅.中国NGO对政府的策略:一个初步考察[J].开放时代,2004(6):5-23.

赵延东."社会资本"理论述评[J].社会学(人大复印报刊资料),1998(4):19-22.

郑永廷.论现代社会的社会动员[J].中山大学学报(社会科学版),2000(2):21-27.

朱健刚.草根 NGO 与中国公民社会的成长[J].开放时代,2004(6):36-47.

[美]林南.社会网络与地位获得[J].俞弘强,译.马克思主义与现实,2003(2):46-59.

(三)其他

2010 年近六成捐款流入政府 民间公益组织呼吁公示[EB/OL].http://news. xinhuanet. com/fortune/2012-02/06/c _ 111489515 _ 2. htm,2012-02-06.

2011 年我国农民工调查监测报告[EB/OL].http://www. stats. gov. cn/tjfx/fxbg/t20120427_402801903. htm,2012-04-27.

2012 年中央财政安排 2 亿元专项资金支持社会组织[EB/OL].http://news. xinhuanet. com/fortune/2013-02/12/c_114670738. htm,2013-02-12.

草根 NGO 服务信息公示倡议行动招募书[EB/OL].http://www. xiaoxiaoniao. org. cn/Article/Show. asp? id=3479,2012-03-06.

潮州古巷事件:劳动保障疲软 打工者靠同乡会"出头"[EB/OL].http://news. ifeng. com/mainland/detail _ 2011 _ 06/14/6996458 _ 0. shtml,2011-06-14.

从"老乡会"到工会,义乌模式初具雏形[EB/OL].http://zgh. yw. gov. cn/ghxw/zxdt/201007/t20100702_102300. html,2010-04-02.

广东省总工会构建首个职工服务类枢纽型社会组织[EB/OL].http://politics. people. com. cn/GB/70731/17912189. html,2012-05-17.

胡锦涛在省部级领导干部专题研讨班开班式上讲话[EB/OL].http://www. gov. cn/ldhd/2011-02/19/content_1806293. htm,2011-02-19.

全国流动人口达 2. 21 亿人 49 个城市试点计生服务均等化[EB/OL].http://society. people. com. cn/GB/14035567. html,2011-03-02.

同心创业培训中心教学楼项目寻求援建[EB/OL].http://www. dashengchang. org. cn/Article/ShowInfo. asp? ID=810,2012-04-10.

同心互惠社会企业 2013 年暑期志愿者招募[EB/OL].http://www. dashengchang. org. cn/Article/ShowInfo. asp? ID=1056,2013-06-15.

小小鸟服务内容[EB/OL].http://www. xiaoxiaoniao. org. cn/Article/Show. asp? id=3291,2012-02-07.

小小鸟热线 2013—2015 年度发展规划[EB/OL]. http://www. xiaoxiaoniao. org. cn/Article/Show. asp? id=5209,2012-12-11.

"协作者"变身支持性组织 解 NGO 注册难题[EB/OL]. http://gongyi. qq. com/a/20100804/000014. htm,2010-08-04.

政协委员崔永元等五专家致信教育部呼吁:保留同心[EB/OL]. http:// www. dashengchang. org. cn/Article/ShowInfo. asp? ID = 899,2012-07-29.

樊欣欣. 对外国社会组织规范管理的国际比较研究[EB/OL]. http://www. chinanpo. gov. cn/1832/32362/yjzlkindex. html,2009-01-04.

郭伟和. 转型社会工作中国本土模式初探——以建筑业农民工社会工作为例 [Z]//2012 海峡两岸暨香港社会工作行动研究研讨会(内部交流资料), 2012:176.

国家统计局. 2010 年第六次全国人口普查主要数据公报[EB/OL]. http:// www. gov. cntest2012-04/20/content_2118413. htm,2012-04-20.

国务院社会发展司. 流动人口服务管理存在的主要问题[Z],2011-10-11.

胡锦涛. 坚定不移沿着中国特色社会主义道路前进,为全面建成小康社会而 奋斗——在中国共产党第十八次全国代表大会上的报告[N]. 人民日报, 2012-11-08.

全国总工会新生代农民二问题课题组. 关于新生代农民工问题的研究报告 [EB/OL]. http://www. acftu. org/template/10001/file. jsp? aid = 83614&keyword=新生代农民工调查,2011-06-21.

宋秀岩. 在全国妇联参与社会管理及其创新工作会议上的讲话[EB/OL]. http://www. women. org. cn/allnews/1415/22. html,2011-08-01.

宋永超. 哈尔滨市南岗区荣市街道农民工党建工作纪实[EB/OL]. http:// dangjian. people. com. cn/n/2013/0722/c117092-22278239. html,2013-07-22.

张然. 2015 年北京适龄入园儿童 45 万 缺口 9800 余个教学班[EB/OL]. http://finance. people. com. cn/money/n/2012/1102/c218900-19472289. html,2012-11-02.

二、英文参考文献

Benjamin, H. Bailey. Language, Race and Negotiation of Identity: A Study of

Dominican Americans[M]. New York:LFB Scholarly Publishing LLC,2002.

Center for Oral History, University of Hawaii at Manoa, Hawaii United Okinawan Association. Uchinanchu: A History of Okinawans in Hawaii [C]. Honolulu:University of Hawaii Press,1982.

Hugo,Graeme. Migration and women's empowerment[G]//Presser,H. B. & Sen, G. (eds.). Women's Empowerment and Demographic Processes: Moving Beyond Cairo. Oxford:Oxford University Press. 2000:287.

Lee,Ching Kwan. Gender and the South China Miracle: Two Worlds of Factory Women[M]. Berkeley,California:University of California Press,1998.

Ma,John Z. Temporary labor migration and return transformation: A chained model[C]//Survey Research in Chinese Societies:Methods and Findings. Hong Kong: The Hong Kong University of Science and Technology Press, 1999: 27-28.

Parsons,Talcott. Structure and Process in Modern Societies[M]. Glencoe, Illinois:Free Press,1960.

Smith,D. H. Four sectors or five? Retaining the member-benefit sector[J]. Nonprofit and Voluntary Sector Quarterly,1991 (2):137-150.

Spires,Anthony. China's un-official civil society: The development of grassroots NGOs in an authoritarian state[D]. New Haven:Yale University,2007.

Tsou, Tang. Revolution, reintegration, and crisis in communist China: A framework for analysis[G]//Ho,Ping-ti & Tsou,Tang (eds.). China in Crisis V. 1 Book 1. Chicago:University of Chicago Press,1967:277-364.

附录:访谈提纲

一、针对流动人口自组织创办人的访谈提纲

1. 请谈谈您的个人生活经历,介绍一下您为什么会有创办这个组织的想法。

2. 组织主要开展哪些方面的工作? 你们组织的活动,其他流动人口喜欢参加吗? 你们又是怎么动员他们参与的呢?

3. 在您看来,流动人口组织起来进行互助服务的意识强吗?

4. 组织设有哪些机构,人员构成和性别比例如何,志愿者参与的情况怎样?

5. 组织有没有制定成文的组织宗旨和章程? 有没有成文的管理制度? 为什么?

6. 组织重大事务和日常事务的决策是如何做出的?

7. 组织的经费来源、财务收支状况如何? 组织有没有固定的资助者?

8. 组织是否获得过政府、企业、媒体、其他社会组织等的支持? 如果有的话,获得了哪些帮助? 分别是通过什么方式取得的联系? 又是如何来维护这些联系的?

9. 组织的工资水平和工作人员的稳定性怎么样?

10. 组织在发展中有没有遇到困难? 您觉得最急需解决的是什么问题? 您认为应该如何解决这些问题?

11. 您对组织是一个什么样的定位? 对将来有什么设想和期望?

二、针对流动人口自组织工作人员的访谈提纲

1. 介绍个人基本情况:年龄、文化程度、之前的工作性质等。

2. 您是怎么来这个组织上班的? 与别的地方相比,您觉得在这里上班有没有不同的地方?

3.外界对我们群体有这样一些称呼,比如"农民工""打工妹""打工仔"等,您能接受这种称呼吗? 为什么?

4.您是怎么看大家做的这个事情的? 对您来说,这是一份纯粹的工作,还是有其他的意义?

5.您觉得组织的发展有什么困难? 您有什么好的建议?

6.您在这里上班有没有收获? 以后有什么打算?

7.您怎么评价组织的创办人?

三、针对普通流动人口的访谈提纲

1.介绍个人基本情况:年龄、来北京的时间、职业等。

2.您为什么会来北京? 来了后参加过老乡会之类的组织吗?

3.您对目前的工作和生活是否满意? 有什么需求?

4.外界对我们群体有这样一些称呼,比如"农民工""打工妹""打工仔"等,您能接受这种称呼吗? 为什么?

5.您知道我们附近有个XX组织吗? 他们经常会举办一些活动,您参加过吗? 有没有加入他们的想法? 您怎么看他们做的这些事情?

四、针对社区和政府部门工作人员的访谈提纲

1.请谈谈您个人对流动人口的看法。

2.您所在的部门主要涉及哪些与流动人口相关的工作?

3.您觉得目前流动人口管理有什么困难?

4.您听说过流动人口开展的一些自我服务活动吗? 您和您的同事有没有参与过对流动人口的志愿捐赠或志愿服务?

5.您怎么看待流动人口自组织以及他们做的一些工作?

6.您所在的单位与流动人口自组织是否有合作? 如果有,主要开展哪些方面的合作?

7.您对流动人口开展的自我管理和自我服务有什么建议?

8.您对政府的流动人口管理工作有什么好的建议?

五、针对与流动人口自组织互动的其他单位工作人员的访谈提纲

1.您是怎么知道这个组织的?

2. 你们和该组织有哪些联系？给该组织提供了哪些支持？

3. 你们为什么会选择与该组织合作？一般以什么方式开展合作？

4. 您如何评价该组织以及他们做的这些工作？

索 引

后 记

　　流动人口是我一直关注和研究的社会群体,在流动中国的图景中,流动人口推动着一个落后农业大国现代化的进程,支撑着这个国家保持令人惊叹的发展速度,并已成为体现时代特征的一个重要符号。如今,在满足自身需求、重构精神家园的过程中,流动人口自我组织起来,进行自我管理和自我服务,这是流动人口积极融入城市生活的能动探索。希望对这一社会现象的研究,能够为流动人口问题的解决提供一些新的思路。诚然,在流动人口的治理体系中,自我管理是一支十分重要的力量,但目前我国国家权力向社会的回归仍是一种有限回归,政府虽不应是流动人口治理的唯一主体,却无疑占据着主导地位,流动人口服务管理的效果关键还在于国家与社会的配合。因而,如何划清政府与包括流动人口自我管理在内的社会力量之间的职能边界,协调好二者的关系,实现流动人口问题的合作治理,这些内容都是值得日后进一步深入研究和探讨的。

　　本书是在我的博士论文基础上略做整理而成。写作期间,得到了老师和亲友们的悉心指导和帮助,在此深表谢意:感谢导师李慧英教授,正是她耳提面命地指点迷津,我才得以顺利完成此书稿的调查和写作;感谢谢志强教授和王道勇副教授的点拨建议,在书稿思路的形成上给了我极大的启发;感谢我的调查对象知无不言、言无不尽的信任;感谢我的同学和同事陪我一路风雨兼程;感谢我的家人予以我莫大的鼓励和无微不至的关怀;感谢杭州电子科技大学及马克思主义学院给予的大力支持。最后,也要感谢浙江大学出版社对本书出版的真诚帮助。

　　呈现在读者面前的这部著作,受本人学识的限制,可能存在诸多不妥之处,敬请学界专家、同人批评指正。

陈菊红

2015 年 9 月

图书在版编目（CIP）数据

"国家—社会"视域下的流动人口自我管理研究 / 陈菊红著. —
杭州：浙江大学出版社，2016.6
ISBN 978-7-308-16074-2

Ⅰ.①国… Ⅱ.①陈… Ⅲ.①流动人口—自我管理
—研究—中国 Ⅳ.①C924.24

中国版本图书馆 CIP 数据核字(2016)第 173410 号

"GUOJIA—SHEHUI" SHIYU XIA DE LIUDONG
RENKOU ZIWO GUANLI YANJIU

"国家—社会"视域下的流动人口自我管理研究

陈菊红　著

责任编辑	包灵灵
文字编辑	仲亚萍
责任校对	杨利军
封面设计	续设计
出版发行	浙江大学出版社
	（杭州市天目山路 148 号　邮政编码 310007）
	（网址：http://www.zjupress.com）
排　　版	杭州中大图文设计有限公司
印　　刷	杭州杭新印务有限公司
开　　本	710mm×1000mm　1/16
印　　张	13.75
字　　数	225 千
版 印 次	2016 年 6 月第 1 版　2016 年 6 月第 1 次印刷
书　　号	ISBN 978-7-308-16074-2
定　　价	39.00 元